CATERING
ENTERPRISES

餐饮企业
会计真账实操全图解

张洪伟◎编著

中国铁道出版社有限公司
CHINA RAILWAY PUBLISHING HOUSE CO., LTD.

图书在版编目(CIP)数据

餐饮企业会计真账实操全图解/张洪伟编著.—北京：中国铁道出版社，2018.1(2019.5重印)
ISBN 978-7-113-23863-6

Ⅰ.①餐… Ⅱ.①张… Ⅲ.①饮食业-会计-图解
Ⅳ.①F719.3-64

中国版本图书馆CIP数据核字(2017)第242411号

书　　名：餐饮企业会计真账实操全图解
作　　者：张洪伟　编著

责任编辑：王淑艳　**编辑部电话：**010-51873457　**电子信箱：**554890432@qq.com
封面设计：王　岩
责任校对：王　杰
责任印制：赵星辰

出版发行：中国铁道出版社有限公司（100054，北京市西城区右安门西街8号）
网　　址：http://www.tdpress.com
印　　刷：三河市兴达印务有限公司
版　　次：2018年1月第1版　2019年5月第2次印刷
开　　本：710 mm×1 000 mm　1/16　**印张：**23.5　**字数：**339千
书　　号：ISBN 978-7-113-23863-6
定　　价：69.80元

前言

PREFACE

会计学是一门枯燥的学科，借贷关系、会计平衡等式、会计分录、会计科目等，往往令初学者畏惧。本套丛书由拥有丰富工作经验的一线会计人员编写，从一名会计实务入门者的角度，以企业的具体经济业务为主线，从建账开始，根据行业业务的特点，逐步讲解会计科目的运用与核算，有助于初学者尽早进入角色，适合会计岗位的工作。尽管所有企业均参照《企业会计制度》和《企业会计准则》进行会计核算，但不同行业根据自身业务的特点，在会计科目设置与核算上又有所区别。

《餐饮企业会计真账实操全图解》通过大量的图解和案例展示了会计工作的每一个环节，把看似繁杂的会计工作用简明的方式表示出来，使整个会计体系变得一目了然、十分清晰。书中按照实际工作中的业务流程和操作步骤，分别介绍了会计业务中的各项工作内容，包括凭证管理、会计科目的账务处理、纳税相关工作的处理，以及会计报表的编制等。

2016 年 5 月 1 日起，在全国范围内全面推开营业税改征增值税改革，建筑业、房地产业、金融业、生活服务业四个行业全部纳入试点范围，本书在第 10 章着重介绍增值税税款计算、账务处理、纳税申报。

本书具有如下几个方面的特点。

◆ 全面详尽。从多个层面详细讲解了会计的日常工作内容，相信读者在阅读完本书之后，一定会对会计工作有更充分的了解和认识，并能在具体的实际操作中游刃有余。

◆ 实操性强。从会计人员入门阶段的专业技能讲述，汇集企业资深会计的宝贵经验。对相关内容进行技巧点拨，结合实例仿真操作，以帮助读者轻松理解、掌握会计实质内容。本书针对工作的细节问题分类，分步骤详细介绍，以帮助读者熟悉餐饮会计工作中的具体操作。

◆ 图文并茂。为了使读者能更容易地掌握会计工作的方法和技巧，本书力求避免单一的文字叙述，尽量将业务流程及法规采用图、表形式呈现，以便读者在阅读时一目了然。同时本书配用了大量的经典案例，使读者能直观了解具体的实战情形。

◆ 难易适度，深入浅出。在讲解财务工作实务时，尽量采用通俗易懂的语言，由表及里，深入浅出，为初学者拨开了财务工作的层层面纱，能快速掌握工作的方法和技巧。

本套丛书包括：

《餐饮企业会计真账实操全图解》

《一般纳税人会计真账实操全图解》

《建筑施工企业会计真账实操全图解》

《外贸企业会计真账实操全图解》

《行政事业单位会计真账实操全图解》

《酒店企业会计真账实操全图解》

《商业企业会计真账实操全图解》

《工业企业会计真账实操全图解》

《房地产企业会计真账实操全图解》

《物流企业会计真账实操全图解》

《银行会计真账实操全图解》

《小企业会计真账实操全图解》

虽然我们力求完美，但由于时间有限，编写过程中难免存在着一些不足和遗憾，希望广大读者多提宝贵意见。

编　者

目录 CONTENTS

第1章 餐饮企业会计基础

1.1 什么是餐饮企业 / 2

1.1.1 餐饮企业经营特点及成本核算特点 / 2

1.1.2 餐饮企业的特征 / 4

1.2 餐饮企业会计基础 / 5

1.2.1 餐饮企业会计职能 / 5

1.2.2 餐饮企业会计信息质量要求 / 6

1.3 餐饮业会计要素与会计科目 / 8

1.3.1 会计要素 / 9

1.3.2 餐饮企业会计科目 / 10

1.3.3 餐饮企业会计账户 / 14

1.3.4 餐饮企业会计记账方法 / 15

1.3.5 餐饮企业会计核算方法 / 16

第2章 餐饮企业会计建账与做账

2.1 原始凭证 / 20

2.1.1 原始凭证的分类 / 20

2.1.2 原始凭证的填制 / 23

2.1.3 原始凭证的审核 / 25

2.2 记账凭证 / 26

2.2.1 记账凭证的分类 / 26

2.2.2 记账凭证的编制 / 29

2.2.3 记账凭证的附件 / 32
2.2.4 记账凭证的审核 / 33
2.3 手工建账 / 33
2.3.1 选择账簿 / 33
2.3.2 建立账簿 / 39
2.3.3 结转上年余额 / 40
2.4 电算化建账 / 40
2.4.1 预设会计科目 / 41
2.4.2 科目编码级次维护 / 42
2.4.3 会计科目的维护 / 42
2.4.4 录入期初余额 / 45
2.5 电算化会计记账凭证 / 47
2.5.1 凭证设置 / 47
2.5.2 凭证处理 / 49
2.5.3 凭证审核 / 54
2.5.4 凭证打印 / 56
2.6 餐饮企业的会计凭证装订与保管 / 57
2.6.1 会计凭证的装订 / 58
2.6.2 会计凭证的保管 / 59
重要账务处理索引
【例 2-1】 录入银行存款期初余额 / 45
【例 2-2】 对录入的期初余额进行试算平衡 / 46
【例 2-3】 设置记账凭证类别 / 47
【例 2-4】 录入提取现金的记账凭证 / 50
第3章 餐饮企业货币资金的核算
3.1 库存现金 / 62
3.1.1 库存现金的管理 / 62

3.1.2 出纳员的管理 / 64
3.1.3 收银员的管理 / 65
3.1.4 库存现金的核算 / 68
3.2 银行存款 / 73
3.2.1 银行存款科目设置 / 73
3.2.2 银行存款日记账与银行对账单核对 / 75
3.3 其他货币资金 / 76
3.3.1 银行汇票结算方式 / 77
3.3.2 银行本票结算方式 / 79
3.3.3 商业汇票结算方式 / 80
3.3.4 支票结算方式 / 81
3.3.5 汇兑结算方式 / 83
3.3.6 托收承付结算方式 / 84
3.3.7 委托收款结算方式 / 85
3.3.8 信用卡结算方式 / 85
重要账务处理索引
【例 3-1】 企业库存现金账务处理实例 / 70
【例 3-2】 企业银行存款账务处理实例 / 74
【例 3-3】 银行存款的核对实例 / 76
【例 3-4】【例 3-5】 银行汇票核算实例 / 78
【例 3-6】 银行本票核算实例 / 79
【例 3-7】 商业汇票核算实例 / 81
【例 3-8】【例 3-9】 支票核算实例 / 82
【例 3-10】 托收承付期核算实例 / 84
【例 3-11】 委托收款核算实例 / 85
【例 3-12】 信用卡核算实例 / 86

第4章 餐饮企业应收及预付账款的核算

4.1 应收账款的核算 / 88
4.1.1 应收账款科目的设置 / 88

4.1.2　应收账款账务处理 / 89

4.2　应收票据的核算 / 90

4.2.1　应收票据科目的设置 / 90

4.2.2　应收票据取得的会计处理 / 90

4.2.3　应收票据贴现的会计处理 / 91

4.3　其他应收款的核算 / 94

4.3.1　其他应收款科目核算范围 / 94

4.3.2　其他应收款科目的具体运用 / 95

4.4　预付账款的核算 / 96

4.4.1　预付账款科目的设置 / 96

4.4.2　预付账款的账务处理 / 97

4.5　坏账准备的核算 / 97

4.5.1　坏账准备科目的设置 / 98

4.5.2　坏账准备的账务处理 / 98

重要账务处理索引

【例 4-1】 应收账款的账务处理实例 / 89

【例 4-2】 无息应收票据取得的账务处理实例 / 91

【例 4-3】 带息应收票据贴现的会计处理 / 92

【例 4-4】 无息应收票据贴现的会计处理 / 93

【例 4-5】 其他应收款核算实例 / 95

【例 4-6】 预付账款核算实例 / 97

【例 4-7】 余额百分比法计提坏账准备的核算实例 / 100

【例 4-8】 账龄分析法计提坏账准备的账务处理实例 / 101

【例 4-9】 销货百分比法计提坏账准备的账务处理实例 / 102

第5章　餐饮企业存货的核算

5.1　原材料的核算 / 104

5.1.1　原材料科目的设置 / 104

5.1.2 原材料的账务处理 / 106

5.2 初加工材料的核算 / 108

5.2.1 食材初加工计价原则 / 108

5.2.2 食材清选计价 / 109

5.3 委托加工物资的核算 / 111

5.3.1 委托加工物资科目的设置 / 111

5.3.2 委托加工物资的核算 / 112

5.4 周转材料的核算 / 114

5.4.1 周转材料科目的设置 / 115

5.4.2 周转材料的摊销方法 / 115

5.5 存货清查的核算 / 117

重要账务处理索引

【例5-1】【例5-2】 原材料购进核算实例 / 106

【例5-3】 燃料分配核算实例 / 107

【例5-4】 物料用品核算实例 / 107

【例5-5】 食材成本系数法核算实例 / 109

【例5-6】【例5-7】 食材净料法核算实例 / 110

【例5-8】【例5-9】 委托加工物资核算实例 / 112

【例5-10】 预付定金采购周转材料核算实例 / 116

【例5-11】 一次摊销法核算实例 / 117

【例5-12】 存货清查核算实例 / 118

第6章 固定资产核算

6.1 固定资产 / 122

6.1.1 固定资产科目的设置 / 122

6.1.2 外购固定资产的账务处理 / 123

6.2 固定资产折旧方法 / 126

6.2.1 年限平均法 / 126

6.2.2 工作量法 / 127
6.2.3 双倍余额递减法 / 127
6.2.4 年数总和法 / 128
6.2.5 固定资产总体折旧的核算 / 128

6.3 固定资产的后续支出 / 130

6.4 固定资产的期末计量 / 131
6.4.1 固定资产清查的核算 / 132
6.4.2 固定资产减值的核算 / 133

6.5 固定资产的处置 / 134

6.6 不动产抵扣的会计处理 / 135

重要账务处理索引
【例 6-1】 外购固定资产核算实例 / 123
【例 6-2】 年限平均法核算实例 / 126
【例 6-3】 工作量法计提折旧核算实例 / 127
【例 6-4】 双倍余额递减法计提折旧核算实例 / 127
【例 6-5】 年数总和法计提折旧核算实例 / 128
【例 6-6】 固定资产当月计提折旧的账务处理实例 / 129
【例 6-7】 固定资产的后续支出核算实例 / 130
【例 6-8】 固定资产盘盈核算实例 / 132
【例 6-9】 固定资产盘亏核算实例 / 132
【例 6-10】 固定资产减值核算实例 / 133
【例 6-11】 固定资产出售、报废或毁损的核算实例 / 134
【例 6-12】【例 6-13】 自建不动产核算实例 / 137

第 7 章 投资性房地产

7.1 投资性房地产科目的具体运用 / 140
7.1.1 外购投资性房地产的初始计量 / 141
7.1.2 自行建造的投资性房地产初始计量 / 142

7.2 投资性房地产的后续计量 / 143
7.2.1 采用成本模式进行后续计量的投资性房地产 / 143
7.2.2 采用公允价值模式进行后续计量的投资性房地产 / 144
7.3 投资性房地产的处置 / 146
7.3.1 采用成本模式计量的投资性房地产的处置 / 146
7.3.2 采用公允价值模式计量的投资性房地产的处置 / 146
重要账务处理索引
【例 7-1】 外购投资性房地产账务处理实例 / 141
【例 7-2】 自行建造的投资性房地产账务处理实例 / 142
【例 7-3】 采用成本模式进行后续计量的投资性房地产账务处理实例 / 144
【例 7-4】 采用公允价值模式进行后续计量的投资性房地产账务处理实例 / 145
【例 7-5】 采用成本模式计量的投资性房地产的处置 / 146
【例 7-6】 采用公允价值模式计量的投资性房地产的处置 / 147

第8章 无形资产

8.1 无形资产科目的具体运用 / 150
8.2 无形资产的摊销 / 152
8.3 无形资产的处置 / 152
重要账务处理索引
【例 8-1】 无形资产初始成本的核算实例 / 151
【例 8-2】 无形资产摊销的核算实例 / 152
【例 8-3】 无形资产处置的核算实例 / 153

第9章 餐饮企业应付及预收业务的核算

9.1 应付账款/ 156
9.1.1 应付账款科目的设置/ 156

9.1.2 应付账款具体业务核算/ 157

9.2 应付票据/ 159

9.2.1 应付票据科目的设置/ 159

9.2.2 应付票据的核算/ 160

9.3 预收账款/ 163

9.3.1 预收账款科目的设置/ 163

9.3.2 预收账款的核算/ 163

9.4 应付职工薪酬/ 164

9.4.1 应付职工薪酬科目的设置/ 164

9.4.2 应付职工薪酬的核算/ 166

9.4.3 应付社会保险费和住房公积金/ 168

9.4.4 应付工会经费和职工教育经费的计提与使用/ 171

9.4.5 非货币性职工薪酬核算/ 172

9.4.6 辞退福利的核算/ 173

9.5 其他应付款的核算/ 174

9.5.1 其他应付款科目的设置/ 174

9.5.2 其他应付款的核算/ 175

重要账务处理索引

【例 9-1】 应付账款核算实例 / 158

【例 9-2】 不带息商业票据账务处理实例 / 160

【例 9-3】 带息商业票据账务处理实例 / 162

【例 9-4】 预收账款的核算 / 163

【例 9-5】 工资单的编制实例 / 167

【例 9-6】 应付社会保险费和住房公积金的核算实例 / 169

【例 9-7】 应付工会经费和教育费附加的核算实例 / 171

【例 9-8】 非货币性福利费的核算实例 / 173

【例 9-9】 其他应付款账户核算实例 / 176

第10章 餐饮企业应交税费的核算

10.1 餐饮企业“营改增”基本要点 / 178

10.1.1 餐饮企业“营改增”的影响 / 178

10.1.2 餐饮企业一般纳税人和小规模纳税人的认定 / 179

10.1.3 增值税税率 / 181

10.1.4 增值税科目设置 / 184

10.1.5 增值税发票 / 186

10.2 进项税额管理 / 190

10.2.1 准予抵扣的进项税额 / 190

10.2.2 增值税进项税额的账务处理 / 193

10.2.3 辅导期内进项税额的处理 / 195

10.2.4 日常业务可抵扣增值税进项税的实务操作 / 197

10.2.5 购入不动产的增值税会计处理 / 199

10.2.6 购进免税农产品的增值税会计处理 / 200

10.2.7 进口货物应纳税额的计算 / 202

10.2.8 不可以抵扣增值税进项税的实务操作 / 203

10.3 销项税额的管理 / 206

10.3.1 当期销项税额的确定 / 207

10.3.2 增值税销项税额的账务处理 / 208

10.4 增值税款的缴纳账务处理 / 211

10.4.1 一般计税方法 / 211

10.4.2 增值税纳税申报 / 212

10.5 消费税 / 216

10.5.1 消费税纳税人和征税范围 / 217

10.5.2 税目和税率 / 217

10.5.3 消费税的应纳税额的计算 / 220

10.5.4 自产自用应税消费品的会计处理 / 222

10.5.5 委托加工收回的应税消费品会计处理 / 223
10.5.6 进口环节应税消费品会计处理 / 224
10.6 城市维护建设税 / 226
10.7 教育费附加 / 226
10.8 土地增值税 / 228
10.9 房产税 / 230
10.10 城镇土地使用税 / 232
10.11 车辆购置税 / 234
10.12 车船税 / 236
10.13 印花税 / 238
10.14 企业所得税 / 242
10.14.1 企业所得税要素 / 242
10.14.2 收入的确定 / 243
10.14.3 准予扣除的项目 / 246
10.14.4 企业所得税的计算 / 248
10.15 个人所得税 / 251
重要账务处理索引
【例 10-1】 餐饮企业“营改增”前后对比核算实例 / 179
【例 10-2】 可以抵扣增值税进项税的实务操作 / 195
【例 10-3】 辅导期内增值税核算实例 / 196
【例 10-4】 日常业务可抵扣进项税核算实例 / 197
【例 10-5】 购入不动产的增值税核算实例 / 199
【例 10-6】 购进免税农产品的增值税核算实例 / 201
【例 10-7】 进口货物应纳税额核算实例 / 202
【例 10-8】 不可以抵扣增值税进项税的实务操作 / 203
【例 10-9】 接受投资、捐赠以及债务重组核算实例 / 204
【例 10-10】 采用直接收款方式增值税处理实例 / 209
【例 10-11】 一般计税方法核算增值税实例 / 211

【例 10-12】 一般纳税人增值税填报实例 / 215
【例 10-13】 从价定率核算实例 / 220
【例 10-14】 从量定额核算实例 / 221
【例 10-15】 从价定率和从量定额核算实例 / 221
【例 10-16】 自产自用应税消费品应纳税额核算实例 / 222
【例 10-17】 委托加工收回应税消费品应纳税额的核算实例 / 223
【例 10-18】 进口环节应税消费品应纳税额的核算实例 / 224
【例 10-19】 缴纳消费税核算实例 / 225
【例 10-20】 城建税、教育费附加核算实例 / 227
【例 10-21】 土地增值税应纳税额核算实例 / 230
【例 10-22】 房产计税应纳税额核算实例 / 232
【例 10-23】 城镇土地使用税应纳税额核算实例 / 234
【例 10-24】 车辆购置税应纳税额的核算实例 / 236
【例 10-25】 车船税应纳税额的核算实例 / 237
【例 10-26】 印花税应纳税额的核算实例 / 241
【例 10-27】 居民企业应纳税额的核算实例 / 249
【例 10-28】 个人所得税应纳税额的核算实例 / 253

第11章 餐饮企业融资业务的核算

11.1 短期借款 / 256
11.1.1 短期借款科目的设置 / 256
11.1.2 短期借款的账务处理 / 257
11.2 长期借款 / 259
11.2.1 长期借款科目的设置 / 259
11.2.2 长期借款的账务处理 / 260
11.3 长期应付款 / 262
11.3.1 长期应付款科目的具体运用 / 263
11.3.2 应付融资租赁款 / 263

11.4 应付债券 / 265

11.4.1 应付债券科目的设置 / 266

11.4.2 应付债券的核算 / 266

重要账务处理索引

【例 11-1】 短期借款核算实例 / 257

【例 11-2】 长期借款单利计算实例 / 260

【例 11-3】 长期借款复利计算实例 / 261

【例 11-4】 具有融资性质的延期付款核算实例 / 264

【例 11-5】 应付债券的核算实例 / 267

第12章 餐饮企业费用的核算

12.1 销售费用 / 270

12.2 管理费用/ 272

12.3 财务费用/ 276

12.4 营业外支出的核算/ 277

12.4.1 营业外支出科目的设置 / 277

12.4.2 营业外支出的账务处理 / 278

重要账务处理实例索引

【例 12-1】 销售费用的核算实例 / 271

【例 12-2】 管理费用的核算实例 / 274

【例 12-3】 财务费用的核算实例 / 277

【例 12-4】 营业外支出核算实例 / 279

第13章 餐饮企业收入的核算

13.1 主营业务收入 / 282

13.1.1 主营业务收入科目设置 / 282

13.1.2 日常收入的账务处理 / 283

13.2 其他业务收入的核算 / 286
13.2.1 其他业务收入科目的设置 / 286
13.2.2 其他业务收入账务处理 / 286
13.3 营业外收入的核算 / 287
13.3.1 营业外收入科目的设置 / 287
13.3.2 营业外收入的账务处理 / 288
重要账务处理实例索引
【例 13-1】 一般营业收入的核算实例 / 284
【例 13-2】 现金折扣的核算实例 / 285
【例 13-3】 其他业务收入核算实例 / 287
【例 13-4】 营业外收入的核算实例 / 288

第 14 章 餐饮企业成本的核算

14.1 餐饮企业食材成本核算/ 290
14.1.1 食材发出的成本计量/ 290
14.1.2 食材内部调拨的成本计量/ 294
14.1.3 净料成本的核算/ 295
14.2 原材料消耗的计算方法/ 296
14.2.1 永续盘存制/ 297
14.2.2 实地盘存制/ 299
14.3 调味品成本的核算/ 300
14.4 菜肴成本的核算/ 300
14.5 筵席成本的核算/ 301
14.6 餐饮制品售价的制定/ 302
重要账务处理索引
【例 14-1】 原材料先进先出法核算实例 / 291
【例 14-2】 原材料月末一次加权平均法核算实例 / 292

【例 14-3】 原材料移动加权平均法核算实例 / 293
【例 14-4】 原材料个别计价法核算实例 / 294
【例 14-5】 仓库内部食材调拨成本核算实例 / 294
【例 14-6】 厨房之间食材调拨成本核算实例 / 295
【例 14-7】【例 14-8】 净料成本核算实例 / 296
【例 14-9】 月末盘点法核算实例 / 297
【例 14-10】 采用永续盘存制核算实例 / 297
【例 14-11】 采用实地盘存制核算实例 / 299
【例 14-12】 菜肴成品核算实例 / 301
【例 14-13】 采用销售毛得率法定价 / 302
【例 14-14】 采用成本毛利率法定价 / 303

第15章 餐饮企业所有者权益

15.1 实收资本/ 306
15.1.1 实收资本的科目设置/ 306
15.1.2 实收资本的账务处理/ 307
15.2 资本公积/ 310
15.2.1 资本公积科目的设置/ 310
15.2.2 资本公积的账务处理/ 311
15.3 留存收益/ 312
15.4 利润结转与分配/ 315
15.4.1 本年利润科目的设置/ 315
15.4.2 本年利润的账务处理/ 316
重要账务处理索引
【例 15-1】 接受非现金资产投资的核算实例 / 307
【例 15-2】 实收资本或股本减少的核算实例 / 310
【例 15-3】 其他资本公积的核算实例 / 312
【例 15-4】 盈余公积的核算实例 / 314
【例 15-5】 期末本年利润结转的核算实例 / 317

第16章 餐饮企业财务报表的编制

16.1 资产负债表/ 320

16.1.1 资产负债表概述/ 320

16.1.2 资产负债表的编制方法/ 322

16.1.3 资产负债表的编制说明/ 325

16.2 利润表/ 331

16.2.1 利润表概述/ 332

16.2.2 利润表编制案例/ 335

16.3 现金流量表/ 337

16.3.1 现金流量表概述/ 337

16.3.2 现金流量表各项目计算方法/ 339

16.4 所有者权益变动表/ 349

16.4.1 所有者权益变动表含义及结构/ 349

16.4.2 所有者权益变动表的编制方法/ 351

重要账务处理索引

【例16-1】 根据总账科目的余额填列核算实例 / 323

【例16-2】 根据有关明细科目的余额计算填列核算实例 / 324

【例16-3】 编制资产负债表实例 / 328

【例16-4】 编制利润表编制实例 / 335

【例16-5】 销售商品、提供劳务收到的现金核算实例 / 340

【例16-6】 收到的税费返回核算实例 / 341

【例16-7】 收到的其他与经营有关的现金核算实例 / 341

【例16-8】 购买商品、接受劳务支付的现金核算实例 / 342

【例16-9】 支付给职工以及为职工支付的现金核算实例 / 342

【例16-10】 支付的各项税费核算实例 / 343

【例16-11】 收回投资收到的现金核算实例 / 344

【例16-12】 购建固定资产、无形资产和其他长期资产支付的现金核算实例 / 345

【例 16-13】 借款收到的现金核算实例 / 347
【例 16-14】 偿还债务所支付的现金核算实例 / 347
【例 16-15】 分配股利、利润或偿付利息所支付的现金核算实例 / 347
【例 16-16】 编制现金流量表实例 / 347
【例 16-17】 编制所有者变动表实例 / 352

参考文献/ 355

CHAPTER

ONE

第1章 餐饮企业会计基础

餐饮业是专门向顾客提供饮料、食品、菜肴、消费场所和服务性劳动，以满足人们生理需要的行业。餐饮的概念主要有两种：一是饮食，比如经营餐饮，提供餐饮；二是指提供餐饮的行业或者机构，满足食客的饮食需求，从而获取相应的服务收入。

1.1 什么是餐饮企业

餐饮企业是从事餐饮产品的生产、销售和消费服务等活动的经济组织，按产业性质它属于第三产业的流通部门。餐饮企业的外延很广，除了常指的餐馆、酒家、餐厅以外，还包括快餐店、小吃部、咖啡厅、冷饮店、茶馆、茶楼、酒吧等。现代餐饮业已成为国民经济及人们日常生活的重要组成部分。旅游、商务活动、朋友聚会、家庭团聚、婚寿宴庆及休闲聚餐等，光顾餐馆已成为现代人生活中的重要内容。餐饮业能够改变人们的生活方式，餐饮业的发展逐步改变了人们的日常消费模式和消费结构，越来越多的人把外出就餐作为一种新的生活方式，把在外用餐当作是一种娱乐来对待。

餐饮企业是利用主、副食原料，通过运用各种烹饪技术，加工制作成各种食品并提供消费场所和消费服务，直接向消费者服务。

1.1.1 餐饮企业经营特点及成本核算特点

1. 餐饮企业经营特点

餐饮业具有加工生产、商品销售、消费服务三重职能。餐饮业虽然也从事生产加工和销售，但同工业企业、商品流通企业相比，有自己的经营特点：以服务为中心，辅之以生产和商品流通，直接为消费者服务。

2. 成本核算特点

餐饮业的经营特点决定了餐饮企业会计核算具有核算对象多样性（如餐饮业除了经营餐饮业务外，还开展娱乐、售货及其他业务）、成本核算特殊性（如饮食业在业务经营过程中，同样执行生产、零售和服务三种职能，即：一方面从事菜肴和食品的烹制；一方面将烹制品直接供应消费者)。

1 •花色品种多，个性化服务，成本费用构成复杂，现制现卖，每个品种生产销售的数量不多

2 •生产销售时间短，而且时间集中，服务过程与消费过程统一

3 •每种饮食制品的规格质量不一，配料随季节变化而不同，烹制方法风味多种多样，色、香、味、形要求高

4 •劳动密集型产业，因而员工工资费用在餐饮成本中占有较大的比例；要求技术工艺性强，并以单件生产和手工操作为主

5 •具有地域性和民族特色，主要是就地服务

餐饮服务业与其他企业会计相比，具有以下几个特点：

(1) 会计核算的特殊方法。

餐饮业具有劳动服务、生产加工、商品零售三种职能，在会计核算上就必须区分业务性质，结合工业、商业的会计核算方法进行核算。餐饮业虽然也生产加工产品，但由于它对质量标准和技艺要求繁复，在会计核算上很难像工业企业那样，按产品逐次逐件进行完整的成本计算，一般只算总成本，不算单位成本，只算原料成本，不算全部成本（如不包括餐饮制品加工过程中的人工费、固定资产折旧费等其他成本)。

(2) 自制产品与外购商品分别核算。

为了分别掌握自制产品和外购商品的经营结果，加强对自制产品的核算与管理，经营外购商品销售业务的部门，还要对自制产品和外购商品分别进行核算，既要按照工业核算自制产品，又要按商业核算外购商品。

(3) 会计核算具有复杂性。

餐饮业具有综合性，既有餐饮服务、商品零售，又有喜庆宴会、导游服务，还有汽车出租、电话电传、理发美容、健美娱乐等服务项目。会计核算上有工业会计、商业会计、成本会计、租赁会计、餐饮会计等各种形式，形成餐饮业会计核算的方法体系。餐饮企业在服务经营过程中发生的全部费用按其性质分为营业成本和期间费用。营业成本包括直接材料（自制产品的主料、配料、调料等)、销售商品进价成本（如外购的酒水、饮料、香烟等)、代收代付费用（旅店、旅行社已计入营业收入总额，但属于代收、代付的有

关费用是直接用于旅游者的如为旅游者支付的餐费、车费等，应作为企业的直接支出，计入营业成本）、其他成本等。期间费用包括销售费用、管理费用和财务费用。

（4）会计核算格外要求快捷、准确、灵活。

服务业的服务对象多为零散客人，也常有团体客人。由于经营服务项目和食品花色品种繁多，交易次数频繁，每次交易量和交易金额较少，结账方式多种多样，客人在消费地逗留时间较短、流动较快，接受服务时间不固定，这就要求会计核算要快捷、准确。另外，餐饮服务多数商品具有不可挽回性和不可储存性等特点，所以会计核算要灵活掌握。

（5）涉外的饭店等企业在会计核算时，应按照外汇管理条例和外汇兑换管理办法，办理外汇存入、转出和结算的业务。有外汇业务的企业，应采用复币记账，核算外币和人民币，计算汇兑损益。

1.1.2 餐饮企业的特征

餐饮企业是利用一定的场所、设备、工具和原材料，通过职工的服务性劳动和技术性劳动，为社会集团、为消费者、为工农业生产、为人民的饮食生活提供服务的行业。餐饮业是国民经济领域中一个发展较快的行业，它的经营活动既不同于一般的生产活动，又不同于一般商业企业的买卖活动。它从事服务性的工作，而为更多的人所享受。餐饮企业的特征如图 1-1 所示。

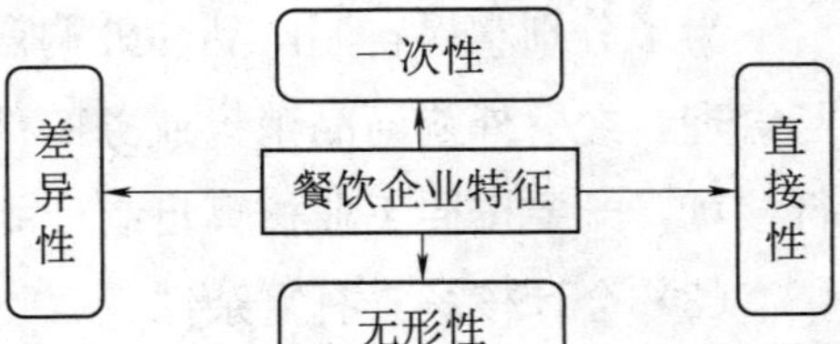

图 1-1 餐饮企业特征

1. 一次性

因餐饮生产量难以预测，故餐饮的经营具有不可预测性。只有就餐者上门消费，企业才有生意做，而消费者就餐的时间、人数、消费要求、消费数量等很难预计，产销的随机性很大。也就是说只有当客人进入餐厅后服务才能进行，当客人离店时，服务也就自然终止。

2. 无形性

餐饮业在服务效用上具有无形性的特点，它不同于水果、蔬菜等有形产品，仅从色泽、大小、形状等就能判别其质量好坏。餐饮服务只能通过就餐客人购买、消费、享受服务之后所得到的亲身感受来评价其好坏。它是把服务性、技术性劳动作为一种特殊商品出售。劳务不同于商品，它不是物，而是作为服务劳动所创造的特殊使用价值出现。

3. 差异性

餐饮服务的差异性一方面是指餐饮服务是由餐饮部门工作人员通过手工劳动来完成的，而每位工作人员由于年龄、性别、性格、素质和文化程度等方面的不同，他们为客人提供的餐饮服务也不尽相同；另一方面，同一服务员在不同的场合，不同的时间，或面对不同的客人，其服务态度和服务方式也会有一定的差异。

4. 直接性

服务行业具有服务的直接性，服务过程就是消费过程。工农业产品是通过流通分配环节提供人们消费的，生产、交换、分配是相互分离的，在时间和地点上都不一致。而餐饮业则是通过劳务直接提供消费的。

1.2 餐饮企业会计基础

餐饮企业会计是以货币为主要计量单位，运用专门的方法，对餐饮企业的经济活动进行全面的、连续的、系统的核算和监督，以促进餐饮企业加强经营管理、提高经济效益的一种管理活动。习惯上，从事会计工作的人被称为“会计”。

1.2.1 餐饮企业会计职能

从会计产生发展历史来看，会计的基本职能有两个：核算与监督。

1. 会计核算

会计核算是会计的首要职能，也是全部会计管理工作的基础。会计核算就是对大量的经济业务记录、计算、归类、整理和汇总，并通过记账、算账、报账等程序，全面、完整、综合地反映企业经济活动的过程和结果，并为经济管理提供有用的信息。任何经济实体单位要进行经济活动，都要求会计提供真实、正确、完整、系统的会计信息。因此，会计核算是通过价值量对经济活动进行确认、计量、记录，并进行公正报告的工作。

2. 会计监督

会计监督是会计的另一个基本职能。任何经济活动都有既定的目的，都要按一定的目的来运行。会计监督就是通过预测、决策、控制、分析、考评等具体方法，促使经济活动按照规定的要求运行，以达到预期的目的。

（1）会计监督的依据。会计监督的目的就是保证企业会计目标的顺利实现。会计监督的依据有以下两种。合法性依据：根据国家颁布的法律、法规、规章和政策进行监督；合理性依据：根据客观经济规律及经营管理方法的要求进行监督。

（2）会计监督的种类。按照与经济活动过程的关系，会计监督可以分以下三种。

事前监督	在经济活动开始前进行的监督，即审查未来的经济活动是否符合有关法令政策的规定，是否符合商品经济的规律要求，在经济上是否可行
事中监督	对正发生的经济活动过程及取得的核算资料进行审查，并以此纠正经济活动进程中的偏差及失误。促使有关部门合理组织经济活动，使其按照预定的目的及规定的要求进行，发挥控制经济活动进程的作用
事后监督	对已经发生的经济活动以及相应的核算资料进行的审查、分析

会计的核算职能与监督职能是相辅相成的，只有在对经济业务活动进行正确核算的基础上，才可能提供可靠资料作为监督依据；同时，也只有搞好会计监督，保证经济业务按规定的要求进行，并且达到预期的目的，才能发挥会计核算的作用。

1.2.2 餐饮企业会计信息质量要求

会计信息质量要求是对餐饮企业财务报告中所提供会计信息质量的基本

要求，是使财务报告中所提供会计信息对投资者等决策应具备的基本特征，它主要包括可靠性、相关性、清晰性、可比性、重要性、谨慎性和及时性等。如图 1-2所示。

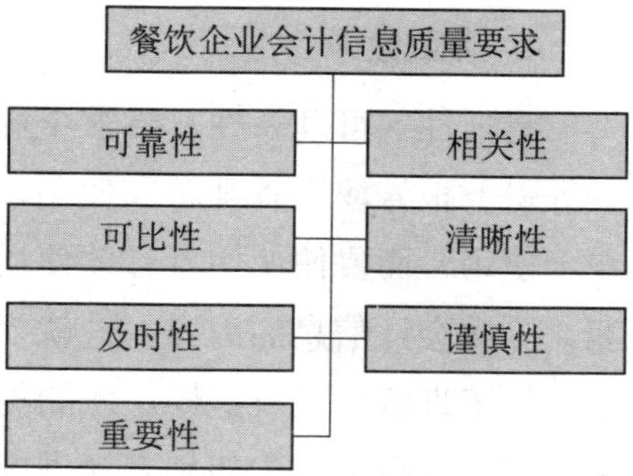

图 1-2　餐饮企业会计信息质量要求

1. 可靠性

可靠性强调真实，要求企业应当以实际发生的交易或者事项为依据进行会计确认、计量和报告，如实反映符合确认和计量要求的各项会计要素及其他相关信息，保证会计信息真实可靠、内容完整。会计信息要有用，必须以可靠为基础，如果财务报告所提供的会计信息是不可靠的，就会对投资者的决策产生误导甚至损失。

2. 相关性

相关性强调有用，要求企业提供的会计信息应当与使用者等的经济决策需要相关，有助于投资者等对企业过去、现在或者未来的情况作出评价或者预测。会计信息质量的相关性要求，需要企业在确认、计量和报告会计信息的过程中，充分考虑使用者的决策模式和信息需要。但是，相关性是以可靠性为基础的，两者之间并不矛盾，不应将两者对立起来。也就是说，会计信息在可靠性前提下，尽可能地做到相关性，以满足使用者的决策需要。

3. 可比性

可比性是指会计核算应当按照规定的会计处理方法进行，会计指标应当口径一致，相互可比。包括以下两方面的质量要求：

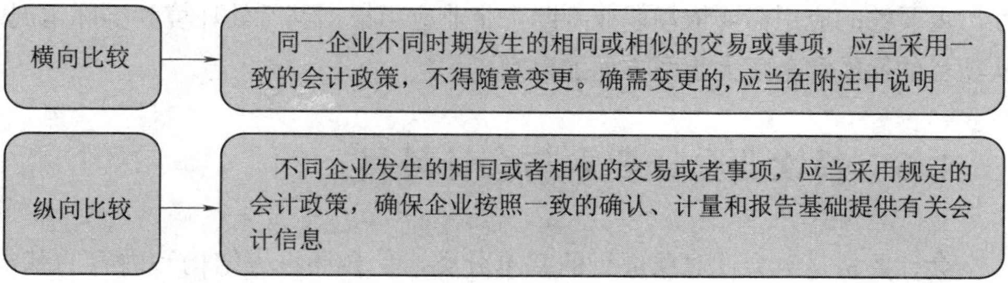

4. 清晰性

清晰性（可理解性）要求企业提供的会计信息应当清晰明了，便于投资者等财务报告使用者理解和使用。企业编制财务报告、提供会计信息的目的在于使用，而要使使用者有效使用会计信息，应当能让其了解会计信息的内涵，弄懂会计信息的内容，这就要求财务报告所提供的会计信息应当清晰明了，易于理解。只有这样，才能提高会计信息的有用性，实现财务报告的目标，满足向财务报告使用者提供有用信息的要求。

5. 及时性

会计信息的价值在于帮助所有者或者其他需求者作出经济决策，具有时效性。一是要求及时收集会计信息，即在经济业务发生后，及时收集整理各种原始单据；二是及时处理会计信息，编制财务报告；三是及时传递会计信息。

6. 谨慎性

谨慎性要求企业对交易或者事项进行会计确认、计量和报告应当保持应有的谨慎，不应高估资产或者收益、低估负债或者费用。谨慎性的应用也不允许企业设置秘密准备，如果企业故意低估资产或者收益，故意高估负债或者费用，将不符合会计信息的可靠性和相关性要求，损害会计信息质量，扭曲企业实际的财务状况和经营成果，从而对使用者的决策产生误导，这是会计准则所不允许的。

7. 重要性

重要性要求企业提供的会计信息应当反映与企业财务状况、经营成果和现金流量有关的所有重要交易或者事项。在实务中，如果会计信息的省略或者错报会影响投资者等财务报告使用者据此做出决策的，该信息就具有重要性。重要性的应用需要依赖职业判断，企业应当根据其所处环境和实际情况，从项目的性质和金额大小两方面加以判断。

1.3 餐饮业会计要素与会计科目

会计要素是对会计对象进行的基本分类，是会计报表结构和内容的基本组成部分。也是对经济业务事项进行确认和计量的重要依据。

1.3.1 会计要素

餐饮企业会计要素包括资产、负债、所有者权益、收入、利润和费用。资产、负债和所有者权益构成资产负债表的基本结构框架，而收入、费用和利润则是利润表的基本结构框架。

1. 资产

资产是指企业过去的交易或者事项形成的、由企业拥有或者控制的、预期会给企业带来经济利益的资源。将一项资源确认为资产，在符合资产定义的前提下，同时还需满足下列两个条件才能确认为资产：一是与该资源有关的经济利益很可能流入企业；二是该资源的成本或者价值能够可靠地计量。资产按其流动性可分为流动资产、非流动资产两类。

2. 负债

负债是指企业过去的交易或事项形成的、预期会导致经济利益流出企业的现时义务。企业负债按流动性可以分为长期负债与流动负债，划分标准为一年，一年以上为长期负债，一年以下为流动负债。

3. 所有者权益

所有者权益是指所有者在企业资产中享有的经济利益，等于资产与负债之差。所有者权益的组成如图 1-3 所示。

其中实收资本和资本公积是企业所有者直接投入的；盈余公积和未分配利润是企业在生产过程中实现的利润留存形成的，因此这两项又称为留存收益。资产、负债和所有者权益是资金运动相对静止时的状态和表现，是反映企业财务状况的会计要素。

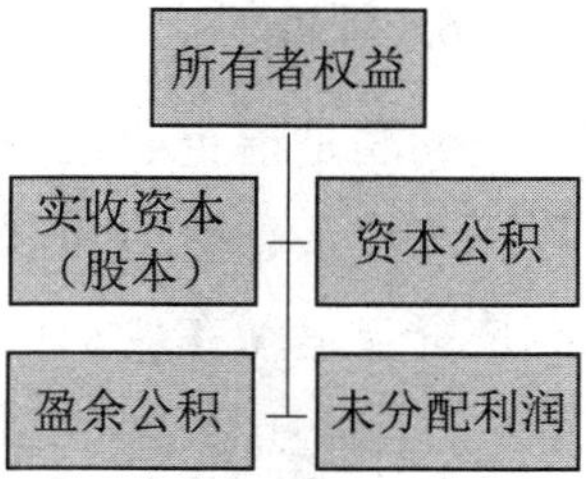

图 1-3　所有者权益的组成

4. 收入

收入是指企业在销售产品、提供劳务和让渡资产使用权等日常经营活动中所形成的经济利益的总流入，收入的特征如图 1-4 所示。

5. 费用

费用是指企业在销售产品、提供劳务等日常经营活动中导致的经济利益的总流出。费用具有三个显著特点，如图 1-5 所示。

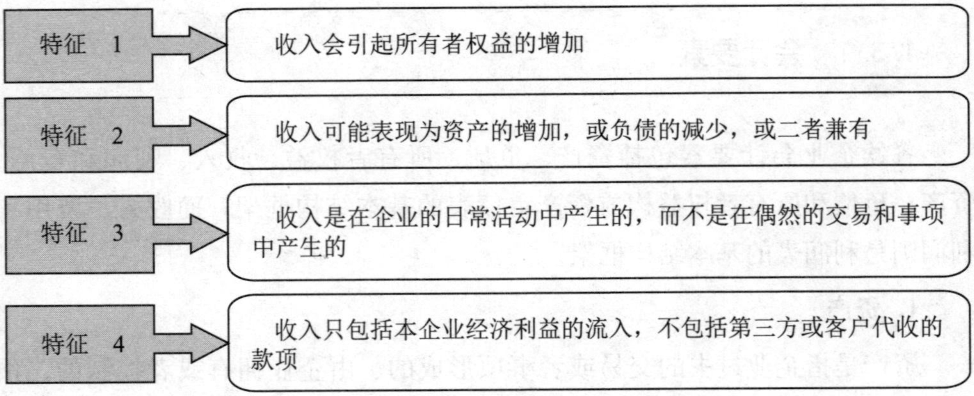

图 1-4　收入的特征

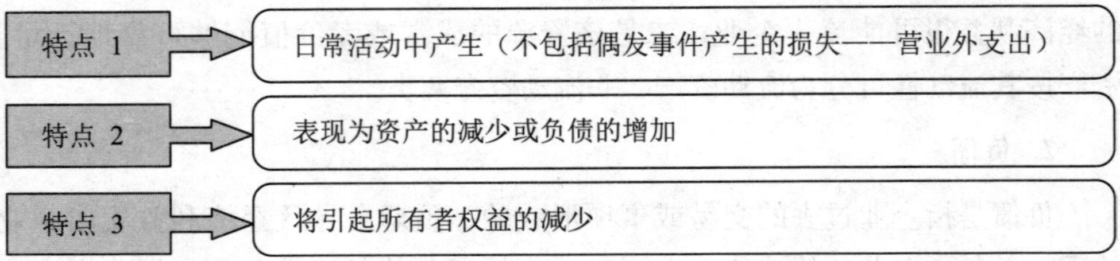

图 1-5　费用的特点

所以，费用是日常活动发生的。其经济利益的流出不属于费用而是损失的，如餐饮企业出售固定资产净损失。

6. 利润

利润是指企业在一定期间的经营成果。它包括营业利润、利润总额和净利润。收入、费用和利润是反映企业在一定经营期间经营成果的会计要素，也是资金运动在变动情况下的状态和表现。

1.3.2　餐饮企业会计科目

会计科目就是对会计六大要素的进一步分类。如资产可划分为库存现金、银行存款、原材料、固定资产等会计科目；负债可划分为短期借款、应付账款、长期借款等会计科目；所有者权益可划分为实收资本、盈余公积、利润分配等会计科目，等等。通过设置会计科目，可以将大量纷繁复杂、性质不同的经济业务进行科学的分类，将复杂的经济信息变成有规律、易识别的信息。会计科目是设置会计账户的依据，也是编制会计凭证、进行会计核算和会计监督的依据，它是餐饮企业编制财务报表的基础。

1. 会计科目的设置原则

会计科目作为向投资者、债权人、企业经营管理者等提供会计信息的重要手段，在其设置过程中应努力做到科学、合理、适用，应遵循下列原则，如图 1-6 所示。

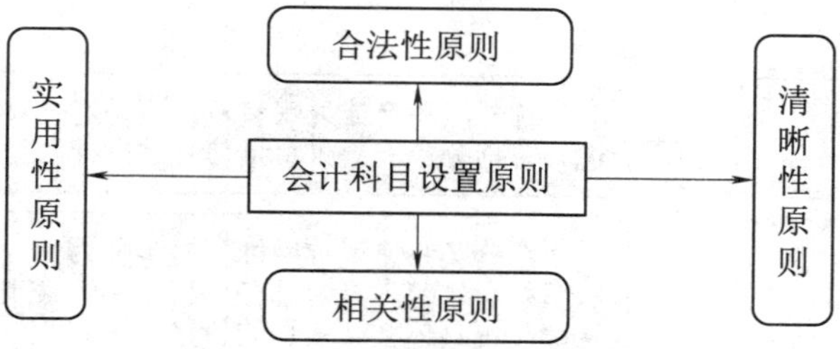

图 1-6　会计科目设置原则

2. 会计科目的分类

（1）按所归属的会计要素，餐饮企业会计科目可分为以下五大类。具体见表 1-1。

表 1-1　　**五大类会计科目**

会计科目分类		包括内容
资产类	流动资产科目	库存现金、银行存款、交易性金融资产、应收票据、应收账款、预付账款和其他应收款等
	非流动资产科目	长期股权投资、固定资产、无形资产、在建工程和工程物资等
负债类	流动负债科目	短期借款、应付票据、应付账款、应付职工薪酬、预收账款、其他应付款、应交税费和应付股利等
	长期负债科目	长期借款、长期应付款、应付债券等
所有者权益类	资本科目	实收资本
	留存收益科目	资本公积、盈余公积、本年利润和利润分配等
成本类	制造成本科目	生产成本、制造费用
	劳务成本科目	劳务成本和研发支出

续上表

会计科目分类		包括内容
损益类	收入科目	主营业务收入、其他业务收入、投资收益和营业外收入
	费用科目	主营业务成本、其他业务成本、营业外支出、管理费用、销售费用、财务费用、营业外支出和税金及附加

（2）按提供信息的详细程度及其统驭关系，会计科目可分为以下两大类。

总分类科目	又称一级科目或总账科目，它是对会计要素具体内容进行总括分类、提供总括信息的会计科目
明细分类科目	明细分类科目又称明细科目，分为二级明细科目和三级明细科目等，是对总分类科目作进一步分类、提供更详细和更具体会计信息的科目

总分类科目对其所属的明细分类科目具有统驭和控制的作用，而明细分类科目是对其所归属的总分类科目的补充和说明。明细分类科目是对总分类科目进一步详细分类的科目，它提供比总分类科目更详细、更具体的会计信息。如经营餐饮业务的企业可设“原材料”会计科目，它能反映企业原材料的总括情况，根据管理与核算的需要，又可以划分为“粮食类”“副食类”“干菜类”“调味品类”等有关子目，以反映各类原材料的具体情况，还可以将粮食类再划分为“大米”“面粉”和“杂粮”等细目，以反映各种原材料的详细情况。

3. 餐饮企业会计科目列表

根据规定，会计科目由财政部制定，企业在不影响会计核算要求和财务会计报告汇总，以及对外提供统一的财务会计报告格式的前提下，可以根据实际情况自行增设、减少或合并某些会计科目。子、细目除少数财政部有规定以外，其他一般由企业根据核算与管理的需要自行确定。见表 1-2。

表 1-2　企业会计科目表

序号	编号	会计科目名称	序号	编号	会计科目名称
一、资产类			2	1002	银行存款
1	1001	库存现金	3	1012	其他货币资金

续上表

序号	编号	会计科目名称	序号	编号	会计科目名称
4	1101	交易性金融资产	33	1605	工程物资
5	1121	应收票据	34	1606	固定资产清理
6	1122	应收账款	35	1701	无形资产
7	1123	预付账款	36	1702	累计摊销
8	1131	应收股利	37	1703	无形资产减值准备
9	1132	应收利息	38	1711	商誉
10	1221	其他应收款	39	1801	长期待摊费用
11	1231	坏账准备	40	1811	递延所得税资产
12	1401	材料采购	41	1901	待处理财产损溢
13	1402	在途物资	二、负债类		
14	1403	原材料	42	2001	短期借款
15	1404	材料成本差异	43	2101	交易性金融负债
16	1405	库存商品	44	2201	应付票据
17	1406	发出商品	45	2202	应付账款
18	1408	委托加工物资	46	2203	预收账款
19	1411	周转材料	47	2211	应付职工薪酬
20	1461	融资租赁资产	48	2221	应交税费
21	1471	存货跌价准备	49	2231	应付利息
22	1501	持有至到期投资	50	2232	应付股利
23	1502	持有至到期投资减值准备	51	2241	其他应付款
24	1503	可供出售金融资产	52	2401	递延收益
25	1511	长期股权投资	53	2501	长期借款
26	1512	长期股权投资减值准备	54	2502	应付债券
27	1521	投资性房地产	55	2701	长期应付款
28	1531	长期应收款	56	2801	预计负债
29	1601	固定资产	57	2901	递延所得税负债
30	1602	累计折旧	三、所有者权益类		
31	1603	固定资产减值准备	58	4001	实收资本
32	1604	在建工程	59	4002	资本公积

续上表

序号	编号	会计科目名称	序号	编号	会计科目名称
60	4101	盈余公积	72	6101	公允价值变动损益
61	4103	本年利润	73	6111	投资收益
62	4104	利润分配	74	6115	资产处理损益
四、成本类			75	6301	营业外收入
63	5001	生产成本	76	6401	主营业务成本
64	5101	制造费用	77	6402	其他业务成本
65	5201	劳务成本	78	6403	税金及附加
66	5301	研发支出	79	6601	销售费用
67	5401	工程施工	80	6602	管理费用
68	5402	工程结算	81	6603	财务费用
69	5403	机械作业	82	6701	资产减值损失（信用减值损失）
五、损益类			83	6711	营业外支出
70	6001	主营业务收入	84	6801	所得税费用
71	6051	其他业务收入	85	6901	以前年度损益调整

1.3.3 餐饮企业会计账户

账户，一组或一批会计记录（每一个记录称作一个账户）。这些账户整合起来，就能让企业管理者知道该企业经营数据，判断企业盈亏数额。账户也是客户在银行开立的各种存款、贷款及往来账户的总称。账户是根据会计科目设置的，具有一定的结构和格式，用来对会计对象的具体内容进行分类核算和监督的一种工具。

账户作为记录和反映经济业务活动的一种形式，其基本功能是便于对各项经济业务所引起的企业资产、负债、所有者权益、成本、损益的变动数额进行分门别类和有条不紊地进行归集、汇总。

账户的结构是指账户的格式，账户的基本结构包括两部分：一部分反映数额的增加情况；另一部分反映数额的减少情况。根据这个需要，把账户划分为左右两方，账户的左方称为“借方”，账户的右方称为“贷方”，即“左借右贷”。

经济业务引起会计要素的变化，不外乎增减两种类型，所以，任何一个账户都可以分为左右两方，这就是账户的基本结构。实际工作中，账户格式的设计一般包括以下内容：账户名称、日期和摘要、凭证号数、增加和减少金额。设置账户的作用在于：能够反映会计要素的增减变动及结余情况。为了便于说明问题，账户的基本结构可简化为左右两方，即“丁字形”账户之间最本质的差别在于所反映的经济内容不同。登记本期增加的金额称为本期增加发生额；登记本期减少的金额，称为本期减少发生额；期末结存金额称为余额。余额按照表示的时间不同，分为期初余额和期末余额，其基本关系如下：

期末余额＝期初余额＋本期增加发生额－本期减少发生额

1.3.4 餐饮企业会计记账方法

为了对会计要素进行核算和监督，在按一定原则设置了会计科目，并按会计科目开设了账户之后，就需要采用一定的记账方法将会计要素的增减变动登记在账户中。按照登记经济业务方式的不同，记账方法可分为单式记账法和复式记账法。复式记账法又因其构成要素的不同而分为借贷记账法、增减记账法和收付记账法。如图 1-7 所示。

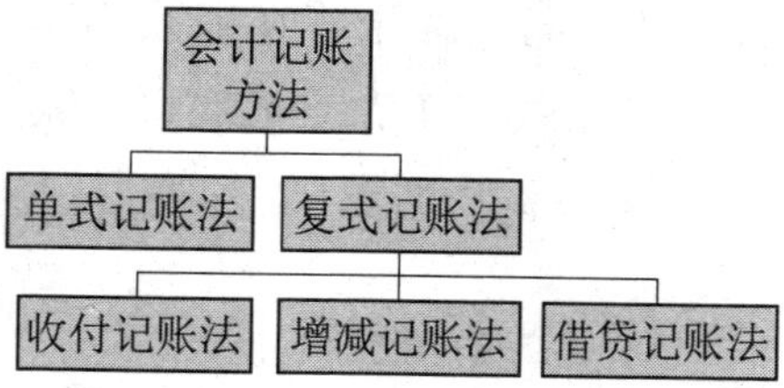

图 1-7　会计记账方法

1. 单式记账法

所谓单式记账法，是指对发生的每一项交易或者事项一般只在一个账户中进行登记，或者有时虽然也记入两个或两个以上账户，但账户之间的记录没有必然联系、没有相互平衡的概念的记账方法。它是一种不完整的简易记账方法。这种记账方法一般只记录银钱收付和债权债务结算业务，有时也登记实物。

单式记账法通常只设置“库存现金”“银行存款”“应收账款”“应付账款”等少数账户，其他账户都不设置；只按时序反映一部分经济业务，单式记账法只反映能引起货币资金、债权、债务增减变化的经济业务；只反映一部分经济业务的一个方面。

2. 复式记账法

复式记账法是从单式记账法发展演变而来的。这种记账方法是对所发生的经济业务，以相等的金额在两个或两个以上账户中进行登记的方法。在复式记账法下，由于对每项经济业务都以相等的金额在相互对应的账户中作双重记录。目前主要采用借贷记账法。

借贷记账法是以会计等式作为记账原理，以“借”“贷”作为记账符号，来反映经济业务增减变化的一种复式记账方法。我国明确规定所有企业会计记录应当采用借贷记账法。

借贷记账法中“借”和“贷”两字最初是有含义，分别用来记录债权、债务及其增减变化。对于收进的存款，记在贷方名下，表示债务；对于付出的放款，记在借方的名下，表示债权。但随着商品经济的发展，记账内容的逐步扩展，借贷两字逐渐失去原来的含义，转化为单纯的记账符号。在现代会计中，借（Debitrecord，简写为 Dr）和贷（Creditrecord，简写为 Cr）两字已成为会计的通用语言。重要说明：在借贷记账法下将每一个账户分为左右两方，左方称为“借”，右方称为“贷”。“借记”意味着在账户左方登记账目，“贷记”意味着在账户右方登记账目。整体结构如字母“T”，又称为“T”字形或“丁”字形账户。账户中的借方和贷方已经成为登记交易或事项数据的具体方位。

1.3.5 餐饮企业会计核算方法

会计核算方法是一个完整的体系，是相互联系，紧密结合的。必须是一环紧扣一环，才能保证核算工作的顺利进行。餐饮企业会计核算常用的方法如图 1-8 所示。

1. 设置会计科目与账户

设置会计科目和账户是对会计核算的具体内容进行分类核算和监督的一种专门方法。餐饮企业在进行会计核算时，必须先根据会计制度的要求设置会计科目，然后根据会计科目在账簿中开立相应的账户，以分类、连续地记录各项经济业务。

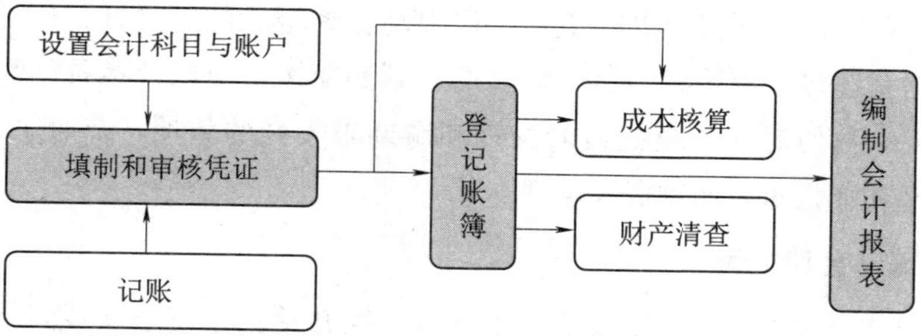

图 1-8　会计核算流程

2. 填制和审核凭证

凭证是记录经济业务，明确经济责任，作为记账依据的书面证明。正确填制和审核会计凭证，是核算和监督经济活动财务收支的基础，是做好会计工作的前提。

3. 复式记账

复式记账是指对所发生的每项经济业务，以相等的金额，同时在两个或两个以上相互联系的账户中进行登记的一种记账方法。采用复式记账方法，可以全面反映每一笔经济业务的来龙去脉，而且可以防止差错和便于检查账簿记录的正确性和完整性，是一种比较科学的记账方法。

4. 登记账簿

登记会计账簿简称记账，是以审核无误的会计凭证为依据在账簿中分类，连续地、完整地记录各项经济业务，以便为经济管理提供完整、系统的会计核算资料。账簿记录是重要的会计资料，是进行会计分析、会计检查的重要依据。

5. 成本核算

按照一定对象归集和分配生产经营过程中发生的各种费用，以便确定各该对象的总成本和单位成本的一种专门方法。产品成本是综合反映企业生产经营活动的一项重要指标。正确地进行成本计算，可以考核生产经营过程的费用支出水平，同时又是确定企业盈亏和制定产品价格的基础。并为企业进行经营决策，提供重要数据。

6. 财产清查

财产清查是指通过盘点实物，核对账目，以查明各项财产物资实有数额的一种专门方法。通过财产清查，可以提高会计记录的正确性，保证账实相符。同时，还可以查明各项财产物资的保管和使用情况以及各种结算款项的执行情况，以便对积压或损毁的物资和逾期未收到的款项，及时采取措施，进行清理和加强对财产物资的管理。

7. 编制会计报表

编制会计报表是以特定表格的形式，定期并总括地反映企业经济活动情况和结果的一种专门方法。会计报表主要以账簿中的记录为依据，经过一定形式的加工整理而产生一套完整的核算指标，用来考核、分析财务计划和预算执行情况以及编制下期财务和预算的重要依据。

CHAPTER
TWO

第2章 餐饮企业会计建账与做账

本章主要介绍会计凭证和会计账簿的种类与填制方法，以及手工建账和电子建账的程序与步骤。

2.1 原始凭证

原始凭证是在经济业务发生的过程中直接产生的，是经济业务发生的最初证明，在法律上具有证明效力，所以也可叫做“证明凭证”。原始凭证是填制记账凭证和登记账簿的依据，是重要的会计资料。

2.1.1 原始凭证的分类

原始凭证按取得的来源不同，可以分为外来原始凭证和自制原始凭证两类。

1. 外来原始凭证

外来原始凭证，是指在同外单位发生经济往来关系时，从外单位取得的凭证。外来原始凭证都是一次凭证。如企业购买材料、商品时，从供货单位取得的发货票，就是外来原始凭证。

2. 自制原始凭证

自制原始凭证是指在经济业务发生、执行或完成时，由本单位的经办人员自行填制的原始凭证，如收料单、领料单、产品入库单等。自制原始凭证按其填制手续不同，又可分为一次凭证、累计凭证、汇总原始凭证和记账编制凭证四种。

（1）一次凭证。一次凭证是指只反映一项经济业务，或者同时反映若干项同类性质的经济业务，其填制手续是一次完成的会计凭证。如“领料单”“报销单”等。如图 2-1 为领料单。

领料单（记账联）　　编号：8023

领料部门：一车间　　开单日期：2017 年 8 月 2 日

发料仓库：2 号库　　发料日期：2017 年 8 月 2 日　　限 3 天有效

货位编号	材料名称	型号规格	单位	数量		单价（元）	金额
				请领	实领		
2002	木板	—	m^2	8	8	400	3 200
领料根据及用途：加工地板							

发料：李莲　　材料计划：燕军　　领料主管：单小天　　领料：张洁

图 2-1　一次性原始凭证（领料单）

（2）累计凭证。累计凭证是指在一定期间内，连续多次记载若干不断重复发生的同类经济业务，直到期末，凭证填制手续算完成。如企业常用的限额领料单等。限额领料单如图 2-2 所示。

限额领料单

领料部门：中餐厨房　　第 004 号

用　　途：　　2017 年 8 月 1 日　　发料仓库：1 号库

材料编号	材料名称规格	计量单位	计划投产量	单位消耗定额	领用限额	实　发																			
						数量	金　额									数量	金　额								
							百	十	万	千	百	十	元	角	分		百	十	万	千	百	十	元	角	分
2001	大米	千克	100		100	100				¥	6	0	0	0	0	100				¥	6	0	0	0	0

日　期	领　用			退　料			限额结余数量
	数量	领用人	发料人	数量	退料人	收料人	
2017.8.1	30	李秀	王芳玉				
2017.8.15	40	李秀	王芳玉				
2017.8.20	30	李秀	王芳玉				

生产计划部门：　　供销部门：　　仓库：

图 2-2　累计原始凭证（限额领料单）

（3）汇总原始凭证。汇总原始凭证是指在会计核算工作中，为简化记账凭证的编制工作，将一定时期内若干份记录同类经济业务的原始凭证按照一定的管理要求汇总编制一张汇总凭证，用以集中反映某项经济业务总括发生情况的会计凭证，如“发料凭证汇总表”“收料凭证汇总表”“现金收入汇总表”等都是汇总原始凭证。如图 2-3 为材料消耗汇总表。

辅助生产成本直接分配法　　金额单位：元

辅助生产车间名称		运输	修理	合计
待分配成本		22 500	240 000	262 500
对外提供劳务数量		4 500 公里	600 工时	—
单位成本		5	400	—
基本生产车间	耗用数量	2 550 公里	320 工时	—
	分配金额	12 750	128 000	140 750
行政管理部门	耗用数量	1 950 公里	280 工时	—
	分配金额	9 750	112 000	121 750
合　计		22 500	240 000	262 500

图 2-3　汇总原始凭证（材料消耗汇总表）

（4）记账编制凭证。记账编制凭证是根据账簿记录和经济业务的需要编制的一种自制原始凭证。例如“制造费用分配表”就是根据制造费用明细账记录的数字按费用的用途填制的。如图 2-4 为产品成本计算单。

产品成本计算单

批号 201　　产品名称：乙产品　　投产日期：1 月 5 日

委托单位：　　批量 30 件　　完工日期：2 月 20 日

项　目	直接材料成本	直接人工成本	制造费用	合计
2 月发生生产成本				
据材料成本分配表	54 000			54 000
据工资成本分配表		36 000		36 000
据制造费用分配表			84 000	84 000
合　计	54 000	36 000	84 000	174 000
结转产成品 20 件成本	36 000	28 800	67 200	123 000
单位成本	1 350	1 440	3 360	6 150
月末在产品成本	18 000	7 200	16 800	42 000

图 2-4　记账编制凭证（产品成本计算单）

2.1.2 原始凭证的填制

1. 原始凭证的基本内容

原始凭证必须具备以下基本内容：

原始凭证基本内容

- 原始凭证名称
- 填制原始凭证的日期
- 接受原始凭证的单位名称
- 经济业务内容
- 含数量、单价、金额等
- 填制单位签章
- 有关人员签章
- 凭证附件

原始凭证种类较多，图 2-5 为增值税专用发票原始凭证。

110017240

北京增值税专用发票

北京

发票联

国家税务总局监制

开票日期：2019 年 4 月 9 日

购货单位	名　称：北京鑫盛有限公司 纳税人识别号：110101400321230 地址、电话：北京海淀区北京蜂窝路 14 号 68790001 开户行及账号：北京工商银行北蜂窝支行营业室 0200001909234216779			密码区	略		
货物或应税劳务名称 发动机	规格型号	单位 台	数量 1	单价	金额 ¥90 000	税率（%） 13%	税额 ¥11 700
价税合计（大写）	⊗ 壹拾万壹仟柒佰元整					（小写）¥101 700	
销货单位	名　称：绿地制造厂 纳税人识别号：1120134134971563 地址、电话：北京中山北路 45 号 010-87651200 开户行及账号：中行中山北路分理处 066180360010776				备注	绿地制造厂 1120134134971563 发票专用章	

收款人：××　　复核：××　　开票人：××　　销货单位：

图 2-5　原始凭证的基本内容

2. 特殊的原始凭证

（1）原始凭证分割。

一张原始凭证所列的支出需要由两个以上单位共同负担时，应当由保存该原始凭证的单位开给其他应负担单位原始凭证分割单。收到原始凭证分割单的单位以分割单作为记账凭证的附件。原始凭证分割单必须具备原始凭证的基本内容：凭证名称、填制凭证日期、填制凭证单位名称或者填制人姓名、经办人的签名或者盖章、接受凭证单位名称、经济业务内容、数量、单价、金额和费用分摊情况等，如图 2-6 所示。

原始凭证分割单

年　　月　　日　　　　　　　　编号

<table>
<tr><td colspan="2">接受单位名称</td><td colspan="6"></td><td colspan="2">地址</td><td colspan="2"></td></tr>
<tr><td rowspan="2">原始凭证</td><td>单位名称</td><td colspan="6"></td><td colspan="2">地址</td><td colspan="2"></td></tr>
<tr><td>名称</td><td colspan="2"></td><td colspan="2">日期</td><td colspan="2"></td><td colspan="2">编号</td><td colspan="2"></td></tr>
<tr><td rowspan="2">总金额</td><td rowspan="2">人民币
（大写）</td><td>千</td><td>百</td><td>十</td><td>万</td><td>千</td><td>百</td><td>十</td><td>元</td><td>角</td><td>分</td></tr>
<tr><td></td><td></td><td></td><td></td><td></td><td></td><td></td><td></td><td></td><td></td></tr>
<tr><td rowspan="2">分割金额</td><td rowspan="2">人民币
（大写）</td><td>千</td><td>百</td><td>十</td><td>万</td><td>千</td><td>百</td><td>十</td><td>元</td><td>角</td><td>分</td></tr>
<tr><td></td><td></td><td></td><td></td><td></td><td></td><td></td><td></td><td></td><td></td></tr>
<tr><td colspan="2">原始凭证主要内容，分割原因</td><td colspan="10"></td></tr>
<tr><td colspan="2">备注</td><td colspan="10"></td></tr>
</table>

图 2-6　原始凭证分割单

（2）原始单据遗失。

从外单位取得的原始凭证如有遗失，应当取得原开出单位盖有公章的证明，并注明原来凭证的号码、金额和内容等，对方原始单据存根的复印件(加盖对方财务公章)，由经办单位会计机构负责人、会计主管人员和单位领导人批准后，才能代作原始凭证。

如果确实无法取得证明的，如火车、轮船、飞机票等凭证，由当事人写出详细情况，由经办单位会计机构负责人、会计主管人员和单位领导人批准后，代作原始凭证。

2.1.3 原始凭证的审核

1. 审核发票的票面

看有无涂改的痕迹，如果有要认真盘查，防止拿他人的发票来报销，或者小数改大数。

2. 审核出具发票的单位名称

（1）查看与本单位有无经济业务关系；

（2）查看发票名称与经济内容是否相符；

（3）查看发票内容与售货单位的经营范围是否吻合。

3. 审核发票的抬头

查看所填单位名称是否为本单位，防止把私人或者其他单位的购货发票拿来报销。

4. 审核发票的数字

查看数量乘以单价是否等于总金额；看大小写金额是否一致；看小写金额前面是否有“￥”字样，大写金额前面是否顶格。如果有差错，一定要查清缘由。

5. 审核发票所开出物品的价格

查看与以往所购物品是否相同，如果相差过大，应查明原因。

6. 审核发票的编号

查看有无连号现象，防止把别人的发票拿来报销。

7. 审核发票的开出时间

（1）查看是否有同一经济内容、同一金额的发票在相近时间内出现，防止重复报账；

（2）查看发票之间在时间和内容上的内在联系，如购买大件商品与其运费发生的时间是否前后相距太远，等等。

8. 审核发票的印章

（1）查看有无税务部门的监制章；

（2）查看有无售货单位的财务专用章或发票专用章；

（3）查看有无经手人签章。只有印章齐全，才能报销。

9. 审核发票的备注

查看备注栏有何规定，如有无“违章罚款，不得报销”“滋补药品、费用自理”等字样。

10. 审核发票的背面

发票背面虽然没有内容，但由于发票基本上都是用复写纸写的，因而背面一般应有复写的痕迹，如果没有，应特别注意。

11. 审核发票的印制日期

按照规定，开具发票的单位每年度都应从税务部门领取本年度版本的发票，即便是可使用上一年度版本的发票，按规定也不宜时间跨度太长。审核发票印制日期，就是看是否把作废发票又拿来重新使用，如果是，不但不能报销，而且还要向有关发票管理机构反映。

12. 审核发票的报销手续

查看有无经手人、验收人、批准人签字，如没有，应先补齐手续。

此外，在审核发票时，还应注意分析一些不能通过票面而反映的问题。例如采购物资是否存在舍近求远、舍优求劣；购买的办公用品只是写金额，没有具体内容，是否会是一些非办公用品。如有类似的问题必须问清缘由，防止被少数人钻了空子。

2.2 记账凭证

记账凭证又称记账凭单，或分录凭单，是会计人员根据审核无误的原始凭证按照经济业务事项的内容加以归类，并据以确定会计分录后所填制的会计凭证。它是登记账簿的直接依据。

2.2.1 记账凭证的分类

1. 按适用经济业务分类

记账凭证按其适用的经济业务，分为专用记账凭证和通用记账凭证两类。

（1）专用记账凭证：用来专门记录某一类经济业务的记账凭证。专用凭证按其所记录的经济业务与现金和银行存款的收付有无关系，又分为收款凭证、付款凭证和转账凭证三种。

①收款凭证：用于记录库存现金和银行存款收款业务的会计凭证。它是根据有关现金和银行存款收入业务的原始凭证填制，是登记现金日记账、银行存款日记账以及有关明细账和总账等账簿的依据，也是出纳人员收讫款项的依据。如图 2-7 所示。

收款凭证

借方科目：库存现金　　　　2017 年 1 月 11 日　　　　收字第 003 号

附件：1 张

摘　要	贷方科目		金　额										√
	总账科目	明细科目	千	百	十	万	千	百	十	元	角	分	
张雪交回剩余差旅费 752 元	其他应收款	张雪						7	5	2	0	0	
合　计							¥	7	5	2	0	0	

会计主管：××　　记账：××　　出纳：××　　审核：××　　填制：××

图 2-7　收款凭证

②付款凭证，用于记录库存现金和银行存款付款业务的会计凭证。它是根据有关现金和银行存款支付业务的原始凭证填制，是登记现金日记账、银行存款日记账以及有关明细账和总账等账簿的依据，也是出纳人员付讫款项的依据。如图 2-8 所示。

付 款 凭 证　　　　现付字第0011号

贷方科目：库存现金　　　　2017 年 1 月 15 日　　　　附件：1 张

摘　要	借方科目		账页	金　额								
	一级科目	二级或明细科目		百	十	万	千	百	十	元	角	分
收入款 2 632.50 元存入银行	银行存款						2	6	3	2	5	0
合　计						¥	2	6	3	2	5	0

会计主管：××　　记账：××　　出纳：××　　审核：××　　制单：××

图 2-8　付款凭证

③转账凭证，用于记录不涉及库存现金和银行存款业务的会计凭证。它是根据有关转账业务的原始凭证填制。转账凭证是登记总分类账及有关明细分类账的依据，如图 2-9 所示。

转账凭证

2017 年 1 月 30 日　　转字第008号

附件：2 张

摘要	一级科目	二级或明细科目	账页	借方金额									贷方金额								
				百	十	万	千	百	十	元	角	分	百	十	万	千	百	十	元	角	分
结转ZFF专利权	无形资产	ZFF 专利权			7	4	5	0	0	0	0	0									
	研发支出													7	4	5	0	0	0	0	0
合计				¥	7	4	5	0	0	0	0	0	¥	7	4	5	0	0	0	0	0

会计主管：××　　记账：××　　出纳：××　　审核：××　　填制：××

图 2-9　转账凭证

(2) 通用记账凭证，用来记录各种经济业务的记账凭证。

在经济业务比较简单的经济单位，为了简化凭证可以使用通用记账凭证，记录所发生的各种经济业务。如图 2-10 所示。

通用记账凭证

年　月　日　　字第　号

摘要	会计科目	明细科目	√	借方金额										√	贷方金额									
				千	百	十	万	千	百	十	元	角	分		千	百	十	万	千	百	十	元	角	分
合计																								

附单据　张

财务主管　　记账　　出纳　　审核　　制单

图 2-10　通用记账凭证

2. 按照会计科目分类

记账凭证按其包括的会计科目是否单一，分为复式记账凭证和单式记账凭证两类。

（1）复式凭证：将每一笔经济业务事项所涉及的全部会计科目及其发生额均在同一张记账凭证中反映的一种凭证。

（2）单式凭证：每一张记账凭证只填列经济业务事项所涉及的一个会计科目及其金额的记账凭证。

3. 按照是否汇总分类

记账凭证按其是否经过汇总，可以分为汇总记账凭证和非汇总记账凭证。

2.2.2 记账凭证的编制

1. 记账凭证基本内容

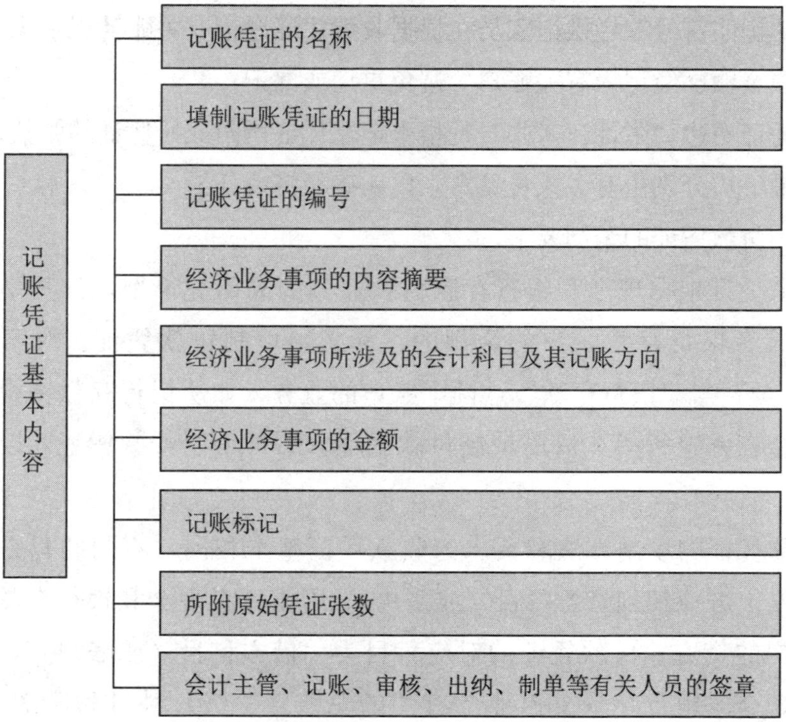

2. 记账凭证基本编制要求

（1）收款凭证的编制要求。

收款凭证根据现金和银行存款收款业务的原始凭证填制。凡是涉及增加现金或者银行存款账户的金额的，都必须填制收款凭证。

①收款凭证左上方的“借方科目（或账户）”，应填写“库存现金”或“银行存款”；右上方应填写凭证编号。收款凭证的编号一般按“现收×号”和“银收×号”分类，业务量少的单位也可不分“现收”与“银收”、而按收款业务发生的先后顺序统一编号，如“收字×号”。

②日期填写的是编制本凭证的日期；

③右上角填写编制收款凭证的顺序号；

④“摘要”填写对所记录的经济业务的简要说明；

⑤“贷方科目（或账户）”栏内填写与“库存现金”或“银行存款”科目相对应的总账（一级）科目及其所属明细（二级）科目；

⑥“金额”栏内填写实际收到的库存现金或银行存款数额；

⑦“记账符号”栏供记账员在根据收款凭证登记有关账簿以后做记号用，表示该项金额已经记入有关账户，避免重记或漏记；

⑧凭证右边“附件××张”是指本记账凭证所附原始凭证的张数；

⑨最下边分别由有关人员签章，以明确经济责任。

（2）付款凭证的编制要求。

付款凭证根据现金和银行存款付款业务的原始凭证填制。凡是涉及减少现金或者银行存款账户的金额的，都必须填制付款凭证。对于只涉及“库存现金”与“银行存款”这两个账户的业务，如从银行存款中提取现金或把现金存入银行等，只需填制付款凭证，不再填制收款凭证，以免重复记账。

付款凭证的填制方法和要求与收款凭证基本相同，不同的只是在付款凭证的左上方应填列贷方科目（或账户），因为库存现金和银行存款的减少应记账户的贷方；付款凭证的对应科目为“借方科目（或账户）”，需填写与库存现金或银行存款支出业务有关的总账（一级）科目和明细（二级）科目。

(3）转账凭证的编制要求。

转账凭证根据不涉及现金和银行存款收付的转账业务的原始凭证填制。凡是不涉及现金和银行存款增加或减少的业务，都必须填制转账凭证。

转账凭证将经济业务事项中所涉及全部会计科目，按照先借后贷的顺序记入“会计科目”栏中的“一级科目”和“二级及明细科目”，并按应借、应贷方向分别记入“借方金额”或“贷方金额”栏。其他项目的填列与收、付款凭证相同。

(4）通用记账凭证的填制。

通用记账凭证的名称为“记账凭证”或“记账凭单”。它集收款、付款和转账凭证于一身，通用于收款、付款和转账等各种类型的经济业务。其格式及填制方法与转账凭证完全相同。

(5）汇总记账凭证的填制。

①汇总收款凭证的填制。汇总收款凭证根据现金或银行存款的收款凭证，按库存现金或银行存款科目的借方分别设置，并按贷方科目加以归类汇总，定期（5 天或 10 天）填列一次，每月编制一张。月份终了，计算出汇总收款凭证的合计数后，分别登记库存现金或银行存款总账的借方，以及各个对应账户的贷方。

②汇总付款凭证的填制。汇总付款凭证根据库存现金或银行存款的付款凭证，按库存现金或银行存款科目的贷方分别设置，并按借方科目加以归类汇总，定期（5 天或 10 天）填列一次，每月编制一张。月份终了，计算出汇总付款凭证的合计数后，分别登记库存现金或银行存款总账的贷方，以及各个对应账户的借方。

③汇总转账凭证的填制。汇总转账凭证根据转账凭证按每个科目的贷方分别设置，并按对应的借方科目归类汇总，定期（5 天或 10 天）填列一次，每月编制一张。月份终了，计算出汇总转账凭证的合计数后，分别登记各有关总账的贷方或借方。

④记账凭证汇总表的填制。根据记账凭证逐笔登记总账，如果工作量很大，可以先填制记账凭证汇总表，然后根据记账凭证汇总表再来登记总账。

2.2.3　记账凭证的附件

记账凭证的附件就是所附的原始凭证，填制记账凭证所依据的原始凭证必须附在相应的记账凭证后面，并在记账凭证上标明所附原始凭证的张数。

1. 附件的整理

根据《会计基础工作规范》第五十一条规定，对附件应当区别不同情况进行处理：

（1）一张原始凭证只对应一张记账凭证的，将原始凭证直接附在记账凭证后面；

（2）结账的记账凭证、更正错误的记账凭证可以不附原始凭证；

（3）一张原始凭证涉及几张记账凭证的，有两种方法可以使用：

①将原始凭证附在一张主要的记账凭证后面，然后在其他记账凭证上注明附有该原始凭证的记账凭证的编号，便于查找；

②将原始凭证附在一张主要的记账凭证后面，然后在其他记账凭证后面附该原始凭证的复印件；

（4）一张原始凭证所列支的费用需要几个单位共同负担的，该原始凭证由本单位保留，附在本单位的有关记账凭证后面，给共同负担费用的其他单位开出原始凭证分割单，供其结算使用。

2. 附件张数的计算

原始凭证附件张数应区分以下几种情况，分别计算原始凭证的张数：

（1）对能全面反映每笔经济业务活动情况的原始凭证，应按自然张数计算；

（2）对不能全面反映每笔经济业务活动情况，需要附件进行补充和说明的，应在原始凭证上注明附件张数，并将其粘贴在一起，附件不计入原始凭证张数；

（3）对某类或某些原始凭证利用自制封面已进行汇总的，如差旅费报销单、支出汇总审批单等，其封面已对所反映的经济业务活动综合说明，对所附凭证张数也已注明，所以，它们应作为一张原始凭证计算。

2.2.4 记账凭证的审核

在审核记账凭证的过程中，如发现记账凭证填制有误，应当按照规定的方法及时加以更正。只有经过审核无误后的记账凭证，才能作为登记账簿的依据。

（1）填制凭证的日期是否正确。收款凭证和付款凭证的填制日期是否是货币资金的实际收到日期、实际付出日期；转账凭证的填制日期是否是收到原始凭证的日期或者是编制记账凭证的日期。

（2）凭证是否编号，编号是否正确。

（3）经济业务摘要是否正确地反映了经济业务的基本内容。

（4）会计科目的使用是否正确；总账科目和明细科目是否填列齐全。

（5）记账凭证所列金额计算是否准确，书写是否清楚、符合要求。

（6）所附原始凭证的张数与记账凭证上填写的所附原始凭证的张数是否相符。

（7）填制凭证人员、稽核人员、记账人员、会计机构负责人、会计主管人员的签名或盖章是否齐全。

2.3 手工建账

新建单位和原有单位在年度开始时，会计人员均应根据核算工作的需要设置应用账簿，即平常所说的“建账”。

2.3.1 选择账簿

不同企业单位所需用的账簿是不尽相同的。但不管账簿的格式如何，从其所起的作用看，大致可分为序时账簿、分类账簿与备查账簿，企业应根据经营管理需要选择适当的账簿，预备各种账页，并将活页的账页用账夹装订成册。

1. 序时账簿

序时账簿亦称日记账，是按经济业务发生时间的先后顺序，逐日逐笔登记的账簿。一般用于库存现金和银行存款账户，如图 2-11 所示。

现金日记账

2018年		记账凭证号数	摘要	对方科目	借方										贷方										余额									
月	日				千	百	十	万	千	百	十	元	角	分	千	百	十	万	千	百	十	元	角	分	千	百	十	万	千	百	十	元	角	分
1	1		期初余额																										4	0	0	0	0	0
1	5	略	提现支＃0012	银行存款			1	5	0	0	0	0	0	0													1	5	4	0	0	0	0	0
1	5	略	支付职工工资	应付职工薪													1	4	5	0	0	0	0	0					9	0	0	0	0	0
1	10	略	收到销售货款	应收账款					1	8	9	0	0	0														1	0	8	9	0	0	0
1	10	略	孙明预借差旅费	其他应收款															5	0	0	0	0	0					5	8	9	0	0	0
1	15	略	销售款存入银行	银行存款															1	8	9	0	0	0					4	0	0	0	0	0
1	20	略	以现金支付职工培训费	管理费用															2	0	0	0	0	0					2	0	0	0	0	0
1	25	略	购买办公用品	管理费用															1	0	0	0	0	0					1	0	0	0	0	0
1	31	略	收取田晓晓的赔偿款	其他应收款						8	5	0	0	0															1	8	5	0	0	0
			本月合计				1	5	2	7	4	0	0	0			1	5	4	8	9	0	0	0					1	8	5	0	0	0

图 2-11　现金日记账

2. 分类账簿

分类账簿包括总分类账簿和明细分类账簿。

（1）总分类账簿。

总分类账簿是根据总分类科目开设账户，用来登记全部经济业务，进行总分类核算，提供总括核算资料的分类账簿，又称“总分类账”，简称“总账”。总分类账所提供的核算资料，是编制会计报表的主要依据。总分类账一般采用订本式账簿。总分类账的账页格式，一般采用“借方”“贷方”“余额”三栏式。如图 2-12 所示。

总分类账

科目库存现金　　2018 年度

2018年		记账凭证号数	摘要	对方科目	借方										贷方										借或贷	余额									
月	日				千	百	十	万	千	百	十	元	角	分	千	百	十	万	千	百	十	元	角	分		千	百	十	万	千	百	十	元	角	分
			期初余额																											2	3	4	0	0	0
1	1	现收001	收现罚款收入						2	1	0	0	0	0																4	4	4	0	0	0
1	15	现收002	销售收入						8	9	9	0	0	0															1	3	4	3	0	0	0
1	20	现付001	支付张兰差费																4	1	0	0	0	0						9	3	3	0	0	0
			本月合计					1	1	0	9	0	0	0					4	1	0	0	0	0						9	3	3	0	0	0

图 2-12　总分类账

（2）明细分类账。

明细分类账簿也称明细分类账，简称明细账。根据二级会计科目或明细子目开设账页、明细登记某一类经济业务的账簿。一般说来，企业单位对各种财产物资、费用成本和收入成果、债权债务等往来款项，都应在有关总账科目下设置明细分类账，进行明细分类核算。明细账一般分为三栏式明细分类账簿、数量金额式明细分类账簿和多栏式明细分类账簿三种。

①三栏式明细账。三栏式明细分类账簿的格式与三栏式总分类账簿的格式基本相同，设有“借、贷、余”三个基本栏次，适用于只需要进行金额核算，不需要进行数量核算的结算类科目的明细分类核算。例如对“应收账款”“应收票据”“预收账款”“应付账款”“预付账款”等总账科目的明细分类核算，就可采用三栏式明细账进行。如图 2-13 所示。

明细分类账

会计科目：应收账款——方达有限公司

2018年		凭证		摘要	√	借方										贷方										借或贷	余额									
月	日	种类	号数			千	百	十	万	千	百	十	元	角	分	千	百	十	万	千	百	十	元	角	分		千	百	十	万	千	百	十	元	角	分
5	1			月初余额																						借				5	2	3	0	0	0	0
5	24	转	21	销售货款				4	2	5	1	5	5	0	0											借			4	7	7	4	5	5	0	0
5	30	收	12	收回货款															2	5	1	5	5	0	0	借			4	5	2	3	0	0	0	0
5	31			本月合计				4	2	5	1	5	5	0	0				2	5	1	5	5	0	0				4	5	2	3	0	0	0	0

图 2-13　三栏式分类明细账

②数量金额式明细账。数量金额式明细分类账，一般在“收入、发出、结存”栏目下还分别设有“数量、单价、金额”等专栏，用来登记财产物资的收入、发出和结存的数量和金额。数量金额式明细账适用于既要进行金额核算，又要进行数量核算的各种财产物资类科目的明细分类核算。例如对“原材料”“库存商品”“固定资产”等总账科目的明细分类核算，可采用数量金额式明细账。如图 2-14 所示。

③多栏式明细账。多栏式明细账设置细项目设置若干专栏，以便归类、集中登记这些明细科目或明细项目全部金额的账簿。多栏式明细账适用于那些要求对金额进行分析的有关费用成本、收入成果类科目的明细分类核算，例如对“主营业务收入”“管理费用”“生产成本”等总账科目的明细核算，可采用多栏式。如图 2-15 所示。

3. 备查账簿

备查账簿亦称备查簿、备查登记簿或辅助账簿。是指对某些在序时账簿和分类账簿中未能记载或记载不全的经济业务进行补充登记的账簿。如委托加工材料登记簿、租入固定资产登记簿等。

明细分类账(数量金额式)

会计科目:原材料——原料及主要材料——乙材料

存储地点:原材料 1 号库　　　　　　　　　　　　　　　　　　　　计量单位:吨

2018 年		凭证		摘要	√	收入(借方)												发出(贷方)												借或贷	结存											
月	日	种类	号数			数量	单价	千	百	十	万	千	百	十	元	角	分	数量	单价	千	百	十	万	千	百	十	元	角	分		数量	单价	千	百	十	万	千	百	十	元	角	分
5	1			期初余额																										借	3					6	1	8	0	0	0	0
5	24	材料入库单	11	购入		65	7 890			5	1	2	8	5	0	0	0													借	68				5	7	4	6	5	0	0	0
5	30	材料入库单	12	本月合计						5	1	2	8	5	0	0	0													借	68				5	7	4	6	5	0	0	0
8	31			本月合计						5	1	2	8	5	0	0	0														68				5	7	4	6	5	0	0	0

图 2-14　数量金额式明细账

生产成本明细账

科目名称 生产成本

产品名称 C产品　　　　　　总第××页

计量单位 吨　　　　　　　　分第××页

2018年		凭证字号	摘要	合计										成本项目																													
月	日													直接材料										直接人工										制造费用									
				千	百	十	万	千	百	十	元	角	分	千	百	十	万	千	百	十	元	角	分	千	百	十	万	千	百	十	元	角	分	千	百	十	万	千	百	十	元	角	分
1	31	记021	分配工资费用			1	9	3	6	0	0	0	0													1	9	3	6	0	0	0	0										
1	31	记028	领用原材料			2	9	0	3	2	0	5	0			2	9	0	3	2	0	5	0																				
1	31	记031	分配制造费用			1	9	3	4	0	0	0	0																							1	9	3	4	0	0	0	0
			本月合计			6	7	7	3	2	0	5	0			2	9	0	3	2	0	5	0			1	9	3	6	0	0	0	0			1	9	3	4	0	0	0	0
			期末余额			6	7	7	3	2	0	5	0			2	9	0	3	2	0	5	0			1	9	3	6	0	0	0	0			1	9	3	4	0	0	0	0
			结转下年																																								

图2-15　多栏式明细账

2.3.2 建立账簿

1. 建立总账账簿

（1）按照会计科目表的顺序、名称，在总账账页上建立总账账户。所开账户应根据往年登记经济业务量的大小，保留足够数量用以登记经济业务的页码；

（2）各账户编列号码后，应填“账户目录”，将账户名称页次登入目录内；

（3）所开账户较多的单位，在所开各个账户首页的上面贴上“口取纸”，注明所开账户名称（会计科目），便于使用者翻阅并粘贴索引纸（账户标签），写明账户名称，以利检索。

2. 建立明细账账簿

根据总账账户明细核算的要求，在各个所属明细账户上建立二、三级明细账户。

（1）使用订本式账簿，应从第一页起到最后一页止顺序编定号码，不得跳页、缺号；

（2）使用活页式账簿，应按账户顺序编本户页次号码。

3. 启用账簿

在账簿的“账簿启用登记表”上，写明单位名称、账簿名称、册数、起止页数、启用日期以及记账人员和会计主管人员姓名，并加盖名章和单位公章。记账人员或会计主管人员在本年度调动工作时，应注明交接日期、接办人员和监交人员姓名，并由交接双方签名或盖章，以明确经济责任。如图 2-16所示。

<table>
<tr><th colspan="11">账簿启用登记表</th></tr>
<tr><td colspan="2">单位名称</td><td colspan="6">海天酒店有限公司</td><td colspan="3" rowspan="4">张唐林</td></tr>
<tr><td colspan="2">账簿名称</td><td colspan="6">银行存款</td></tr>
<tr><td colspan="2">册次及起讫页数</td><td colspan="6">第 1 册　自 1 页　至 100 页</td></tr>
<tr><td colspan="2">启用起讫日期</td><td colspan="6">自 2018 年 1 月 1 日起至 2018 年 1 月 31 日止</td></tr>
<tr><td colspan="2">会计机构负责人</td><td colspan="3">记账人员</td><td colspan="3">接收日期</td><td colspan="3">交出日期</td></tr>
<tr><td>姓名</td><td>盖章</td><td>职名</td><td>姓名</td><td>盖章</td><td>年</td><td>月</td><td>日</td><td>年</td><td>月</td><td>日</td></tr>
<tr><td>李爽</td><td>李爽</td><td>会计</td><td>陈青</td><td>陈青</td><td>2017</td><td>1</td><td>1</td><td></td><td></td><td></td></tr>
<tr><td></td><td></td><td></td><td></td><td></td><td></td><td></td><td></td><td></td><td></td><td></td></tr>
</table>

图 2-16　账簿启用表

4. 可跨年使用的账簿

（1）卡片式账簿。如固定资产卡片等；

（2）数量金额式明细账。如，仓库保管员登记的数量金额式材料明细账、库存商品明细账等；

（3）备查账。如，租入固定资产备查账，受托加工材料物资备查账等。这些账簿主要记录跨年租赁业务或受托加工业务的会计信息，为便于管理，该类账簿可以连续使用；

（4）债权债务明细账（也称为往来明细账）。一些单位债权债务较多，如果更换一次新账，抄写一遍的工作量较大，可以跨年使用，不必每年更换。但是，如果债权债务尚未结算的部分较少，单位应及时将未结算的债权债务转入下年新设“债权债务明细账”中。

2.3.3 结转上年余额

1. 过账

对于所开的资产、负债及所有者权益等账户，将上年该账户的余额，直接抄入新账户所开第一页的首行。同时，在摘要栏内注明“上年结转”或“年初余额”字样，不必填制记账凭证。

对于所开的收入、成本费用类账户，则不需要进行过账，启用新的会计账簿直接登记。

2. 进行账账核对

为了保证总账与明细账记录相符，应核对过账后的年初余额，保证总分类账和明细分类账所记的数据一致。

3. 进行平衡试算

为了保证初始数据的正确性，按照“资产＝负债＋所有者权益”的静态平衡公式进行试算平衡，即进行期初余额平衡校验。

2.4 电算化建账

电算化下的建账工作，主要就是进行会计科目设置。企业在不违反会计准则中确认、计量和报告规定的前提下，可以根据本单位的实际情况自行增设、分拆、合并会计科目。企业不存在的交易或者事项，可不设置相关会计科目。对于明细科目，企业可以根据规定，按照需要自行设置。

2.4.1 预设会计科目

以用友 EPR-U8 为例（下同），在创建账套时，在核算类型设置中，通过选择行业性质，可以对会计科目进行预设。选择行业类型如图 2-17 所示。

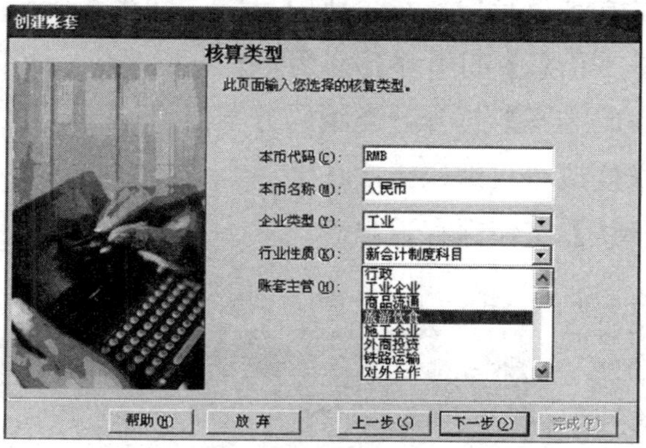

图 2-17　创建账套中选择行业类型

在行业性质中如果选择新会计制度科目，选择后生成科目编码为 4 位、科目名称为新会计制度下的预设会计科目，如图 2-18 所示。如果选择工业企业、商品流通、旅游饮食、施工企业、行政等行业类型，则按分行业会计制度生成科目编码为 3 位、科目名称为非新会计制度下的预设会计科目。

级次	科目编码	科目名称	外币币种	辅助核算
1	1001	现金		
1	1002	银行存款		
1	1012	其他货币资金		
2	101201	外埠存款		
2	101202	银行本票		
2	101203	银行汇票		
2	101204	信用卡		
2	101205	信用证保证金		
2	101206	存出投资款		

图 2-18　新会计制度下的会计科目

2.4.2 科目编码级次维护

科目编码是在软件系统中为会计科目确定的统一并唯一的编码。系统设定了科目编码最大限制为 9 级 15 位，即最多设置 9 级科目，9 级科目的编码长度之和不能超过 15 位，且任何一级的最大长度都不得超过 9 位编码。

在系统中可以利用设置科目编码级次，设定会计科目分级，每级的科目编码几位数，步骤如图 2-19 所示：

（1）利用账套管理员身份登录企业门户后，打开【基本信息】菜单；

（2）双击【基本信息】打开本信息窗口；

（3）双击【编码方案】打开分类编码方案窗口；

（4）按照要求修改科目编码级次；

（5）单击【确认】按钮保存退出。

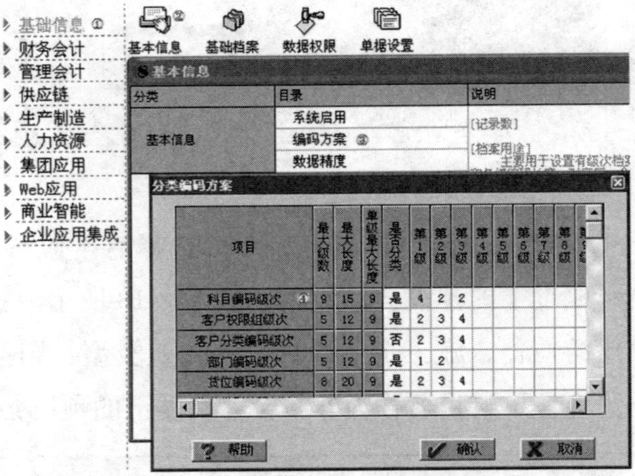

图 2-19 科目编码级次维护

2.4.3 会计科目的维护

在我国境内，各企业为了保证会计核算指标口径一致，便于按部门、行业、地区乃至全国范围内进行汇总，所以对于总分类科目国家都做了统一规定，规定了统一的科目代号、名称和核算内容。任何企业都要根据本企业的特点选择使用统一的会计科目。

1. 启动会计科目维护

打开【设置】→【会计科目】菜单，进入“会计科目”窗口，如图 2-20 所示。

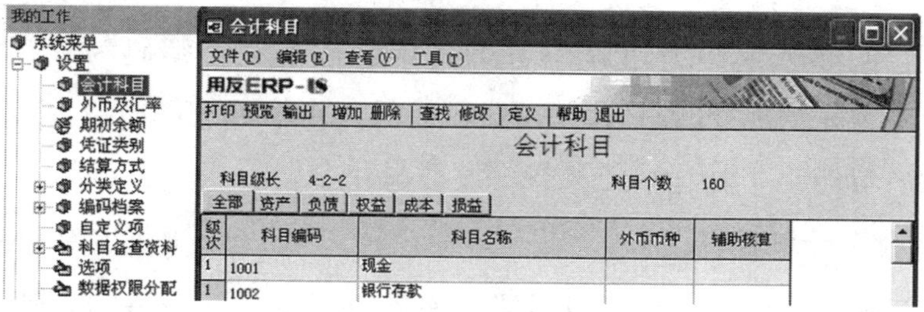

图 2-20　会计科目设置

2. 新增会计科目

如果用户所使用的会计科目与会计制度规定的会计科目相差较多，则可以在建立账套时不选择行业会计科目，根据自身需要自行设置全部会计科目。

新增会计科目的步骤，如图 2-21 所示。

（1）在会计科目设置界面中，单击【增加】按钮，打开“会计科目 _ 新增”对话窗口；

（2）在对应内容中输入科目编码、科目名称等内容；

（3）单击【确定】按钮保存。

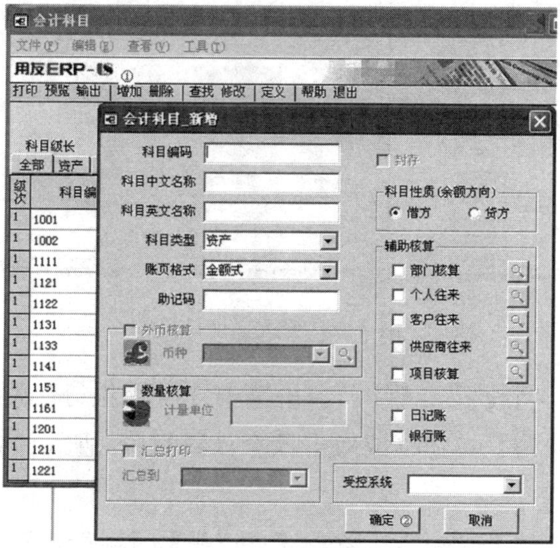

图 2-21　新增会计科目

3. 会计科目编码

科目编码只能由数字（0～9），英文字母（A～Z及a～z）及减号（－）、正斜杠（\ \）表示，其他字符（如&、空格等）禁止使用。例如，在“应交税费（2221）－应交增值税（01）－进项税额（01）”的科目设置中，“应交增值税”的完整编码为“222101”，进项税额的完整编码为“22210101”。其设置顺序为先增加“2221应交税费”科目，再增加“222101应交增值税”科目，最后增加“22210101进项税额”科目。

4. 修改会计科目

当科目属性有错误时，可以对错误属性进行修改。但是如果某科目已被制过单或已录入期初余额，则不能修改该科目。如要修改该科目必须先删除有该科目的凭证，并将该科目及其下级科目余额清零，再修改，修改完毕后要将余额及凭证补上。已使用的科目不能增加下级。

如将“1002银行存款”修改为有“日记账”“银行账”辅助核算的科目，操作步骤如图2-22：

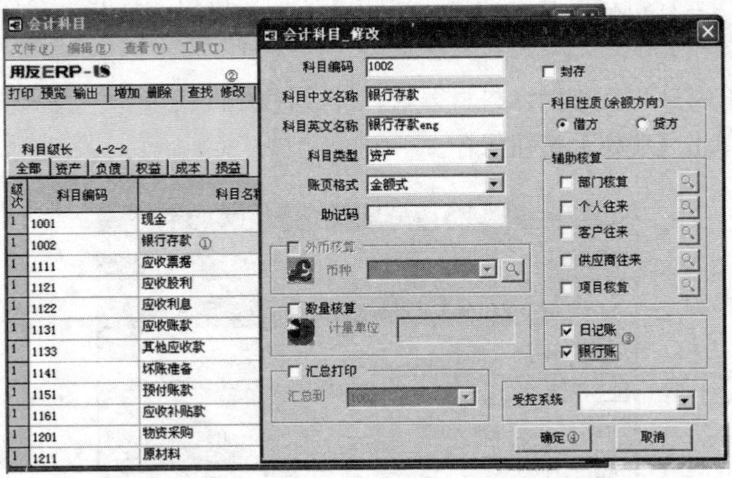

图2-22　修改会计科目

（1）在会计科目设置界面中，单击选中“1002银行存款”科目；

（2）单击【修改】按钮（或双击该会计科目），进入“会计科目_修改”对话窗口；

（3）单击【修改】按钮后，单击【日记账】、【银行账】选择框；

（4）单击【确定】按钮。

在修改后，如果要继续修改，可以单击【第一页】、【前页】、【后页】、【最后页】按钮，找到下一个需要修改的会计科目，单击【修改】按钮继续修改。否则单击【返回】按钮，退出修改对话窗口。

5. 删除会计科目

如果某些会计科目目前暂时不需用或者不适合本企业科目体系的特点，可以在未使用之前将其删除。

2.4.4 录入期初余额

1. 总账科目期初余额的录入

在期初余额录入的时候，各明细科目的年初余额和系统启用前各月的发生额，其上级科目的余额和发生额由系统自动进行汇总；一般情况下，资产、费用类科目余额在借方，负债、所有者权益、收入、利润类科目余额在贷方。如果是数量金额类科目，还应输入相应的数量和单价；如果是外币科目，还应输入相应的外币金额。记账凭证填入后，期初余额不能修改。

【例 2-1】 录入“银行存款”科目期初借方 4 300 000 元，操作步骤图 2-23。

（1）“系统菜单”中，单击【设置】下的【期初余额】菜单；

（2）在“银行存款”科目所在行期初余额中输入“4 300 000”；

（3）输入后单击【退出】按钮。

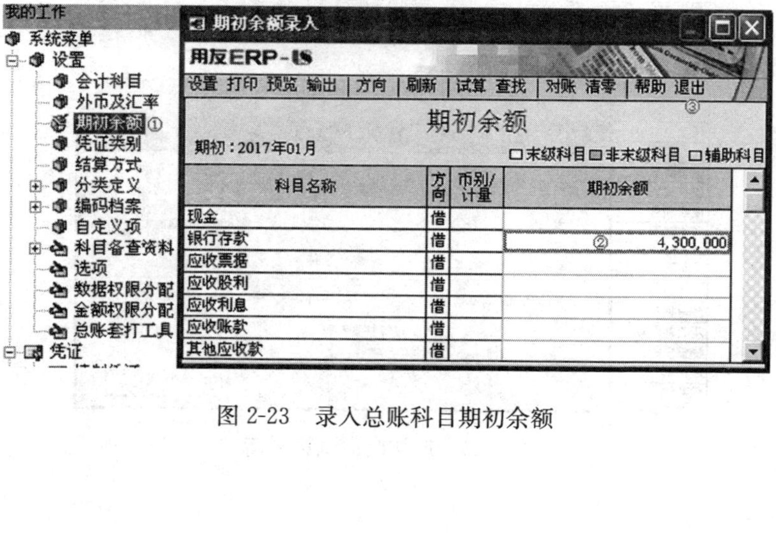

图 2-23　录入总账科目期初余额

在录入期初余额过程中，如果发现某个会计科目有错误，应在未录入余额的情况下，回到会计科目的功能中去修改；如果期初余额录入错误，可以在记账前直接修改。

2. 辅助账期初余额的录入

在录入期初数据时，如果某一科目设置了辅助核算类别，系统会自动为该科目开设辅助账页，其余额不能直接输入。即在输入设置了辅助账的会计科目的期初余额时，应在系统调出辅助账后，输入辅助账的明细期初余额，由系统自动将辅助账的各项明细期初余额之和记入该科目的总账期初余额。

3. 试算平衡

期初余额及累计发生额输入完成后，为了保证初始数据的正确性，必须依据“资产＝负债＋所有者权益”的静态平衡公式进行试算平衡，即进行期初余额平衡校验。

校验工作由计算机自动完成，校验完成后系统会自动生成一个校验结果报告，如果试算结果不平衡，则应依次逐项进行检查、更正后，再次进行试算平衡，直至平衡为止。系统约定，期初余额不平衡可以进行日常业务处理中填制凭证的操作，但是不能记账。

【例 2-2】 对录入的期初余额进行试算平衡，操作步骤如图 2-24。

（1）在“期初余额录入”界面下，单击【试算】按钮；

（2）系统显示“期初试算平衡表”，选择【打印】或【确定】。

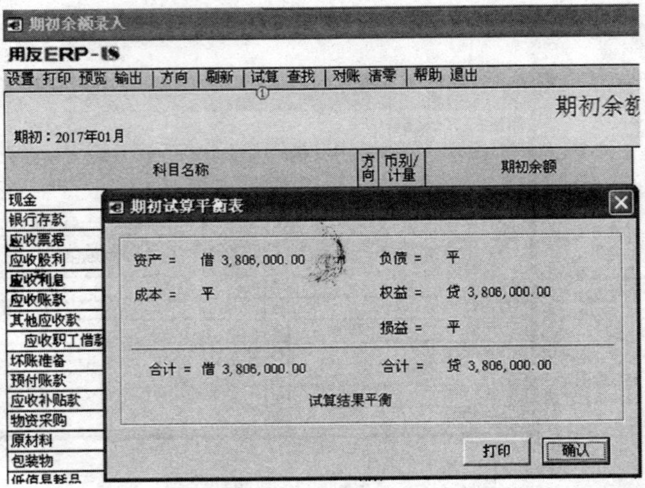

图 2-24 期初余额试算平衡

2.5 电算化会计记账凭证

在开始使用计算机录入凭证之前，应根据企业管理和核算的要求在系统中设置凭证类别，以便将凭证按类别分别编制、管理、记账和汇总。

2.5.1 凭证设置

1. 设置凭证类别

（1）凭证类别预置。

系统提供了常用的凭证分类方式，可以从中选择，也可以根据实际情况自行定义。

【例 2-3】 设置类别字为“记”字、名称为“记账凭证”凭证类别，如图 2-25所示。

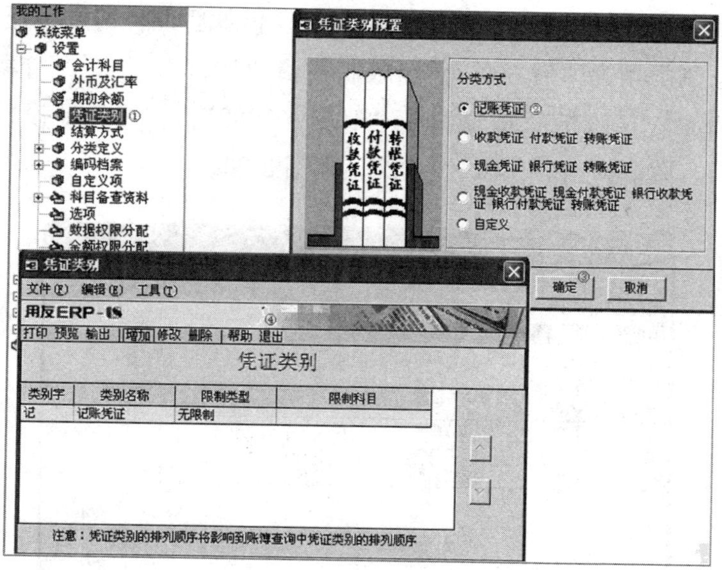

图 2-25　凭证类别预设

①打开【设置】→【凭证类别】菜单，进入“凭证类别预设”窗口；

②单击“记账凭证”选项；

③单击【确定】按钮；

④单击【退出】按钮。

注意：在采用通用记账凭证以外时，凭证类别的排列顺序，将影响到账簿查询中凭证类别的查询顺序。

(2) 凭证限制条件。

某些凭证类别的凭证在制单时对科目有一定限制，系统有 5 种限制类型供选择。

①无限制：制单时，此类凭证可以使用所有合法的科目自由输入。

②借方必有：制单时，此类凭证借方至少有一个限制科目被使用。

③贷方必有：制单时，此类凭证贷方至少有一个限制科目被使用。

④凭证必有：制单时，此类凭证无论是借方还是贷方，至少有一个限制科目被使用。

⑤凭证必无：制单时，此类凭证无论是借方还是贷方，不能有一个限制科目被使用。

限制科目中所限制的科目名称和数量不限，限制科目之间用逗号分割(逗号必须是在英文状态下录入)，也可以参照输入，但不能重复输入。

系统选择凭证的分类方式为“收款凭证、付款凭证、转账凭证”，将收款凭证设置限制类型为“借方必有”、限制科目“1001、1002”；付款凭证设置限制类型为“贷方必有”、限制科目“1001、1002”；转账凭证设置限制类型“凭证必无”、限制科目“1001、1002”，如图 2-26。

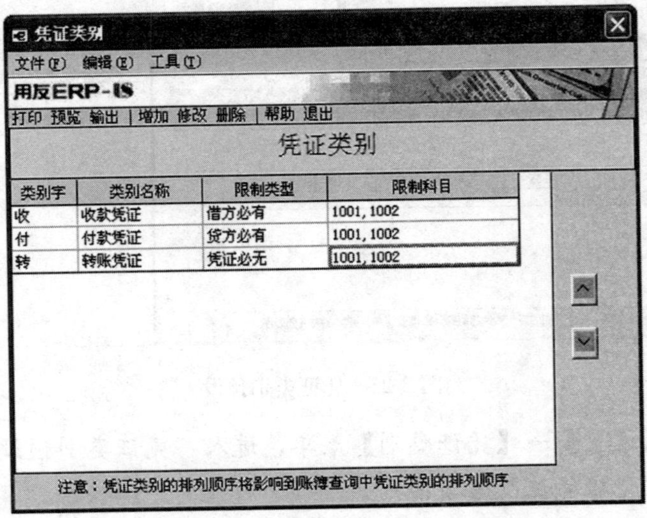

图 2-26　录入凭证正文部分

2. 凭证选项

为规范制单过程，对凭证应根据业务内容进行控制，达到会计核算和财务管理的目的。

单击【设置】→【选项】菜单，打开“选项”窗口，如图 2-27 所示，即可对凭证的控制进行设置。

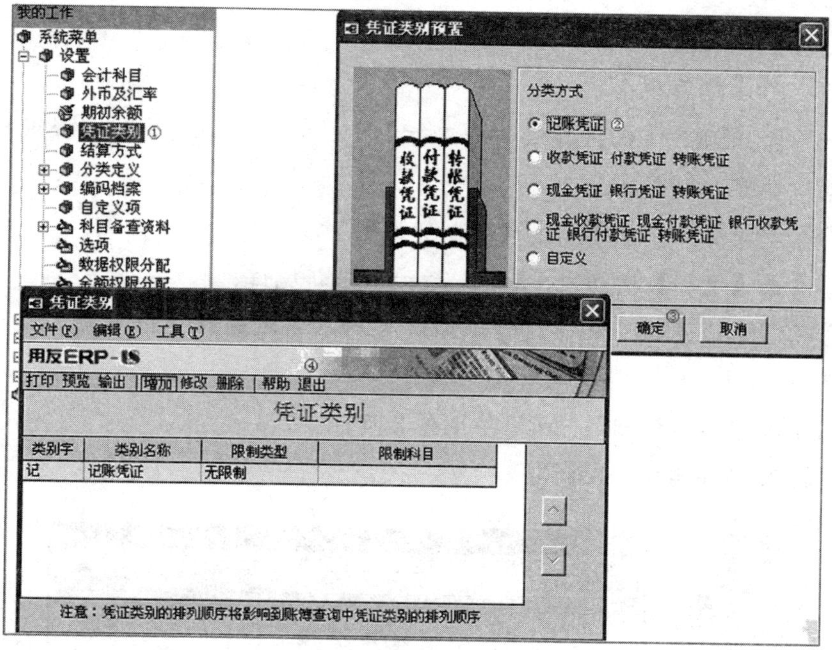

图 2-27 设置凭证类别

2.5.2 凭证处理

在实际工作中，填制记账凭证有两种方式，一种是用户可直接在计算机上根据审核无误、准予报销的原始凭证填制记账凭证，称之为前台处理；另一种是先由人工制单，而后集中输入到系统中，称之为后台处理。使用者可根据本单位的实际情况，进行灵活选择。

1. 增加凭证

记账凭证一般包括两个部分，一是凭证头部分，包括凭证类别、凭证编号、凭证日期和附件张数；二是凭证正文部分，包括摘要、科目、借贷方向和金额等。

(1) 录入凭证表头。

填制记账凭证时，应先完成凭证头部的录入。此项工作对于录入各种类型的凭证，其操作步骤都是类似的。

【例 2-4】 2017 年 1 月 2 日，从工行提取库存现金 4 800 元，附单据一张，现金支票号 00428277。

借：1001 库存现金　　　　　　　　　　　　　4 800

　　贷：100201 银行存款——工行　　　　　　　　　4 800

操作步骤，如图 2-28：

①在“凭证”菜单中单击【填制凭证】；

②单击【增加】按钮或 F5 键，增加一张新凭证；

③在“凭证类别”框中，选择凭证类别，参照选择凭证类别，默认凭证为：记字 0001；

④输入“制单日期”：2017 年 1 月 2 日；

⑤输入“附单据：1 张”。

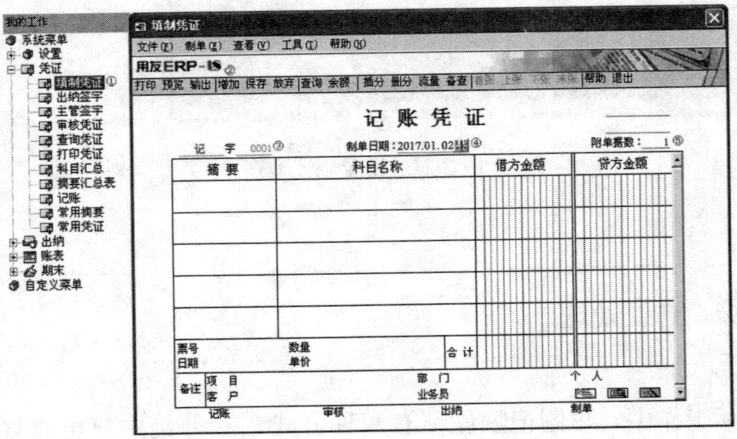

图 2-28　作废凭证

(2) 录入凭证正文。

凭证头部分完成后，接下来输入凭证正文部分，这是填制凭证的重要环节。应根据具体经济内容，采用对应的填制方式，而且要求每张凭证借贷平衡。

具体操作步骤，如图 2-29 所示。

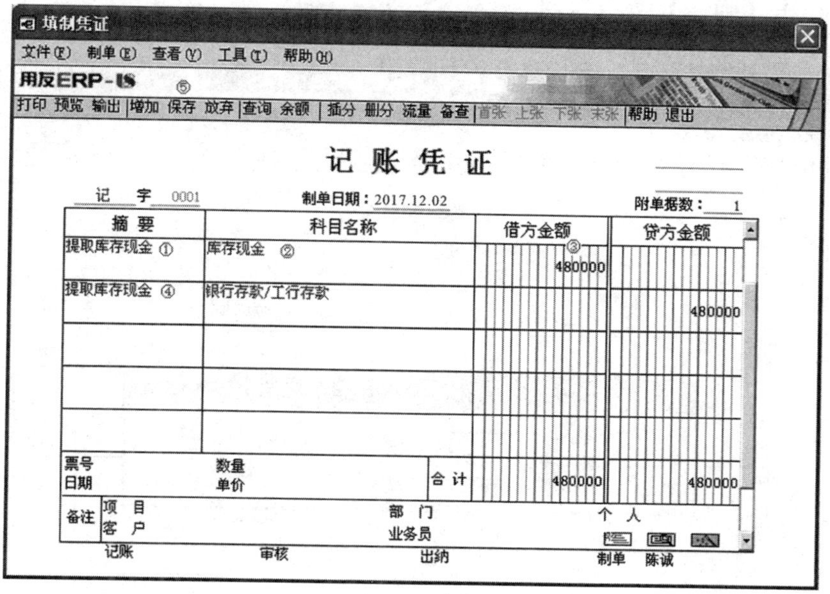

图 2-29 整理凭证

①输入摘要：提取库存现金；

②选择科目名称：1001 现金；

③输入借方金额：4 800；

④按回车键，继续输入下一行；

⑤如果借贷方均无辅助账科目，则输入贷方内容后单击【保存】按钮或单击 F6 键保存凭证。

（3）输入辅助核算信息。

如果科目设置了辅助核算属性，则在这里还要输入辅助信息，如部门、个人、项目、客户、供应商、数量、自定义项等。录入的辅助信息将在凭证下方的备注中显示。

如当凭证控制中选择支票控制，银行账科目的信息将在银行对账中使用，银行辅助信息不能为空，而且该方式的票号在支票登记簿中有记录。操作步骤如图 2-30 所示。

①输入 100201 科目为银行科目，这时弹出“辅助项”对话框；

②参照选择结算方式：现金支票；

③输入票号：00428277；

④参照选择发生日期；

⑤单击【确认】按钮返回。

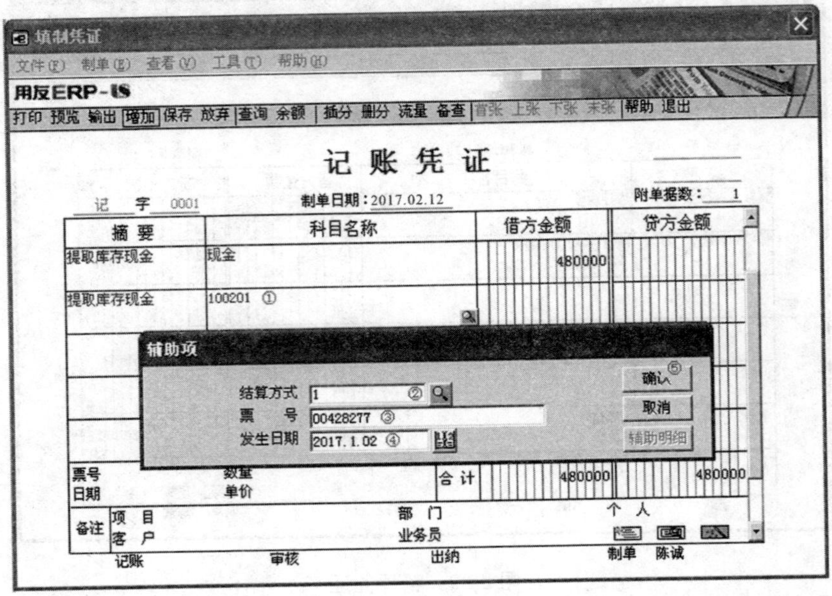

图 2-30 凭证查询

2. 修改凭证

输入凭证时，尽管系统提供了多种控制错误的手段，但误操作是在所难免的，如果记账凭证录入出现错误，必将影响系统的核算结果。为更正错误，可以通过系统提供的修改功能对错误的凭证进行修改。

3. 删除凭证

（1）作废凭证。

日常操作过程，如果遇到非法凭证需要作废时，可以使用“作废/恢复”功能，将这些凭证作废。操作步骤如图 2-31 所示。

①进入“填制凭证”界面后，查找到要作废的凭证；

②单击【制单】下的【作废/恢复】菜单；

③凭证左上角显示“作废”字样，表示已将该凭证作废。

（2）整理凭证。

如果不想保留作废凭证，可以通过整理凭证功能，将其彻底删除，并对未记账凭证重新编号。操作步骤如图 2-32 所示。

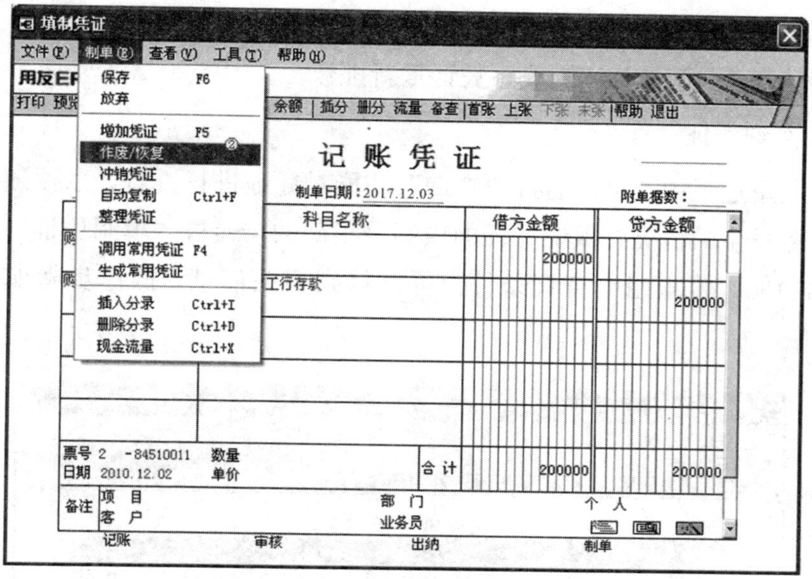

图 2-31　删除凭证

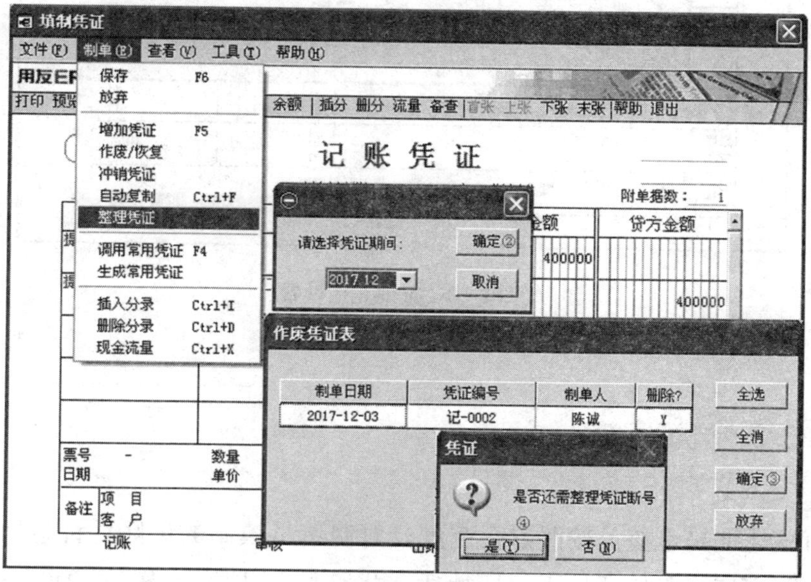

图 2-32　整理凭证

①进入填制凭证界面，单击菜单【制单】下的【整理凭证】菜单；

②选择要整理的月份后，单击【确定】按钮，显示作废凭证整理列表；

③选择要删除的作废凭证按【确定】按钮，系统将这些凭证从数据库中

删除掉，提示“是否还需要整理凭证断号”；

④单击【是】按钮，对剩下凭证重新排号。

4. 查询凭证

在制单过程中，可以通过“查询”功能对凭证进行查看，以便随时了解经济业务发生的情况，保证凭证的填制是正确的。通过“填制凭证”窗口中的查询功能，输入组合查询条件，可以得到相关信息。操作步骤如图 2-33 所示。

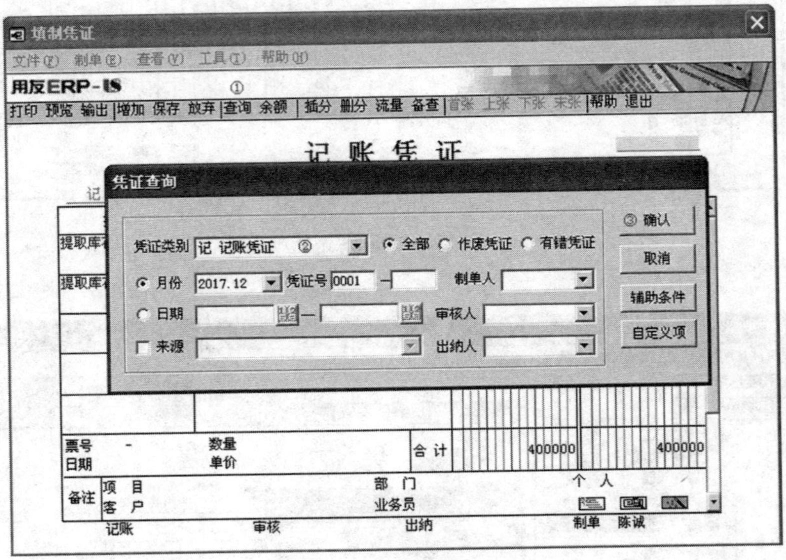

图 2-33　查询凭证设置

2.5.3 凭证审核

审核凭证是审核员按照财会制度，对制单员填制的记账凭证进行检查核对，主要审核记账凭证是否与原始凭证相符，会计分录是否正确等、审查认为错误或有异议的凭证，应交与填制人员修改后，再审核。只有审核权的人才能使用本功能。

1. 审核凭证

审核凭证的操作步骤，如图 2-34 所示：

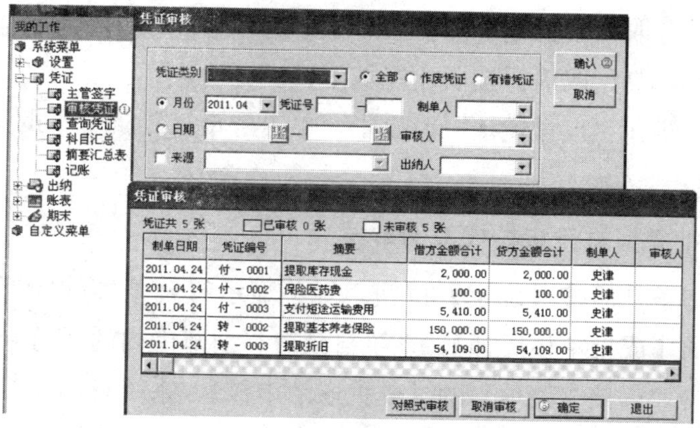

图 2-34　审核凭证设置

（1）已有审核权限操作员登录后，选择主菜单“凭证”中【审核凭证】，显示“审核凭证查询条件”界面；

（2）对“审核凭证查询条件”进行设置后，单击【确定】按钮；

①输入要查询的凭证类别，选择在凭证类别中定义的类别名称；

②选择查询月份和凭证号范围；

③如果要专门查询某一段时间的凭证，请选择“日期范围”，此时凭证号范围不可选；

④选择“全部”显示所有符合条件的凭证列表，选择“作废凭证”或“有错凭证”显示所有符合条件的作废或有错的凭证，三者任选其一；

⑤输入审核凭证条件，显示凭证一览表。

（3）选择一张凭证后，单击按钮（或双击该凭证）；

（4）如果此凭证不是要审核的凭证，可用鼠标单击“首页”“上页”“下页”“末页”按钮翻页查找或按【查询】按钮查找输入条件查找；

（5）审核人员在确认该张凭证正确后，单击“审核”菜单下的【审核凭证】按钮将在审核处自动签上审核人姓名，即该张凭证审核完毕，系统自动显示下一张待审核凭证。

（6）若审核人员发现该凭证有错误，可按【标错/取消】按钮，对凭证进行标错，以便制单人可以对其进行修改。

2. 取消审核

由于审核人和制单人不能是同一个人，所以凭证一经审核，便不能被修改或删除，只有取消审核签字后才可以修改或者删除凭证。而已标错的凭证不能被审核，需要先取消标错后才能被审核。

取消审核要在“审核凭证”窗口中，单击“审核”菜单下的【取消审核】按钮。

3. 对一批凭证进行审核或取消审核

输入查询条件后按【确定】按钮，屏幕显示符合条件的凭证，单击“审核”菜单下的【成批审核凭证】，系统自动对当前范围内的所有未审核凭证执行审核；单击“审核”菜单下的【成批取消审核】，系统自动对当前范围内的所有已审核凭证执行取消审核。

2.5.4 凭证打印

计算机生成的记账凭证必须打印出来进行归档，通过系统主菜单“凭证”下的【打印凭证】功能可以打印已记账及未记账凭证。

进入“打印凭证”窗口，如图 2-35，设置打印条件后，单击【打印】按钮后，开始进行打印。

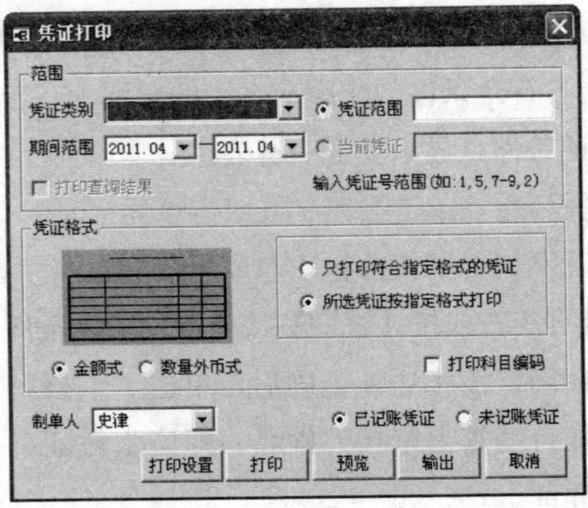

图 2-35　打印凭证设置

1. 打印范围

（1）凭证类别：可以打印某一凭证类别的凭证，也可以打印所有凭证类别的凭证；

（2）凭证范围：可以输入需要打印的凭证号范围，不输则打印所有凭证。凭证号范围可以输入为1，3，5—9，其表示打印1号、3号、5至9号凭证；

（3）期间范围：可以选择打印凭证的起止期间范围；

（4）当前凭证：若当前凭证有多页分单，可以在这里输入要打印的分单号，如输入3—4，表示打印凭证的第3张、第4张；

（5）制单人：可能打印某一操作员填制的凭证；

（6）记账范围：选择“已记账凭证”则打印已记账凭证；选择“未记账凭证”则打印未记账凭证。

2. 凭证格式

（1）打印凭证的格式，分为金额式和数量外币式两种；

（2）只打印符合指定格式的凭证：只打印所选凭证范围内凭证格式与指定凭证格式相同的凭证。例如：凭证格式选择了金额式，则只打印所选凭证范围内的金额式的凭证，数量外币式的凭证不打印；

（3）所选凭证按指定格式打印：所有凭证范围内的凭证按指定格式打印。例如：所选凭证范围中有金额式凭证也有数量外币式凭证，打印时，选择了金额式的凭证格式，则那些数量外币式的凭证也都按金额式打印；

（4）打印科目编码：若选择此项，则在凭证的科目名称后打印科目编码。

3. 打印其他选项

（1）打印设置：对打印机状态、打印范围、打印份数以及页边距、装订位置、自定义字体、分页状态时打印方向及凭证间距等设置；

（2）预览：对选择的凭证进行打印预览；

（3）输出：可将所选凭证内容按Access、Excel、DBF、TXT等数据结构进行输出，为二次开发提供数据来源。当选择按文本类型（.TXT）输出数据时，系统将按凭证引入文本格式引出凭证数据，可实现不同机器间的凭证资源共享。

2.6 餐饮企业的会计凭证装订与保管

餐饮企业在完成经济业务手续和记账之后，必须按规定进行装订、立卷和归档，对会计凭证妥善保管，以便日后查阅。

2.6.1 会计凭证的装订

会计凭证的装订是指把定期整理完毕的会计凭证按照编号顺序，外加封面、封底，装订成册。在封面上，应写明单位名称、年度、月份、专用记账凭证的种类、起讫日期、起讫号数，以及记账凭证的起止页数及张数，并在骑缝处加盖单位财务专用章及会计主管的骑缝图章。

如果采用单式记账凭证，在整理装订凭证时，必须保持会计分录的完整。为此，应按凭证号码顺序还原装订成册，不得按科目归类装订。对各种重要的原始单据，以及各种需要随时查阅和退回的单据，应另编目录，单独登记保管，并在有关的记账凭证和原始凭证上相互注明日期和编号。

常见的会计凭证进行装订的格式见表 2-1。

表 2-1　　会计凭证装订封皮

单位名称：海天酒店有限公司			
日期：自 2017 年 8 月 1 日起至 2017 年 8 月 31 日止			
凭证号数：自 1 号至 40 号	凭证类别：记账凭证		
册数：3	本月共：3 册	本册是第 1 册	
原始凭证，汇总凭证张数：110 张			
全宗号：1	目录号：2	案卷号：3	
会计：张洁	复核：熊非	装订人：王丽	2017 年 8 月 31 日装订

有的单位经济业务较少，一个月的记账凭证可能只有几十张，装订起来只有一册；有的单位规模大，经济业务多，一个月的记账凭证可能有几百张或几千张，装订起来就是十几册或几十册。装订之前，要设计一下，看一个月的记账凭证究竟订成几册为好。每册的厚薄应基本保持一致，不能把几张一份的记账凭证拆开装订在两册之中，要做到既美观大方，又便于翻阅。对各种重要的原始单据，以及各种需要随时查阅和退回的单据，应另编目录，单独登记保管，并在有关的记账凭证和原始凭证上相互注明日期和编号。汇总装订后的会计凭证封面签章等格式内容应填写齐全，为保证格式和美观，建议使用号码印盖章的方式。在封面上编好卷号，按编号顺序入柜（侧脊上

面写上“年、月、第几册共几册”的字样），并要在明显处标明凭证种类编号，以便于调阅。

凭证装订册数可根据凭证多少来定，原则上以月份为单位装订，每月订成一册或若干册。有些单位业务量小，凭证不多，把若干个月份的凭证合并订成一册也可以，只要在凭证封面注明本册所含的凭证月份即可。

为了使装订成册的会计凭证外形美观，在装订时要考虑到凭证的整齐均匀，特别是装订线的位置，如果太薄时可用纸折一些三角形纸条，均匀地垫在此处，以保证它的厚度与凭证中间的厚度一致。这样装订出来的凭证就显得整齐了。装订前，要以会计凭证的左上侧为准，放齐，准备好铁锥、装订机或小手电钻，还有线绳、铁夹、胶水、凭证封皮、包角纸。

2.6.2 会计凭证的保管

会计凭证的保管是指会计凭证据以登账之后的整理、装订和归档存查。会计凭证是会计核算的基础，是重要的历史资料和会计档案。

在立卷存档之前，会计凭证的保管由财会部门负责。保管过程中应注意以下问题。会计部门在每月结账后，应将各种记账凭证按编号顺序整理，并检查有无缺号和附件是否齐全，然后加上封面封底，装订成册。为了防止散失，应在装订线上贴上封签并加盖印章，不得任意拆装。在封面上注明单位名称、所属年度月份、起止日期、记账凭证的种类、张数以及起止编号等。如果原始凭证数量过多，可以另行装订或单独保管，但应在记账凭证上注明。会计凭证应及时传递，不得积压。凭证在装订以后存档以前，要妥善保管，防止受损、弄脏、霉烂以及鼠咬虫蛀等。

企业会计档案保管期限，见表2-2。

表2-2　企业会计档案保管期限表

序号	档案名称	保管期限	备注
一、会计凭证类			
1	原始凭证	30年	
2	记账凭证	30年	

续上表

序号	档　案　名　称	保管期限	备　注
二、会计账簿类			
3	总账	30 年	
4	明细账	30 年	
5	日记账	30 年	
6	固定资产卡片		固定资产报废清理后保管 5 年
7	辅助账等	30 年	
三、财务报告类			
8	月、季度财务报告	10 年	
9	年度财务报告（决算）	永久	
四、其他类			
10	会计移交清册	30 年	
11	会计档案保管清册	永久	
12	会计档案销毁清册	永久	
13	银行存款余额调节表	10 年	
14	银行对账单	10 年	

本单位会计人员由于工作需要查阅会计凭证时，应经会计主管人员同意，并填写借阅登记簿；原则上会计凭证不予外借，如有特殊情况，应报经有关部门批准，并限期归还。需要复印的，应进行专门登记。原始凭证不得外借，其他单位和个人经本单位领导批准调阅会计凭证，要填写“会计档案调阅表”，详细填写借阅会计凭证的名称、调阅日期、调阅人姓名和工作单位、调阅理由、归还日期、调阅批准人等。调阅人员一般不准将会计凭证携带外出。需复制的，要说明所复制的会计凭证名称、张数，经本单位领导同意后在本单位财会人员监督下进行，并应登记与签字。

CHAPTER
THREE

第3章 餐饮企业货币资金的核算

货币资金是指餐饮企业在资金周转过程中，停留在货币形态的那部分资金。货币资金按其存放的地点和用途的不同，可分为库存现金、银行存款和其他货币资金。货币资金作为一种交换媒介，具有较大的流动性，它可以立即用于购买材料物资、偿还债务、支付费用。货币资金的核算，是加强货币资金管理的重要环节。

3.1 库存现金

现金是餐饮企业流动性最强的一种货币资金，可以随时用于购换餐饮企业经营活动中所需的各种物资、支付相关的费用、偿还债务等。它是企业中流通性最强的资产。广义的现金包括库存现金、银行存款以及其他货币资金；狭义的现金仅指库存现金，即由财务或会计部门的出纳人员保管的货币（包括人民币和外币）。

3.1.1 库存现金的管理

在会计核算中，现金指的是狭义概念上的现金。

1. 库存现金的管理

餐饮企业应当严格遵守国家有关现金管理制度，正确进行现金收支的核算，监督企业现金使用的合法性与合理性。根据国务院发布的《现金管理暂行条例》的规定，餐饮企业现金管理制度主要包括以下内容。

（1）库存现金的使用范围餐饮企业可用现金支付的款项主要有以下几项。如图 3-1 所项。

除上述情况可以用现金支付外，其他款项的支付应通过银行转账结算。

（2）库存现金的限额。为了保证企业日常零星开支的需要，企业一般需保留一定数额的库存现金。企业经开户银行审核批准而保留的库存现金最高额度，称库存现金限额。它以企业每日平均日常零星开支所需现金量为基础，一般企业按 3～5 天的日常开支需要量核定，边远地区和交通不便地区的企业，可多于5天，但不得超过15天的日常零星开支需要量核定。当库存现金超过库存现金限额时，应将超过部分及时送存银行；当库存现金不足时，应从银行提取现金，补足库存现金限额。

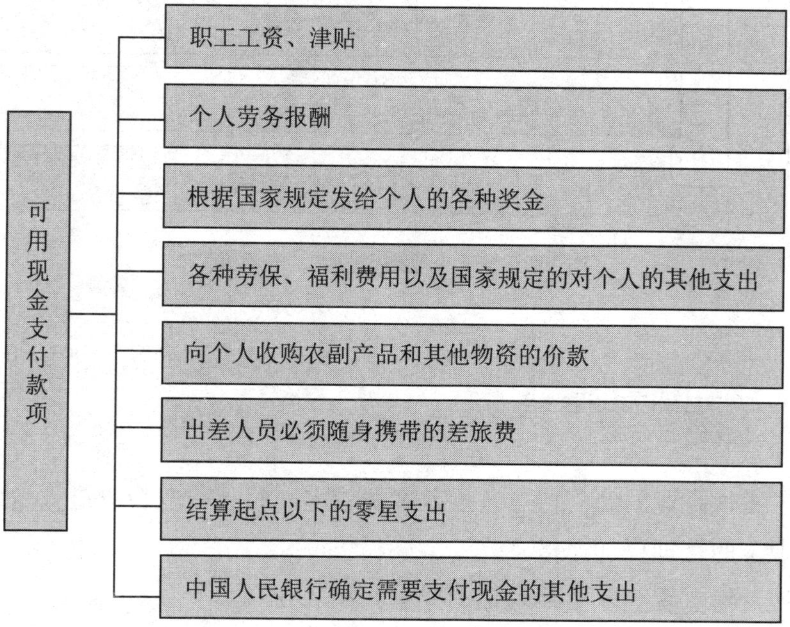

图3-1　餐饮企业可用现金支付的款项

(3) 库存现金收支的规定。①餐饮企业收入的现金应于当天送存银行，当天送存银行有困难的，由开户银行确定送存的时间。②餐饮企业需要支付的现金，应从银行提取或从库存现金中支付，不得从收入的现金中支付，即不得“坐支”现金。因特殊情况需要“坐支”现金的，应当事先报经开户银行审查批准，由开户银行核定坐支范围和限额，企业应当定期向开户银行报送坐支金额和使用情况。③餐饮企业在规定的现金使用范围内从开户银行提取现金，应当写明用途，由企业财会部门负责人签字盖章，经开户银行审核后，予以支付现金。④因采购地点不固定，交通不便，生产或者市场急需以及其他特殊情况必须使用现金的，餐饮企业应当向开户银行申请，由企业财会部门负责人签字盖章，经开户银行审核后予以支付现金。

餐饮企业在组织现金收支工作中，应注意以下“五不准”。如图3-2所示。

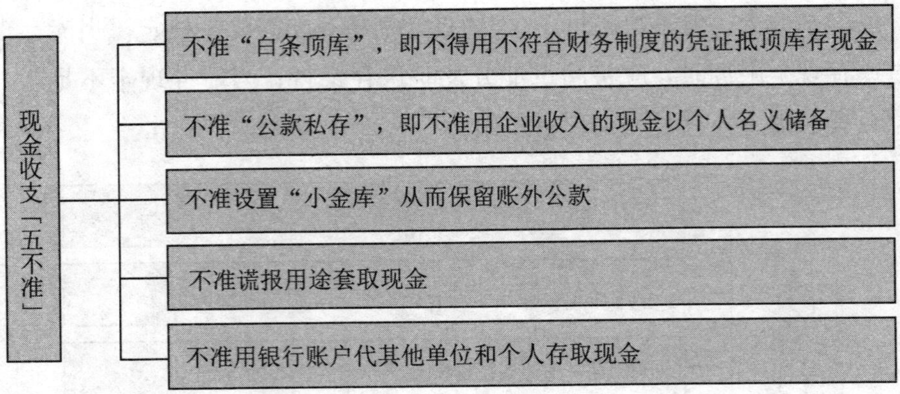

图 3-2　餐饮企业现金收支“五不准”

3.1.2　出纳员的管理

由于餐饮企业的经营特点，零散客源较多，每天一般会收进大量的现金，因此对现金的管理更加严格。

出纳员清点现金及送存现金的要求，见表 3-1。

表 3-1　出纳员清点与管理现金

现金收入清点、整理流程	出纳与收银员一起核对现金数额与现金账上记录金额是否一致。现金与现金收入交收记录簿上记录金额是否一致
出纳员现款记录表编制流程	出纳员现款记录表分为两部分：第一部分是实收现款部分；第二部分是应收现款部分。出纳根据现金收入交收记录簿上的班次、收银员实交现金数额一一填写，并将财务部正式收据同时汇入此表中，该记录表合计数为当天应存入银行现金收入总数
每日现金收入记录表编制流程	每日现金收入记录表是在完成出纳员现款记录表的基础之上编制而成的。出纳根据该记录格式要求，对于付款单位、付款金额、支票号码等内容一一填写，再分别将前厅、餐饮部、娱乐部等每个营业部门现金总数汇入此表中，合计数应与出纳员现款记录表金额一致。该表将作为财务部编制现金收入凭证的原始凭证
银行日报表编制流程	银行日报表是根据餐饮企业在银行开设不同的户头而设立的，根据实际存款情况，将账户报表分为两部分。 （1）收入部分。根据每日现金收入记录内容填写，反映人民币金额，并根据该金额，转入人民币银行日报表。 （2）支出部分。根据财务部应付款组提供的当天各银行支出数，逐笔填写

续上表

现金支出报销流程	餐饮企业现金支出是由各业务部门填写报销凭单，根据性质不同，部门经理同意，由财务部经理审核，经总经理或总经理书面授权人审批后，方可在出纳处领取现金。出纳接到报销凭单后，首先检查签字手续是否齐全，验收手续是否完备，经核实无误后，方可承付现金。出纳将当天现金支出凭单汇总后，送财务部经理审批，支出核算员审核无误，开现金支票，补足备用金
登记现金日记账流程	登记日记账要根据业务内容，逐笔登记。有借必有贷，借贷必须相等为原则，做到日清月结
抽查备用金工作流程	出纳应与财务主管一起，不定期地对企业内部周转金进行抽查，监督、检查各岗位周转金是否有挪用现象或以白条抵账行为。首先清点各岗位保险箱及存款处的所有现金，按照票面额大小顺序，在备用金检查表上一一填写，并计算出定额，要与领取备用金金额与该班现金报告之和相符。如出现不一致，便属于长短款。出现长款时，应立即开出财务正式收据，将多余部分上缴；出现短款时，由收银员本人及部门主管负责出具书面报告，阐明短款原因，报送财务部，并提出处理意见
处理收银员长短款工作流程	若收银员实交现金额与电脑记录出现差异，则为长短款。出现长款时，要通过账务处理，转入营业外收入；出现短款时，填写短款报告，报送审计主管，审计主管督促本人写出短款报告，并提出处理意见交财务部经理。原则上短款一律由个人赔偿，开出财务部正式收据，冲销其短款金额

3.1.3 收银员的管理

餐厅收银的工作，直接体现餐饮业的服务水平，因此，要求收银员熟练地掌握现金收款业务，做到结账准确无误。

1. 一般业务的管理

一般业务的主要内容，见表 3-2。

表 3-2　　收银员的管理

上岗前的准备工作	餐厅收银员依照排班表的班次于上岗前需签到，由餐厅收银领班监督执行，并编排报表
	收银员与领班或主管一起清点周转金，清点无误后在登记簿上签收。班次之间必须办理周转金交接手续，并在餐厅收银员周转金交接登记簿上签字

续上表

上岗前的准备工作	领取该班次所需使用的账单及收据，检查账单及收据是否顺号，如有缺号、短联应立即退回，下班时将未使用的账单及收据办理退回手续，并在账单领用登记簿上签字，餐厅账单由主管管理，并由主管监督执行
	检查电脑系统的日期、时间是否正确，如有日期不对或时间不准时，应及时通知领班进行调整，并检查色带、纸带是否充足
	查阅餐厅收银员交接记事本，了解上班遗留问题，以便及时处理
正常操作工作程序	当服务员把点菜单交到收银台时，收银员应首先检查点菜单上人数、台号是否记录齐全，如记录不全则退回服务员
	当点菜单人数、台号记录齐全后，开始正式输入菜单。收银机将自动编制该账单号，待客人结账时使用，输入完毕后即可等待客人结账。有些设备齐全的酒店，一般是采用电子菜单，客人点餐后，所有数据直接反馈至前台电脑。结算时，收银员根据电脑上的数据办理结账
结账工作流程	餐厅结账单一般分为一式二联：第一联为财务联、第二联为客人联
	客人要求结账时，收银员根据台号打印出暂结单，服务员应先将账单核对后签上姓名，然后凭账单与客人结账。如果服务员没签名，收银员应提醒其签名
	客人结账现付的，服务员应将两联账单拿回交收银员总结后，将第二联结账单交回客人，第一联结账单则留存收银员
	客人结账是挂账的，则由服务员将客人挂账凭据交收银员办理挂账手续后，两联账单都交收银员处理
	作废或修改账单时应由相关人员说明作废或调整原因，并签上姓名，在由餐厅管理人员证实后，将修改单和作废单（两联）交收银员送财务部审计审核
	由于种种原因，客人需要滞后结账的，须先请餐厅管理人员认可担保，然后将其转入财务部应收账款
	收银员在本班次营业结束后应做单班结账；在本日营业工作结束后，应做总班结账。仔细核对当日的用餐情况及收入情况，并填写“餐厅核对表”
	在每班结束后，要做单班总结；在当日业务结束后，要做总班结账。直接点击“单、总班结账”按钮，电脑会自动总结营业收入并产生若干报表，根据所需，打印出报表

2. 发票管理

（1）每位收银员领用的发票由本人保管及核销，不得由他人代领和代核销，核销时作废的页号折开，其作废号码要填入发票封面背后的发票检查记录栏内。

（2）填制发票金额要凭客人联的消费单金额填制（经办人在发票的有关项目中要签上姓名的全称），其客人消费单要贴附发票存根联的后面。

（3）核销发票时发现存根联没附上客人联的消费单或发票不连号的，经管人除要写上书面说明书附贴上，还要承担由此而产生的一切经济损失。

（4）丢失发票要及时以书面报告上报财务部，丢失发票声明作废的登报费要由经管人负责。

3. 作废账单的管理

收银员当班结束时对于经过电脑操作记录的调整单、作废单等都应送审计稽核。作废单必须由领班以上签名证实注明作废原因。如事后发现有错，但又查不到保存的账单，其经济责任应由收银当事人承担，同时还要追究销毁单的原因。

4. 现金、支票、信用卡的收款程序

现金、支票、信用卡的收款程序，见表 3-3。

表 3-3　　现金、支票、信用卡的收款程序

种类	收款要求
现金	收现金时应注意辨别真伪和币面是否完整无损
支票	收取支票应检查是否有开户行账号和名称，印鉴是否完整清晰，一般印鉴是公章和人名章。如有欠缺，应先问交票人是否印鉴相符，并在背书处留下联系人姓名和联系电话
信用卡	收受信用卡时，应先检查卡的有效期和是否接受使用范围内的信用卡、查核该卡是否已被列入止付名单内，如刷错、过期及非接受范围内的信用卡银行一律拒收
	客人结算时，将消费金额填入签购单消费栏，请持卡人签名，认真核对卡号，有效期和签名应与信用卡一致，正确无误后撕下持卡人存根联随同账单交客人

续上表

种类	收款要求
信用卡	持卡人如没有入住本宾馆或先离店，代他人付款的须请持卡人在签购单上先签名，填写付款确认书，收银员应认真核对卡号和签名，按预住天数预计金额授权，取得授权后，在签购单边缘注明“已核”字样签上经办员姓名，写上授权金额和授权号码
	信用卡超过限额的一律要致电银行信用卡授权中心或通过 EDC 取得授权，如实际消费超过授权金额应再补授权，一笔消费只能用一个授权码，多个授权码应分单套购，方可接受使用
	签购金额如超过授权金额的 10%以内，原授权码仍可使用，不需再授权

5. 现金及账单交接程序

(1) 现金交接程序。

餐厅收银员编制报告完毕后，将所收的现金数额分别填写在现金袋上，然后将现金装入袋内。要求内装现金与现金袋上记录的金额一致，并在现金收入交收记录簿上签字，办理现金交接手续。由接收人一一清点现金口袋及核对现金袋上的金额与现金交收记录簿金额是否一致，无误后在转交人姓名栏内签名。

(2) 客户账单交接程序。

客户账单交接程序分为两类：一类是已使用的，将已使用过的客户账单按顺序号排好，用客户账单分配表包捆好，放到指定位置，供夜间核数员审核用；另一类是未使用过的，要检查一下与已使用过的客户账单最后一张是否有连号，无误后，办理退还手续。在餐厅收银客户账单领用登记簿的退回处签字。

3.1.4 库存现金的核算

1. 库存现金科目设置及账务处理

库存现金的科目编码为 1001，如果企业有外币业务，可设置二级科目或明细科目，二级科目代码长度一般分两级，如 100101、100102、100103 等。也可设置三级、四级直到十级，每一级都增设两位数字即可。企业可根据实际需要，设计级数。见表 3-4。

表 3-4　　库存现金会计科目编码的设置

科目代码	总分类科目（一级科目）	明细分类科目	
		二级明细科目	三级明细科目
1001	库存现金		
100101	库存现金	人民币	
100102	库存现金	外币	
10010201	库存现金	外币	美元
10010202	库存现金	外币	日元

库存现金的核算为了总括地反映企业库存现金的收入、支出和结存情况，餐饮企业应当设置“库存现金”账户，该账户借方登记库存现金的增加，贷方登记库存现金的减少，期末余额在借方，反映企业实际持有的库存现金余额。库存现金具体账务处理，见表 3-5。

表 3-5　　库存现金账务处理

财务情景	账务处理
将现金存入银行，根据银行退回的进账单第一联	借：银行存款 贷：库存现金
从银行提取现金时，根据支票存根所记载的提取金额	借：库存现金 贷：银行存款
企业因支付内部职工出差等原因所需的现金	借：其他应收款（按支出凭证所记载的金额） 贷：库存现金
收到出差人员交回的差旅费剩余款并结算时	借：库存现金（按实际收回的现金） 管理费用（按应报销的金额） 贷：其他应收款（按实际借出的现金）
因其他业务收到现金	借：库存现金 贷：有关科目

2. 库存现金清查的核算

餐饮企业应当按规定进行库存现金的清查，一般采用实地盘点法，对于清查的结果应当编制现金盘点报告单。如果有挪用现金、白条抵库的情况，应及时予以纠正；对于超限额留存的现金应及时送存银行。如果账实不符，发现有待查明原因的现金短缺或溢余，应先通过“待处理财产损溢——待处理流动资产损溢”账户核算。按管理权限报经批准后，分别按以下情况处理，具体见表 3-6。

表 3-6　　库存现金清查的账务处理

财务情景		账务处理
现金短缺	库存现金少于“库存现金日记账”上的结存数时	借：待处理财产损溢——待处理流动资产损溢 贷：库存现金
	查明原因后，如应由责任人或保险公司赔偿时	借：其他应收款 贷：待处理财产损溢——待处理流动资产损溢
	无法查明原因时	借：管理费用 贷：待处理财产损溢——待处理流动资产损溢
现金溢余	盘点的库存现金多于“库存现金日记账”上的金额时	借：库存现金 贷：待处理财产损溢——待处理流动资产损溢
	属于应支付给个人或单位的	借：待处理财产损溢——待处理流动资产损溢 贷：其他应付款
	无法查明原因时，计入营业外收入	借：待处理财产损溢——待处理流动资产损溢 贷：营业外收入

【例 3-1】 天外天餐饮有限公司为一般纳税人，税率为 6%。2017 年 7 月份发生的下列与库存现金相关的业务，具体账务处理如下。

(1) 7 月 1 日，企业当天实现营业额 254 400 元，其中菜品收入 116 600 元；酒水收入 137 800 元；当天将上述款项送存银行。

①确认收入。

借：库存现金　　254 400

　　贷：主营业务收入——菜品收入　　110 000

　　　　　　　　　　——酒水收入　　130 000

　　　　应交税费——应交增值税（销项税额）　　14 400

②填写现金缴存单，见表 3-7，存入银行。

表 3-7　　　　　　　　**深圳工商银行现金缴款单**（回单）

2017 年 7 月 1 日

收款单位	全称	天外天餐饮有限公司	款项来源	餐厅收入
	账号	1234354586832112	款项类别	

人民币（大写）	万	千	百	十	万	千	百	十	元	角	分
⊗贰拾伍万肆仟肆佰元整			¥	2	5	4	4	0	0	0	0

券别	张数	金额	券别	张数	金额	券别	张数	金额	
壹佰元	2 500		贰元			伍分			复核出纳
伍拾元	88		壹元			贰分			银行盖章（略）
贰拾元			伍角			壹分			
拾元			贰角						
伍元			壹角						

借：银行存款　　　　254 400

　　贷：库存现金　　　　254 400

（2）7 月 3 日，企业签发支票从银行提取现金 45 000 元，见表 3-8。

表 3-8

中国工商银行

现金支票存根（深）

IV V450054

科　　目：________________

对方科目：________________

出票日期：2017 年 7 月 3 日

收款人：天外天餐饮有限公司
金　额：45 000 元
用　途：备用金

单位主管　付灵　　会计　柴欣

借：库存现金　　　　45 000

　　贷：银行存款　　　　45 000

（3）7月8日，采购员马旭预借差旅费5 000元，以现金支付。见表3-9。

表3-9　　现金借款单

<table>
<tr><td colspan="14">借款人姓名：马旭　部门：采购部　日期：2017年7月8日</td></tr>
<tr><td rowspan="2">借款金额（大写）</td><td colspan="5" rowspan="2">⊗伍仟元整</td><td>十</td><td>万</td><td>千</td><td>百</td><td>十</td><td>元</td><td>角</td><td>分</td></tr>
<tr><td></td><td>¥</td><td>5</td><td>0</td><td>0</td><td>0</td><td>0</td><td>0</td></tr>
<tr><td rowspan="5">用途</td><td colspan="5" rowspan="5">差旅费</td><td rowspan="7">归还计划</td><td>日期</td><td colspan="2">金额</td><td colspan="2">报账单号</td><td colspan="2">本单余额</td></tr>
<tr><td></td><td colspan="2"></td><td colspan="2"></td><td colspan="2"></td></tr>
<tr><td></td><td colspan="2"></td><td colspan="2"></td><td colspan="2"></td></tr>
<tr><td></td><td colspan="2"></td><td colspan="2"></td><td colspan="2"></td></tr>
<tr><td></td><td colspan="2"></td><td colspan="2"></td><td colspan="2"></td></tr>
<tr><td rowspan="2">累计借款余额</td><td rowspan="2"></td><td rowspan="2">已交票金额</td><td rowspan="2"></td><td rowspan="2">最新余额</td><td rowspan="2"></td><td></td><td colspan="2"></td><td colspan="2"></td><td colspan="2"></td></tr>
<tr><td colspan="7"></td></tr>
</table>

总经理：××　财务经理：××　副总经理：××　部门经理：××　借款人（或代办人签字）：××

借：其他应收款——马旭　　5 000

　　贷：库存现金　　5 000

（4）7月15日，马旭出差回来报销差旅费4 600元，退回剩余现金400元。

借：库存现金　　400

　　管理费用　　4 600

　　贷：其他应收款——马旭　　5 000

（5）7月20日，对库存现金盘点时，现金日记账账面余额为3 600元，实地盘点的库存现金金额为3 000元，造成库存现金短缺的原因有待进一步查明。

借：待处理财产损溢　　600

　　贷：库存现金　　600

如经查明，库存现金短缺的原因是由于出纳员的工作不认真造成的，出纳员蒋兰当即赔偿了短缺款。

借：其他应收款——蒋兰　　600

　　贷：待处理财产损溢　　600

借：库存现金　　600

　　贷：其他应收款——蒋兰　　600

(6) 7月25日，对库存现金盘点时，现金日记账账面余额为4 300元，实地盘点的库存现金金额为4 600元，造成库存现金比账上多出300元的原因有待进一步查明。

借：库存现金　　300

　　贷：待处理财产损溢　　300

经核查后，没有发现造成库存现金溢余的原因，经批准，作为营业外收入处理。

借：待处理财产损溢　　300

　　贷：营业外收入　　300

3.2 银行存款

3.2.1 银行存款科目设置

1. 银行存款科目运用

银行存款是指企业存放在银行和其他金融机构的货币资金。按照国家现金管理和结算制度的规定，每个企业都要在银行开立账户，称为结算户存款，用来办理存款、取款和转账结算。企业发生的各项结算款项，除允许用现金结算方式直接用现金收付外，其余都应用非现金结算方式，通过银行划拨转账。企业必须按照规定办理银行存款的收付业务，加强银行存款的管理。餐饮企业应当设置“银行存款”账户，用来反映银行存款的增减变动及余额情况。该账户为资产账户，借方登记银行存款的增加，贷方登记银行存款的减少，期末余额在借方，表示银行存款的余额。

企业可根据实际业务的需要，设置明细科目。见表3-10。

表3-10　银行存款会计科目编码的设置

科目代码	总分类科目（一级科目）	明细分类科目	
		二级明细科目	三级明细科目
1002	银行存款		
100201	银行存款	人民币	

续上表

科目代码	总分类科目（一级科目）	明细分类科目	
		二级明细科目	三级明细科目
10020101	银行存款	人民币	××银行
10020102	银行存款	人民币	××银行
10020103	银行存款	人民币	××银行

2. 银行存款科目核算

企业根据业务需要，在其所在地银行开设账户，运用所开设的账户，进行存款、取款以及各种收支转账业务的结算。银行存款账户分为基本存款账户、一般存款账户、临时存款账户和专用存款账户。基本存款账户是指企业办理日常转账结算和现金收付的账户。一般存款账户是指企业在基本存款账户以外的银行借款转存、与基本存款账户的企业不在同一地点的附属非独立核算单位开立的账户，本账户可以办理转账结算和现金缴存，但不能提取现金。临时存款账户是指企业因临时生产经营活动的需要而开立的账户，本账户既可以办理转账结算，又可以根据现金管理规定存取现金，专用存款账户是指企业因特定用途需要所开立的账户。企业除留存限额现金以备日常支出外，其他货币资金都应存入银行。

【例 3-2】天外天餐饮有限公司 2019 年 7 月发生的有关银行存款收付业务如下，会计根据业务内容账务处理如下。

(1) 7 月 5 日，收到绿地房地产有限公司转账支票一张，金额 41 000 元，偿还前欠餐费。

借：银行存款　　41 000

　　贷：应收账款——绿地房地产有限公司　　41 000

(2) 7 月 13 日，该餐饮公司当日接待向晟公司职工会餐，营业额为 95 400元，收到转账支票一张。其中菜品收入 40 000 元（不含税），酒水收入 50 000 元（不含税）。

借：银行存款　　95 400

　　贷：主营业务收入——菜品收入　　40 000

　　　　　　　　　　——酒水收入　　50 000

　　　　应交税费——应交增值税（销项税额）　　5 400

（3）7月29日，该公司外购一批面粉，价值25 800元，已经入库，款项通过银行转账支付。

借：原材料——面粉　　23 478

　　应交税费——应交增值税（进项税额）（25 800×9%）

　　　　2 322

　　贷：银行存款　　25 800

3.2.2 银行存款日记账与银行对账单核对

为加强银行存款的管理，企业必须按照现金管理办法和结算制度规定来办理银行存款的收付转账业务，建立管理责任制，由出纳人员负责办理银行存款的业务，同时要认真审核每笔业务是否符合国家政策、制度、法规规定。按要求填制和取得各种银行结算凭证作为原始凭证，经有关人员审核无误，才能编制银行收付的记账凭证。

一般来说，为了避免银行存款账目发生差错或发生差错得不到及时改正，企业要经常和银行核对账目，至少每月核对一次，这样就可以正确掌握银行存款的余额，保证银行和企业双方账户记录一致。银行定期送来“对账单”和企业的“银行存款日记账”要逐笔核对，如果发现两者不一致，除了错记、漏记、重记，还有可能是由于未达账项造成的。

未达账项是指企业和银行，有一方取得凭证已经入账，另一方尚未收到凭证没入账的款项。总结为以下几种情况，如图3-3所示。

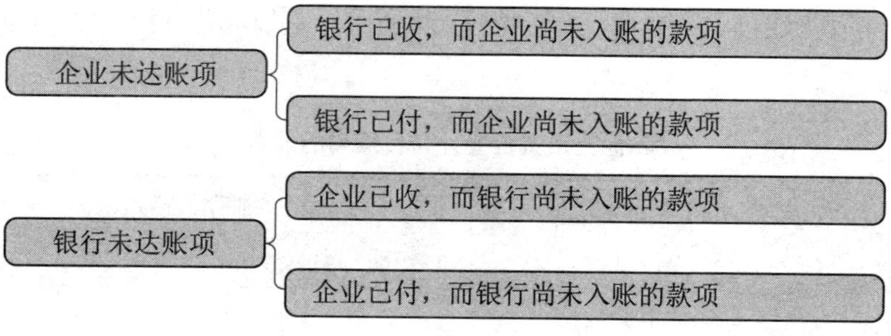

图3-3　未达账项的情形

餐饮企业对于以上发生的未达账项，通过编制“银行存款余额调节表”进行调节。

【例 3-3】2017 年 7 月 31 日，丽江饭店银行存款日记账余额为129 500元，而银行对账单上的存款余额为 132 400 元，核对后发现有如下未达账项。

(1) 该企业 7 月 30 日收到转账支票 10 000 元，而银行尚未入账。

(2) 7 月 29 日开出的一张转账支票 7 300 元，银行尚未记账。

(3) 委托银行代收的款项 8 500 元，7 月 29 日银行已登记入账，企业尚未入账。

(4) 中国联通委托银行代收企业应付的话费 2 900 元，银行已从企业存款中代扣，而企业尚未入账。根据以上未达账项，某企业 2017 年 7 月 31 日编制表 3-11 银行存款余额调节表。

表 3-11　　丽江饭店银行存款余额调节表

项　　目	金额	项　　目	金额
银行存款账户余额 加：银行已代收的货款 减：银行已代扣的话费	129 500 8 500 2 900	银行对账单上账户余额 加：企业已存入银行的支票 减：企业已开出的支票	132 400 10 000 7 300
调节后余额	135 100	调节后余额	135 100

3.3　其他货币资金

其他货币资金是指企业除现金和银行存款以外的其他各种货币资金，即存放地点和用途均与现金和银行存款不同的货币资金，包括外埠存款、银行汇票存款、银行本票存款、信用证存款和在途货币资金等。

企业应按其他货币资金和种类设置明细账户，并按照外埠存款的开户银行，银行汇票或本票的收款单位等设置明细账，进行明细分类核算。见表 3-12。

表 3-12　　其他货币资金会计科目编码的设置

科目代码	总分类科目 (一级科目)	明细分类科目	
		二级明细科目	三级明细科目
1012	其他货币资金		
101201	其他货币资金	外埠存款	××银行
101202	其他货币资金	银行本票	××银行
101203	其他货币资金	银行汇票	××银行

续上表

科目代码	总分类科目（一级科目）	明细分类科目	
		二级明细科目	三级明细科目
101204	其他货币资金	信用卡存款	××银行
101205	其他货币资金	信用证	××银行
101206	其他货币资金	存出投资款	××银行

银行结算方式主要有：银行汇票、银行本票、商业汇票、支票、汇兑、委托收款、托收承付等。

3.3.1 银行汇票结算方式

银行汇票是汇款人将款项交存当地出票银行，由出票银行签发的，由其在见票时，按照实际结算金额无条件支付给收款人或持票人的票据。它使用灵活、票随人到、兑现性强等特点。适用于先收款后发货或钱货两清的商品交易。单位和个人各种款项结算，均可使用银行汇票。银行汇票的付款期限为自出票日起 1 个月内。银行汇票的收款人可以将银行汇票背书转让给他人。采用银行汇票方式的，收款单位应根据银行退回的进账单和有关的原始凭证编制收款凭证；付款单位应在收到银行签发的银行汇票后，根据“银行汇票申请书（存根）”联编制付款凭证。如有多余款项或因汇票超出付款期等原因而退款时，应根据银行的多余款收账通知编制收款凭证。

（1）银行汇票存款账务处理，如图 3-4 所示。

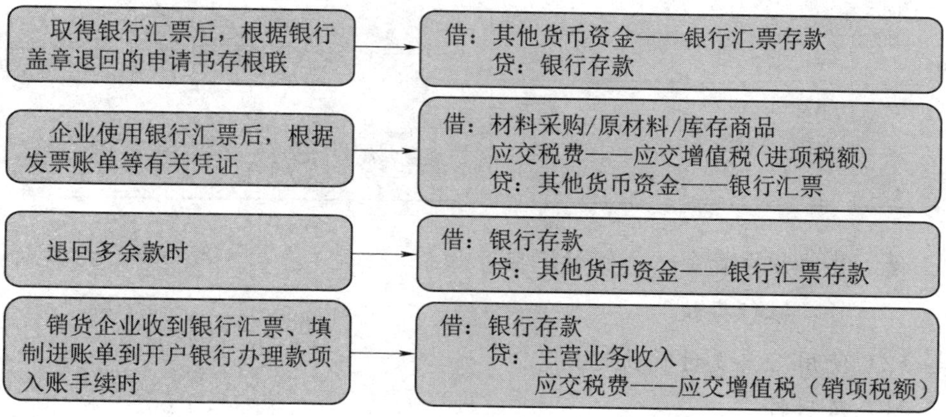

图 3-4 银行汇票的账务处理

【例 3-4】2017 年 2 月 4 日，大华饭店向银行提交“银行汇票申请书”，并将款项 35 000 元交存银行，要求银行办理银行汇票并已取得汇票。然后该企业向某水产品公司购入海鲜，价款 32 860 元，用银行汇票办理结算，银行汇票多余款 2 140 元由银行退交企业，材料已经验收入库，根据相关凭证作如下会计分录。

（1）取得汇票时，该公司根据银行盖章退回的申请书存根联，见表 3-13。

表 3-13

中国工商银行

银行汇票申请书（存根）　1

申请日期：　2017 年 2 月 4 日　　NO. 00005468

<table>
<tr><td>银行打印</td><td colspan="5"></td></tr>
<tr><td></td><td>业务类型</td><td colspan="2">□电汇□信汇☑汇票申请书
□本票申请书□其他</td><td>汇款方式</td><td>☑普通 □加急</td></tr>
<tr><td rowspan="4">申请人</td><td>全　称</td><td>大华饭店</td><td rowspan="4">收款人</td><td>全　称</td><td>大华饭店</td></tr>
<tr><td>账号或地址</td><td>5432001909234252759</td><td>账号或地址</td><td>5432001909234252759</td></tr>
<tr><td>开户行名称</td><td>工商银行深圳福田支行</td><td>开户行名称</td><td>工商银行深圳福田支行</td></tr>
<tr><td>开户银行</td><td>工商银行</td><td>开户银行</td><td>工商银行</td></tr>
<tr><td colspan="2">金额（大写）人民币</td><td colspan="3">⊗ 叁万伍仟元整</td><td>千 百 十 万 千 百 十 元 角 分
　 　 ¥ 3 5 0 0 0 0 0</td></tr>
<tr><td>支付密码</td><td colspan="2">××××</td><td colspan="3" rowspan="4">上列款项及相关费用请从我账户内支付
工商银行深圳福田支行
2017-02-04
转讫
申请人签章　兰玲</td></tr>
<tr><td>加急汇款签字</td><td colspan="2"></td></tr>
<tr><td>用途</td><td colspan="2">购货款</td></tr>
<tr><td>附加信息及用途</td><td colspan="2"></td></tr>
</table>

借：其他货币资金——银行汇票存款　　35 000

　　贷：银行存款　　35 000

（2）使用汇票支付货款时。

借：原材料　　31 000

　　应交税费——应交增值税（进项税额）　　1 860

贷：其他货币资金——银行汇票 32 860

（3）银行退回多余款项时。

借：银行存款 2 140

贷：其他货币资金——银行汇票存款 2 140

【例 3-5】大华饭店需要购进 5 000 千克大米，已向银行填报申请书，汇款 30 000 元，由采购人员到外地进行采购。银行受理后返回结算收据，会计分录如下。

借：其他货币资金——银行汇票 30 000

贷：银行存款 30 000

3.3.2 银行本票结算方式

银行本票是申请人将款项交存银行，由银行签发凭证以办理转账或提取现金的一种票据。银行本票适用于同一票据交换区域需要支付各种款项的单位和个人。银行本票由银行签发并保证兑付，而且见票即付，具有信誉高，支付功能强等特点。银行本票分定额本票和不定额本票。定额本票的面值有 1 000 元、5 000 元、10 000 元和 50 000 元。银行本票的付款期限为自出票日起最长不超过 2 个月。

申请人使用银行本票，应向银行填写“银行本票申请书”。申请人或收款人为单位的，不得申请签发现金银行本票。出票银行受理银行本票申请书，收妥款项后签发银行本票，在本票上签章后交给申请人。应根据银行签章退回的“银行本票申请书”存根联编制付款凭证。申请人应将银行本票交付给本票上记明的收款人。

收款人可以将银行本票背书转让给被背书人。银行本票的提示付款期限自出票日起最长不得超过两个月。在有效付款期内，银行见票付款。持票人超过付款期限提示付款的，银行不予受理。账务处理如图 3-5 所示。

【例 3-6】某餐饮企业用银行本票进行业务结算。根据企业发生经济业务作如下会计分录。

（1）取得定额为 50 000 元的银行本票时。

借：其他货币资金——银行本票 50 000

贷：银行存款 50 000

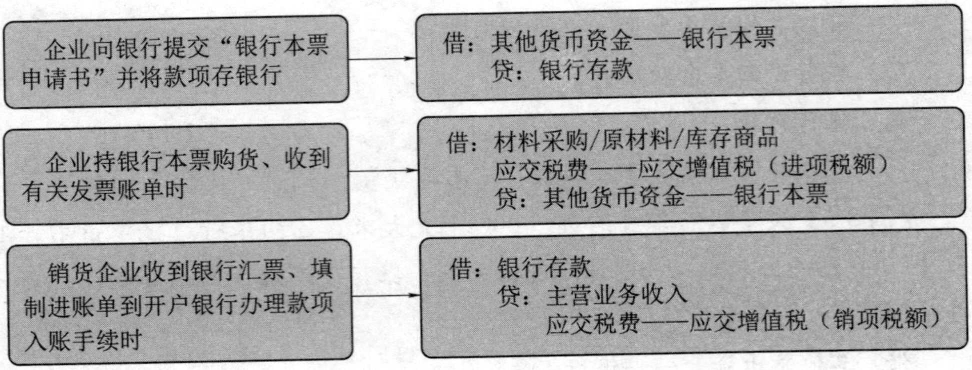

图 3-5　银行本票存款账务处理

(2) 该企业在当地购买设备一台，价格为 45 000 元，已成交，假设不考虑相关税费。

借：固定资产　　45 000

　　贷：其他货币资金——银行本票　　45 000

(3) 余额退回时。

借：银行存款　　5 000

　　贷：其他货币资金——银行本票　　5 000

3.3.3 商业汇票结算方式

商业汇票是出票人签发的，委托付款人在指定日期无条件支付确定金额给收款人或者持票人的票据。使用商业汇票必须要有真实的交易关系或债权债务关系。商业汇票的付款期限由交易双方商定，最长不超过 6 个月。商业汇票的提示付款期限自商业汇票到期日起 10 日内。商业汇票按承兑人不同分为商业承兑汇票和银行承兑汇票两种。商业承兑汇票是由银行以外的付款人承兑。银行承兑汇票由银行承兑，开立存款账户的存款人签发。采用商业承兑汇票方式的，收款单位将要到期的商业承兑汇票连同填制的邮划或电划委托收款凭证，一并送交银行办理收款后，在收到银行的收账通知时，据以编制收款凭证；付款单位在收到银行的付款通知时，据以编制付款凭证。收款单位将未到期的商业汇票向银行申请贴现时，应按规定填制贴现凭证，连同汇票一并送交银行，然后根据银行的收账通知编制收款凭证。

【例 3-7】2017 年 5 月 10 日，大华饭店从食好佳农贸有限公司购入一批鱿鱼干货，增值税专用发票注明价款为 10 800 元，税款为 1 188 元。大华饭店开出为期 3 个月的无息商业承兑汇票抵付货款。

（1）大华饭店开具商业票据时，见表 3-14。

借：原材料——鱿鱼干货　　10 800

　　应交税费——应交增值税（进项税额）　　1 188

　　贷：应付票据——商业承兑汇票　　11 988

表 3-14

商业承兑汇票（存根）

签发日期：2017 年 5 月 10 日　　第 0065 号

付款人	全称	大华饭店			收款人	全称	食好佳农贸有限公司		
付款人	账号	5432001909234252759			收款人	账号	4321001909234219823		
付款人	开户银行	工行	行号	12	收款人	开户银行	工行前进路支行	行号	32
汇票金额	人民币（大写）⊗壹万壹仟玖佰捌拾捌元整								
汇票到期日	2017 年 8 月 9 日								
本汇票已经承兑，到期无条件支付票款 大华饭店 ★ 财务专用章 承兑人签章 承兑日期：　年　月　日 李策					承兑协议科目代码		交易合同号码		
					负责人：杨艳		经办人：郭旭		

千	百	十	万	千	百	十	元	角	分
		¥	1	1	9	8	8	0	0

此联签发人存查

3.3.4 支票结算方式

支票是单位或个人签发的，委托办理支票存款业务的银行在见票时无条件支付确定的金额给收款人或者持票人的票据。支票结算方式是同城结算中应用比较广泛的一种结算方式。单位和个人的同一票据交换区域的各种款项结算，均可以使用支票。现金支票只能用于支取现金；转账支票只能用于转账；普通支票可以用于支取现金，也可以用于转账。支票的提示付款期限为自出票日起10日，中国人民银行另有规定的除外。采用支票方式的，对于收到的支票，应在收到支票的当日填制进账单连同支票送交银行，根据银行盖章退回的进账单第一联和有关原始凭证编制收款凭证，或根据银行转来由签发人送交银行支票后，经银行审查盖章的进账单第一联和有关的原始凭证编制收款凭证；对于付出的支票，应根据支票存根和有关原始凭证及时编制付款凭证。

【例 3-8】2017 年 5 月 12 日，大华饭店开出一张支票，从银行提取现金 8 000元。现金支票如图 3-6 所示。

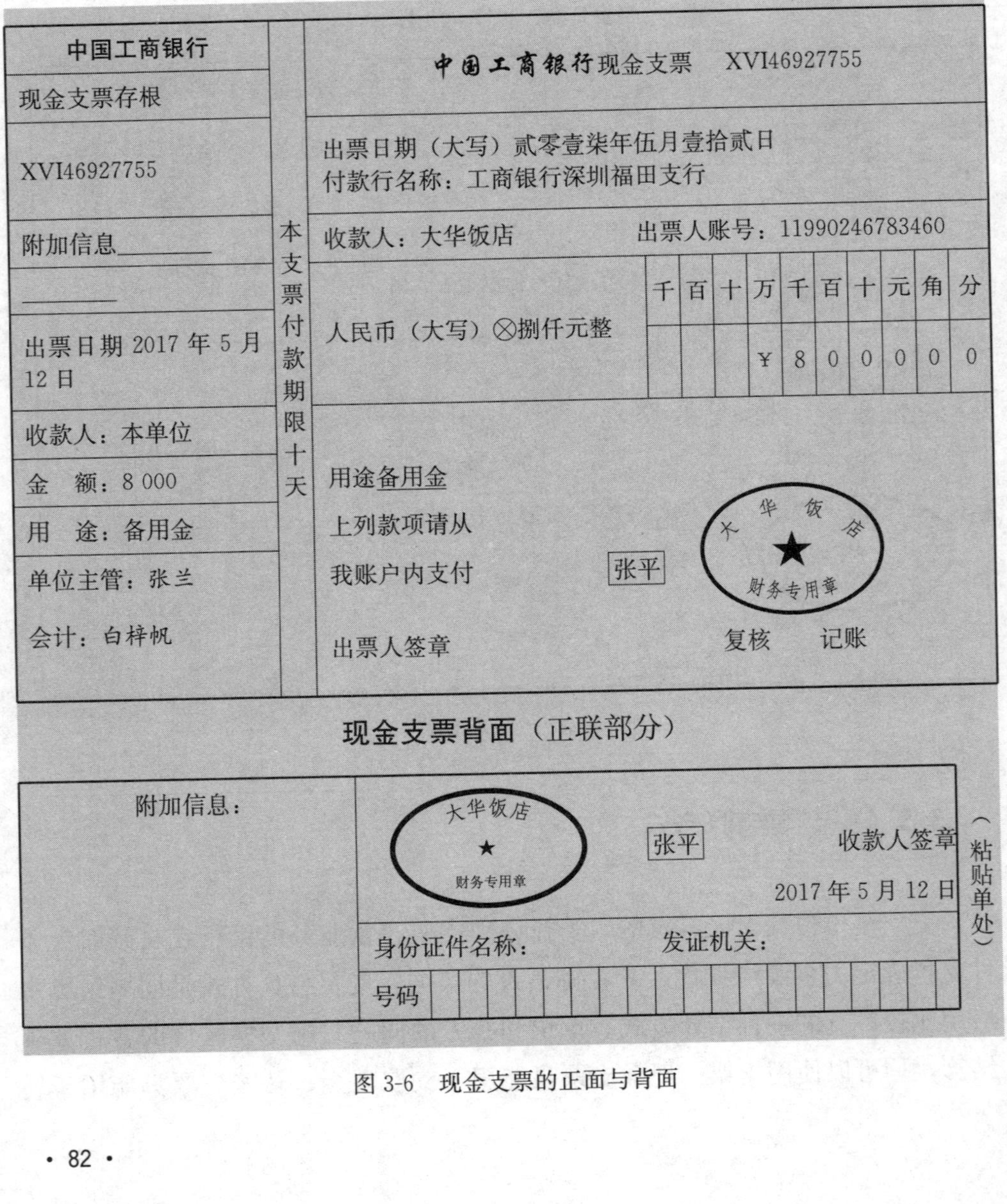
中国工商银行
现金支票存根
XVI46927755
附加信息________
____
出票日期 2017 年 5 月 12 日
收款人：本单位
金　额：8 000
用　途：备用金
单位主管：张兰
会计：白梓帆

本支票付款期限十天

中国工商银行现金支票　XVI46927755
出票日期（大写）贰零壹柒年伍月壹拾贰日
付款行名称：工商银行深圳福田支行
收款人：大华饭店　出票人账号：11990246783460

	千	百	十	万	千	百	十	元	角	分
人民币（大写）⊗捌仟元整				¥	8	0	0	0	0	0

用途备用金
上列款项请从
我账户内支付
出票人签章　张平　大华饭店 财务专用章
复核　记账

现金支票背面（正联部分）

附加信息：
大华饭店 财务专用章　张平　收款人签章
2017 年 5 月 12 日
身份证件名称：　发证机关：
号码
（粘贴单处）

图 3-6　现金支票的正面与背面

借：库存现金　　　　　　　　　　　　　　　　　　8 000

　　贷：银行存款　　　　　　　　　　　　　　　　　　8 000

3.3.5 汇兑结算方式

汇兑是汇款人委托银行将其款项支付给收款人的结算方式。单位和个人的各种款项的结算均可使用汇兑结算方式。汇兑分为信汇和电汇两种。由汇款人根据需要选择使用。汇兑结算方式适用于异地之间的各种款项结算，具有划拨款项简单、灵活的特点。采用汇兑结算方式的，收款单位对于汇入的款项，应在收到银行的收账通知时，据以编制收款凭证；付款单位对于汇出的款项，应在向银行办理汇款后，根据汇款回单编制付款凭证。

【例 3-9】 2017 年 5 月 21 日，大华饭店向中国银行申领信汇汇款，用于支付景田公司原料价款。见表 3-15。大华公司支付某农贸公司蔬菜款 52 000 元。根据上述经济业务甲公司作会计处理如下。

借：材料采购（或在途物资）　　　　　　　　　　46 280

　　应交税费——应交增值税（进项税额）　　　　　5 720

　　贷：其他货币资金——信汇　　　　　　　　　　52 000

表 3-15　　中国工商银行　**信汇凭证**（回单）　1

委托日期：2017 年 5 月 21 日

<table>
<tr><td rowspan="3">汇款人</td><td>全　称</td><td colspan="2">大华饭店</td><td rowspan="3">收款人</td><td>全　称</td><td colspan="11">景田公司</td><td rowspan="7">此联汇出行给汇款人的回单</td></tr>
<tr><td>账　号</td><td colspan="2">5432001909234252759</td><td>账　号</td><td colspan="11">43567891</td></tr>
<tr><td>汇出地点</td><td colspan="2">深圳</td><td>汇入地点</td><td colspan="11">深圳</td></tr>
<tr><td colspan="2">汇出行名称</td><td colspan="2">工商银行深圳福田支行</td><td colspan="2">汇入行名称</td><td colspan="11">中国银行深圳龙岗支行</td></tr>
<tr><td rowspan="2">金额</td><td rowspan="2">人民币（大写）</td><td colspan="4" rowspan="2">⊗伍万贰仟元整</td><td>亿</td><td>千</td><td>百</td><td>十</td><td>万</td><td>千</td><td>百</td><td>十</td><td>元</td><td>角</td><td>分</td></tr>
<tr><td></td><td></td><td></td><td>¥</td><td>5</td><td>2</td><td>0</td><td>0</td><td>0</td><td>0</td><td>0</td></tr>
<tr><td colspan="4">工商银行深圳福田支行
2017-05-21
转讫
汇出行签章</td><td colspan="13">支付密码　××××
附加信息及用途：
复核　　记账</td></tr>
</table>

3.3.6 托收承付结算方式

托收承付是根据购销合同由收款人发货后，委托银行向异地付款人收取款项，由付款单位向银行承认付款的结算方式。托收承付适用于有合法的商品交易，以及因商品交易而产生的劳务供应的款项。适用于国有企业、供销合作社以及经营管理较好，并经开户银行审查同意的城乡集体所有制企业。代销、寄销、赊销商品的款项不得办理托收承付结算。托收承付结算每笔的金额起点为 10 000 元，新华书店系统每笔的金额起点为1 000元。

【例 3-10】 2017 年 4 月 15 日，丽华餐饮有限公司采用托收承付方式向外地甲公司购买面粉。面粉价值 16 000 元，税率 11%，增值税额为 1 760 元。面粉已验收入库。见表 3-16，会计分录如下。

表 3-16 **托收凭证（受理回单）　1**

委托日期：2017 年 4 月 15 日

<table>
<tr><td colspan="2">业务类型</td><td colspan="4">委托收款（□邮划、□电划）</td><td colspan="13">托收承付（☑邮划、□电划）</td></tr>
<tr><td rowspan="3">付款人</td><td>全称</td><td colspan="4">丽华餐饮有限公司</td><td rowspan="3">收款人</td><td colspan="2">全称</td><td colspan="10">甲公司</td></tr>
<tr><td>账号</td><td colspan="4">473534323687965</td><td colspan="2">账号</td><td colspan="10">635431243556832</td></tr>
<tr><td>地址</td><td>广东省</td><td>湛江市</td><td>开户行</td><td>工行</td><td colspan="2">地址</td><td colspan="2">广东省</td><td colspan="3">湛江市</td><td colspan="3">开户行</td><td colspan="2">农行</td></tr>
<tr><td colspan="2" rowspan="2">金额</td><td colspan="5" rowspan="2">人民币
（大写）⊗壹万柒仟柒佰陆拾元整</td><td>亿</td><td>千</td><td>百</td><td>十</td><td>万</td><td>千</td><td>百</td><td>十</td><td>元</td><td>角</td><td>分</td></tr>
<tr><td></td><td></td><td></td><td>¥</td><td>1</td><td>7</td><td>7</td><td>6</td><td>0</td><td>0</td><td>0</td></tr>
<tr><td colspan="2">款项内容</td><td>购货</td><td>托收凭据名称</td><td colspan="2"></td><td colspan="4">附寄单证张数</td><td colspan="9">2</td></tr>
<tr><td colspan="2">商品发运情况</td><td colspan="2"></td><td colspan="6">合同名称号码</td><td colspan="9">5481</td></tr>
<tr><td colspan="3">备注：

复核　　记账</td><td colspan="6">款项收妥日期

2017 年 4 月 15 日</td><td colspan="10">收款人开户银行签章
（略）
2017 年 4 月 15 日</td></tr>
</table>

此联作收款人开户银行给收款人的受理回单

借：原材料——面粉　　16 000
　　应交税费——应交增值税（进项税额）　　1 760
　　贷：银行存款　　17 760

3.3.7 委托收款结算方式

委托收款是收款人委托银行向付款人收取款项的结算方式。无论单位还是个人都可收取同城和异地的款项。委托收款结算款项划回的方式分为邮寄和电报两种。

【例 3-11】某餐饮公司收到银行转来联通公司的委托收款凭证，支付上月话费 1 300 元。

借：管理费用——电话费　　1 300
　　贷：银行存款　　1 300

3.3.8 信用卡结算方式

信用卡是指商业银行向个人和单位发行的，凭以向特约单位购物、消费和向银行存取现金，且具有消费信用的特制载体卡片。信用卡按使用对象分为单位卡和个人卡；按信誉等级分为金卡和普通卡。单位卡一律不得用于 10 万元以上商品交易、劳务供应款项的结算，不得支取现金。

信用卡存款账务处理，如图 3-7 所示。

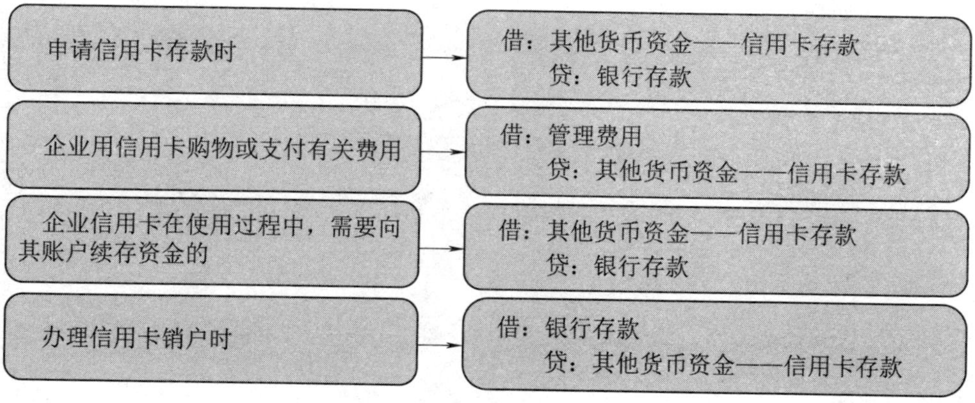

图 3-7　信用卡账务处理

【例 3-12】2017 年 7 月 15 日，大华饭店销售员李奇在外地使用信用卡采购原材料。7 月 22 日，大华饭店收到采购部交来的有关购入材料的凭证，凭证上注明材料买价为 34 155 元，手续费 234 元。同日，材料运抵大华饭店并验收入库。根据上述经济业务，大华饭店应作如下账务处理。

(1) 取得现金时。

借：库存现金　　34 155

　　财务费用　　345

　　贷：其他货币资金——信用卡　　34 500

(2) 7 月 22 日，收到采购凭证时。

借：原材料　　34 155

　　贷：库存现金　　34 155

CHAPTER
FOUR

第4章 餐饮企业应收及预付账款的核算

应收及预付款项，是指餐饮企业在日常生产经营过程中发生的各项债权，包括应收票据、应收账款、应收股利、应收利息、其他应收款等应收款项和预付账款。

4.1 应收账款的核算

企业因销售商品、产品和提供劳务等经营活动应收取的款项，应该用“应收账款”科目核算。因销售商品、产品、提供劳务等，合同或协议价款的收取采用递延方式、实质上具有融资性质的，在“长期应收款”科目核算，不在本科目核算。“应收账款”科目期末借方余额，反映企业尚未收回的应收账款；期末如为贷方余额，反映企业预收的账款。

4.1.1 应收账款科目的设置

“应收账款”应按不同的购货单位或接受劳务的单位设置明细账户，进行明细核算。见表 4-1。

表 4-1　　应收账款会计科目编码的设置

科目代码	总分类科目（一级科目）	明细分类科目		是否辅助核算	辅助核算类别
		二级明细科目	三级明细科目		
1122	应收账款				
112201	应收账款	××公司			
11220101	应收账款	××公司	应收餐费	是	客户/债务人
11220102	应收账款	××公司	应收食品加工费	是	客户/债务人
11220103	应收账款	××公司	应收外卖款	是	客户/债务人

应收账款通常按实际发生额计价入账。计价时还要考虑商业折扣、现金折扣及销售折让等因素。

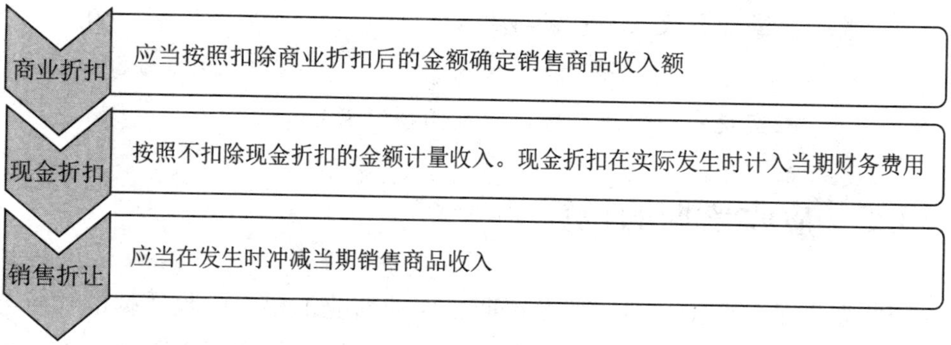

4.1.2 应收账款账务处理

1. 一般应收账款的会计核算

一般应收账款的账务处理，如图 4-1 所示。

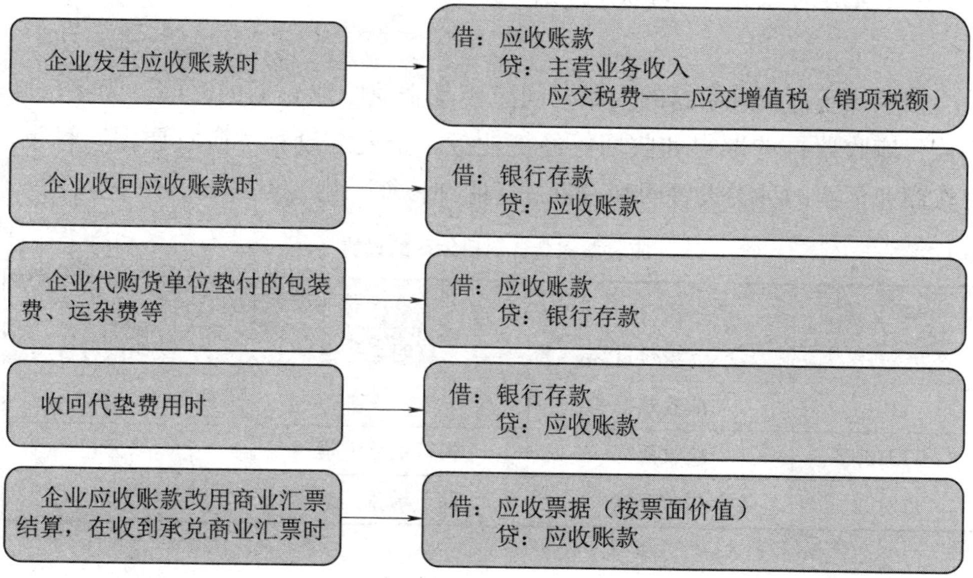

图 4-1　应收账款的账务处理

【例 4-1】 大华饭店为甲公司定点招待酒店，每月月底结算。2017 年 6 月 11 日，甲公司在大华饭店招待其客户用餐，共花费 14 628 元，其中菜品 7 300元，酒水 6 500 元。大华饭店账务处理如下。

借：应收账款——甲公司　　14 628

贷：主营业务收入——菜品收入　　7 300
——酒水收入　　6 500
应交税费——应交增值税（销项税额）　　828

4.2 应收票据的核算

应收票据是企业持有的、尚未到期兑现的商业汇票。应收票据的计价与入账时间理论上应按照现值入账，但实务中可根据应收票据期限的长短分别按照面值入账或现值入账。一般来说，企业收到的应收票据，如果票据的存续期短于1年，则入账金额按照面值确定；如果票据的存续期长于1年，则入账金额按照现值确定。由于我国的商业票据期限较短，面值与现值的差异不大，我国采用按票面价值入账的方法。

4.2.1 应收票据科目的设置

按照规定，应收票据的入账时间应当是企业收取票据的时间。为了反映和监督应收票据的取得和收回等经济业务，企业应设置“应收票据”科目，并按商业汇票的种类设置明细科目进行明细核算。见表4-2。

表4-2　应收票据会计科目编码的设置

科目代码	总分类科目（一级科目）	明细分类科目	
		二级明细科目	三级明细科目
1121	应收票据		
112101	应收票据	银行承兑汇票	××公司
112102	应收票据	商业承兑汇票	××公司

4.2.2 应收票据取得的会计处理

为了反映和监督应收票据的取得、票款收回等经济业务，企业应当设置“应收票据”科目。该账户借方登记应收票据收到时的面值；贷方登记到期应收票据收回的金额，或承兑人到期无力支付而被退回的商业承兑汇票金额，或未到期票据的贴现或转让情况；余额在借方，表示已收尚未到期或未贴现的应收票据的面额总数。

应收票据取得的原因不同，其会计处理亦有所区别。其具体处理如图 4-2 所示。

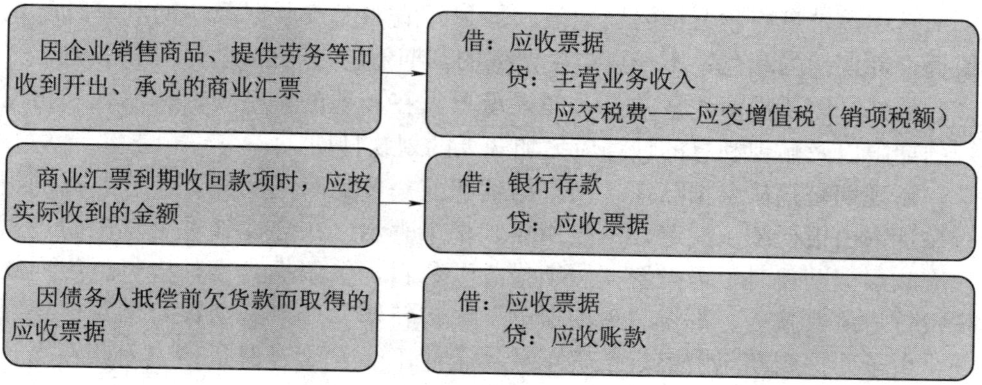

图 4-2　应收票据的账务处理

【例 4-2】 永诚公司在华鑫酒店举办业务洽谈会，共消费 15 900 元，其中菜品 11 000 元，酒水 4 000 元。结账时华鑫酒店收到永诚公司开出的承兑商业汇票，面值 15 900 元。华鑫酒店为一般纳税人，税率 6%，账务处理如下。

借：应收票据——永诚公司	15 900	
贷：主营业务收入——菜品收入		11 000
——酒水收入		4 000
应交税费——应交增值税（销项税额）		900

4.2.3　应收票据贴现的会计处理

贴现是指企业将未到期的商业汇票经过背书，交给银行，银行受理后，从票面金额中扣除按银行的贴现率计算确定的贴现息后，将余额付给贴现企业。票据贴现实质上是一种融通资金的行为。在贴现中，企业给银行的利息称为贴现息，所用的利率称为贴现率，票据到期值与贴现息之差称为贴现所得。用应收票据向银行申请贴现时，企业会计制度规定，如果是带息票据，由于受票面载明的利率与银行贴现率的差异和贴现期的影响，其贴现所得与票面金额会产生差异，在会计上作为利息收支处理；如果是不带息票据，其贴现所得与票面金额产生的差异，在会计上作为利息支出处理。企业以应收票据向银行贴现的贴息及贴现所得计算公式如下：

贴息＝票据到期值×贴现率×贴现期

贴现所得＝票据到期值－贴息

其中，带息应收票据的到期值，是其面值加上按票据载明的利率计算的票据全部期间的利息；不带息应收票据的到期值就是其面值。

另外，需要提请注意的是，如果承兑人在异地的，贴现、转贴现和再贴现的期限以及贴现利息的计算应另加 3 天的划款日期。

贴现期是指从票据贴现日到票据到期前一日的时间间隔。应收票据的银行贴现率由银行统一规定，一般用年利率来表示。在会计处理上发生附追索权应收票据贴现时，可设置“短期借款”科目，等票据到期，当付款人向贴现银行付清票款后，再将“短期借款”账户转销。如果是用银行承兑汇票贴现，由于票据到期应由银行负责承兑，企业不会发生或有负债，因此在会计处理上可直接冲转“应收票据”账户。如图 4-3 所示。

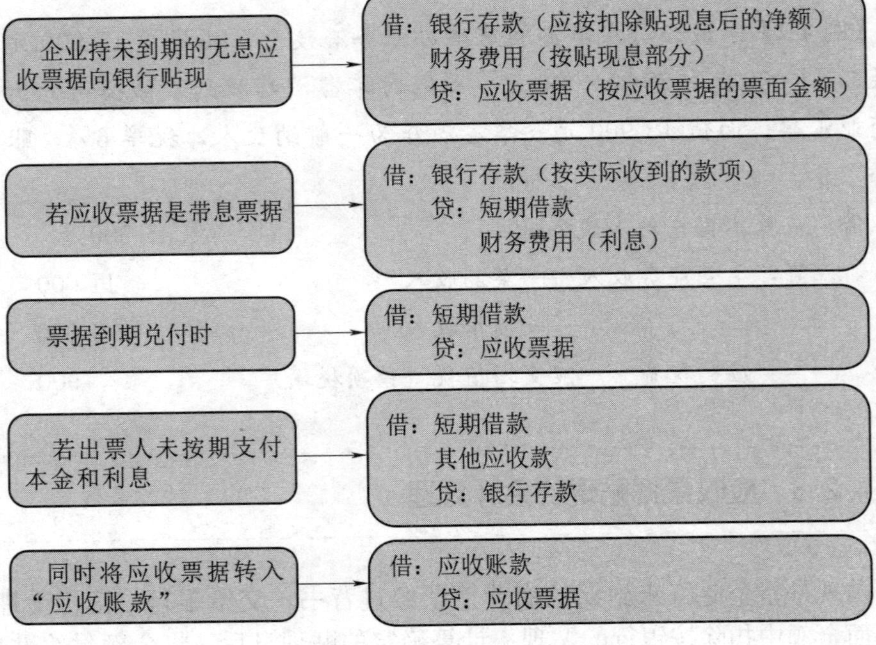

图 4-3　应收票据贴现的账务处理

【例 4-3】 大华饭店于 8 月 1 日将 6 月 1 日迪亚耐火材料厂开出并承兑的面值为 45 000 元、年利率 5%、9 月 1 日到期的商业承兑汇票向银行贴现，贴现率为8%，见表4-3。则贴现息和贴现所得计算如下：

带息票据到期值＝45 000×（1＋5%×90/360）＝45 562.5（元）

贴息＝45 562.5×8%×30/360＝303.75（元）

贴现所得＝45 562.5－303.75＝45 258.75（元）

利息收入或支出＝票据贴现所得－票面金额

＝45 258.75－45 000

＝258.75（元）

借：银行存款	45 258.75
贷：应收票据	45 000
财务费用	258.75

表4-3 贴现凭证（收账通知）

填写日期：2017年8月1日　　　　第××号

<table>
<tr><td rowspan="3">贴现汇票</td><td>种类</td><td>商业承兑汇票</td><td></td><td>号码</td><td>324</td><td rowspan="3">申请人</td><td>全　称</td><td colspan="2">迪亚耐火材料厂</td></tr>
<tr><td>发票日</td><td colspan="4">2017年6月1日</td><td>账　号</td><td colspan="2">6224001909234218563</td></tr>
<tr><td>到期日</td><td colspan="4">2017年9月1日</td><td>开户银行</td><td colspan="2">工商银行深圳福田支行</td></tr>
<tr><td colspan="2">汇票承兑人（或银行）</td><td>名称</td><td colspan="2">大华饭店</td><td>账号</td><td>451100190
9234216591</td><td>开户银行</td><td colspan="2">工商银行深圳北安支行</td></tr>
<tr><td colspan="2" rowspan="2">汇票金额（即贴现金额）</td><td colspan="6" rowspan="2">人民币（大写）⊗肆万伍仟元整</td><td colspan="2">千｜百｜十｜万｜千｜百｜十｜元｜角｜分</td></tr>
<tr><td colspan="2">｜｜¥｜4｜5｜0｜0｜0｜0｜0</td></tr>
<tr><td rowspan="2">贴现率</td><td rowspan="2">5%</td><td rowspan="2">贴现利息</td><td colspan="3">千｜百｜十｜万｜千｜百｜十｜元｜角｜分</td><td rowspan="2">实付贴现金额</td><td colspan="3">千｜百｜十｜万｜千｜百｜十｜元｜角｜分</td></tr>
<tr><td colspan="3">｜｜｜｜¥｜3｜0｜3｜7｜5</td><td colspan="3">｜｜¥｜4｜5｜2｜5｜8｜7｜5</td></tr>
<tr><td colspan="5">上述款项已入你单位账户。此致
银行盖章（略）
2017年8月1日</td><td colspan="5">备注</td></tr>
</table>

【例4-4】仍沿用上例，但假定该票据为不带息票据，则贴现息和贴现所得计算如下。票据到期值＝45 000（元）；贴现息＝45 000×8%×30/360＝300（元）贴现所得＝45 000－300＝44 700（元）

借：银行存款	44 700
财务费用	300
贷：应收票据	45 000

4.3 其他应收款的核算

4.3.1 其他应收款科目核算范围

其他应收款是餐饮企业应收款项的另一重要组成部分，是企业除应收票据、应收账款和预付账款以外的各种应收暂付款项。其他应收款通常包括暂付款，是指企业在商品交易业务以外发生的各种应收、暂付款项。如图 4-4 所示。

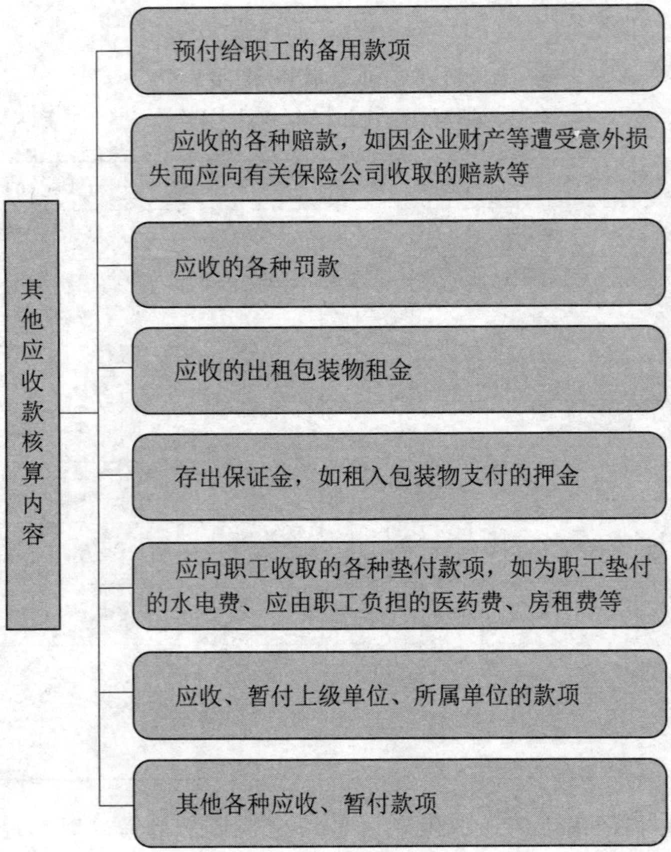

图 4-4　其他应收款核算内容

“其他应收款”账户用于核算企业除应收票据、应收账款、预付账款等以外的其他各种应收、暂付款项。在“其他应收款”账户下，应按其他应收款的项目分类，并按不同的债务人设置明细账。

4.3.2　其他应收款科目的具体运用

其他应收款科目用于核算企业除应收票据、应收账款、预付账款等以外的其他各种应收、暂付款项。在“其他应收款”账户下，应按其他应收款的项目分类，并按不同的债务人设置明细账。具体设置见表 4-4。

企业发生其他各种应收、暂付款项时，账务处理如图 4-5 所示。

表 4-4　　其他应收款科目的设置

科目代码	总分类科目（一级科目）	明细分类科目	
		二级明细科目	三级明细科目
1221	其他应收款		
122101	其他应收款	备用金	按借款人设置
122102	其他应收款	应收个人款项	按借款人设置
122103	其他应收款	应收单位款项	按单位名称设置
122104	其他应收款	内部往来款项	按单位名称设置
122105	其他应收款	其他款项	按业务内容设置

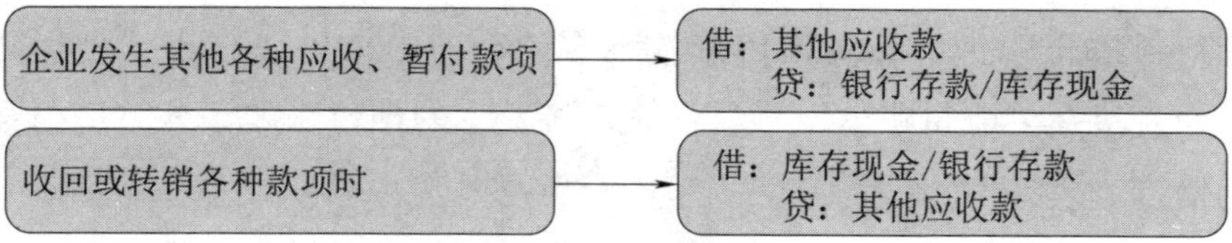

图 4-5　其他应收款账务处理

企业应当定期或者至少于每年年度终了，对其他应收款进行检查，预计其可能发生的坏账损失，并计提坏账准备。企业对于不能收回的其他应收款应当查明原因，追究责任。对确实无法收回的，按照企业的管理权限，经股东大会或董事会，经理（厂长）会议或类似机构批准作为坏账损失，冲销提取的坏账准备。

【例 4-5】大华饭店采购粮食采用备用金形式。会计核算设置有“备用金”科目。2017 年 4 月 2 日，企业采购员张欣外出采购某农产品原料，预借款 22 000元，以现金付讫。4 月 11 日，张欣采购归来，交仓库农产品 16 000 元，增值税进项税额 1 760 元。退回现金 4 240 元。根据上述经济业务，企业应做如下账务处理。

(1) 4 月 2 日，预付备用金时。

借：其他应收款——备用金——张欣 22 000

贷：库存现金 22 000

(2) 4 月 11 日，报销时。

借：原材料 16 000

应交税额——应交增值税（进项税额） 1 760

库存现金 4 240

贷：其他应收款——备用金——张欣 22 000

4.4 预付账款的核算

4.4.1 预付账款科目的设置

预付账款是指企业按照购货合同规定，预先以货币资金或以货币等价物支付供应单位的货款。如预付的材料、商品采购货款、必须预先发放、在以后收回的农副产品预购定金等。对于预付账款较多的企业，为了反映和监督预付账款的增减变动情况，企业应设置“预付账款”科目，并按供应单位设置明细科目进行明细核算。预付账款不多的企业，也可以不设“预付账款”科目，而直接在“应付账款”科目核算，将发生的预付账款记入“应付账款”科目的借方。

本科目可按供货单位进行明细核算。预付账款科目设置，见表 4-5。

表 4-5 预付账款会计科目编码的设置

科目代码	总分类科目（一级科目）	明细分类科目	
		二级明细科目	三级明细科目
1123	预付账款		
112301	预付账款	××公司	××项目
112302	预付账款	××公司	××项目
112303	预付账款	××公司	××项目
112304	预付账款	××公司	××项目

4.4.2 预付账款的账务处理

预付账款的主要账务处理，如图 4-6 所示。

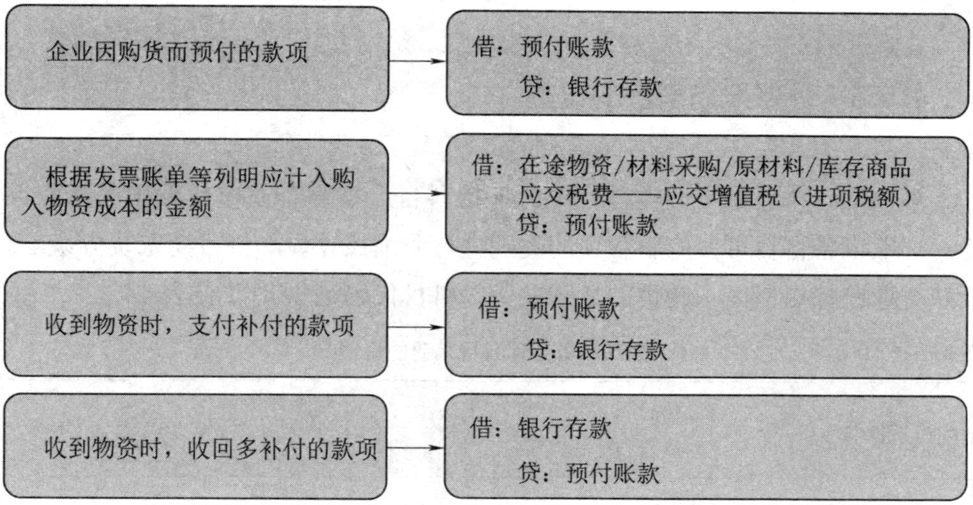

图 4-6　预付账款的账务处理

【例 4-6】 大华饭店在某养殖场订了 400 千克草鱼，价值 9 592 元，预付了 4 000 元，5 日后取货。大华饭店账务处理如下。

（1）预交订金时。

借：预付账款　　4 000

　　贷：银行存款　　4 000

（2）取货时。

借：原材料（9 592÷1.09）　　8 800

　　应交税费——应交增值税（进项税额）　　792

　　贷：预付账款　　4 000

　　　　银行存款　　5 592

4.5 坏账准备的核算

企业的各种应收款项，可能因购货人拒付、破产、死亡等原因而无法收回。这类无法收回的应收款项就是坏账。因坏账而遭受的损失为坏账损失。

企业应当在期末分析各项应收款项的可收回性，并预计可能产生的坏账损失。对预计可能发生的坏账损失，专设“坏账准备”科目来进行会计核算处理。“坏账准备”账户的借方登记实际发生的坏账损失数额和冲减的坏账准备数额，贷方登记提取的坏账准备数额；期末余额一般在贷方，表示已预提但尚未转销的坏账准备数额。

4.5.1 坏账准备科目的设置

坏账准备科目是资产类科目中的备抵科目，核算企业应收款项的坏账准备。坏账准备科目可按应收款项的类别进行明细核算。本科目期末贷方余额，反映企业已计提但尚未转销的坏账准备。科目代码是1231，见表4-6。

表4-6　坏账准备会计科目编码的设置

科目代码	总分类科目（一级科目）	明细分类科目	
		二级明细科目	三级明细科目
1231	坏账准备		
123101	坏账准备	应收账款坏账准备	××公司
123102	坏账准备	其他应收款坏账准备	××公司
123103	坏账准备	应收票据坏账准备	××公司
123104	坏账准备	预付账款坏账准备	××公司
123105	坏账准备	长期应收款坏账准备	××公司
123106	坏账准备	其他坏账准备	××公司

4.5.2 坏账准备的账务处理

1. 坏账准备的账务处理，见表4-7。

表4-7　坏账准备的账务处理

财务情景	账务处理
提取坏账准备时	借：资产减值损失 　　贷：坏账准备

续上表

财务情景	账务处理
发生坏账准备时	借：坏账准备 　　贷：应收账款
当已确认的坏账又收回时	借：应收账款 　　贷：坏账准备 借：银行存款 　　贷：应收账款

2. 计提坏账准备的方法

按照企业会计准则规定，计提坏账准备的方法主要有以下三种。

（1）余额百分比法。

余额百分比法按照期末应收账款余额的一定百分比估计坏账损失的方法。坏账百分比由企业根据以往的资料或经验自行确定。在余额百分比法下，企业应在每个会计期末根据本期末应收账款的余额和相应的坏账率估计出期末坏账准备账户应有的余额，它与调整前坏账准备账户已有的余额的差额，就是当期应提的坏账准备金额。采用余额百分比法计提坏账准备的计算公式如图 4-7 所示。

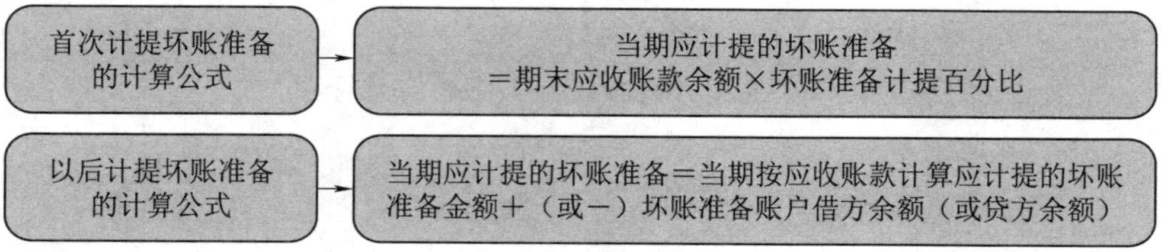

图 4-7　余额百分比法计提坏账准备的计算公式

当期按应收账款计算应计提的坏账准备金额大于本账户的贷方余额，应按其差额提取坏账准备；如果当期按应收账款计算应计提的坏账准备金额小于本账户的贷方余额，应按其差额冲减已计提的坏账准备；当期按应收账款计算应计提的坏账准备的金额为零，应将本账户的余额全部冲回。

根据企业会计准则的规定，采用哪种坏账计提方法由企业自定。坏账准备提取方法一经确定，不得随意变更，如需变更，应当在会计报表附注中予以说明。

【例 4-7】大华饭店 2015 年年末应收账款余额为 800 000 元，企业根据风险特征估计坏账准备的提取比例为应收账款余额的 0.5%。2016 年发生坏账 6 000元，该年末应收账款余额为 820 000 元。2017 年发生坏账损失 5 580 元，上年冲销的账款中有 5 630 元在本年度收回。该年度末应收账款余额为 435 000元。假设坏账准备科目在 2015 年初余额为 0 元。

要求：计算各年提取的坏账准备并编制会计分录。

(1) 2015 年应提坏账准备＝800 000×0.5%＝4 000（元）

借：信用减值损失——计提的坏账准备　　4 000
　　贷：坏账准备　　4 000

2016 年发生坏账损失时，应编制如下会计分录

借：坏账准备　　6 000
　　贷：应收账款　　6 000

(2) 2016 年年末，计提坏账前坏账准备账户借方的余额为：

6 000－4 000＝2 000（元），坏账准备的贷方余额 820 000×0.5%＝4 100（元），则 2016 年应提坏账准备（贷方）＝4 100＋2 000＝6 100（元）。

根据上述计算结果，应编制如下会计分录。

借：信用减值损失——计提的坏账准备　　6 100
　　贷：坏账准备　　6 100

(3) 2017 年发生坏账损失时，应编制如下的会计分录

借：坏账准备　　5 580
　　贷：应收账款　　5 580

2017 年收回已冲销的应收账款时，应编制如下会计分录

借：应收账款　　5 630
　　贷：坏账准备　　5 630

借：银行存款　　5 630
　　贷：应收账款　　5 630

2017 年年末计提坏账前坏账准备的金额＝4 100＋5 630－5 580＝4 150（元）（贷方）。而要使坏账准备的余额为贷方 435 000×0.5%＝2 175（元）（贷方），则应冲销坏账准备 4 150－2 175＝1 975（元），即 2017 年应冲销坏账准备 1 975 元。根据上述计算结果，应编制如下会计分录。

借：坏账准备　　　　　　　　　　　　　　　　1 975

　　贷：信用减值损失——计提的坏账准备　　　　　　　　1 975

（2）账龄分析法。

账龄分析法是根据应收账款入账时间的长短来估计坏账损失的方法。虽然应收账款能否收回不一定完全取决于时间的长短，但一般来说，账款拖欠时间越长，发生坏账的可能就越大。

采用账龄分析法计提坏账准备的计算公式如下。

首次计提坏账准备的计算公式 → 当期应计提的坏账准备＝Σ（期末各账龄组应收账款余额×各账龄组坏账准备计提百分比）

以后计提坏账准备的计算公式 → 当期应计提的坏账准备＝当期按应收账款计算应计提的坏账准备金额＋（或－）坏账准备账户借方余额（或贷方余额）

【例 4-8】 瑞丰餐饮集团公司坏账准备核算采用账龄分析法，见表 4-8。

表 4-8　　应收账款账龄及估计坏账损失表

应收账款账龄	应收账款金额（元）	估计损失（%）	估计损失金额（元）
未到期	60 000	0.5	300
过期 3 个月以下	30 000	1	300
过期 3～6 个月	46 000	2	920
过期 6～12 个月	62 000	3	1 860
过期 1 年以上	18 000	5	900
合计	216 000		4 280

假设调整前“坏账准备”的账面余额为贷方 2 200 元，则调整金额为 4 280－2 200＝2 080（元）。

借：信用减值损失——计提的坏账准备　　　　　　　　2 080

　　贷：坏账准备　　　　　　　　　　　　　　　　　　2 080

假设调整前“坏账准备”的账面余额为借方 2 200 元，则调整金额为 4 280＋2 200＝6 480（元）。

借：信用减值损失——计提的坏账准备　　　　　　　　6 480

　　贷：坏账准备　　　　　　　　　　　　　　　　　　6 480

（3）销货百分比法。

销货百分比法是根据赊销金额的一定比例估计坏账损失的方法。采用销货百分比法时，可能由于企业的经营状况不断地变化而不相适应，因此应当按照企业的实际情况及时地调节百分比。

采用销货百分比法计提坏账准备的计算公式如下。

当期应计提的坏账准备＝本期销售总额（或赊销额）×坏账准备计提比例

【例 4-9】 大华饭店 2017 年赊销金额为 124 000 元，根据以往资料和经验，估计坏账损失率为 2%，计算 2017 年应计提的坏账准备。计算大华饭店 2017 年应计提的坏账准备为：124 000×2%＝2 480（元）

借：信用减值损失——计提的坏账准备　　2 480

　　贷：坏账准备　　2 480

可以看出，采用销货百分比法，在决定各年度应提的坏账准备金额时，并不需要考虑坏账准备账户上已有的余额。从利润表的观点看，由于这种方法主要是根据当期利润表上的销货收入数字来估计当期的坏账损失，因此坏账费用与销货收入能较好地配合，比较符合配比概念。但是由于计提坏账时没有考虑到坏账准备账户以往原有的余额，如果以往年度出现坏账损失估计错误的情况就不能自动更正，资产负债表上的应收账款净额也就不一定能正确的反映其变现价值。因此，采用销货百分比法还应该定期地评估坏账准备是否适当，及时做出调整，以便能更加合理地反映企业的财务状况。

CHAPTER FIVE

第5章 餐饮企业存货的核算

餐饮企业存货是指餐饮企业在日常活动中持有以备出售的商品，在提供劳务过程中耗用的材料、物料等。例如，餐饮企业原材料（库存的食品原材料），燃料，物料用品（日常用品、办公用品、包装物品、日常维修用材料、零配件等），库存商品（包括餐饮公司商品部、餐饮部或附设商场等库存的各种商品；餐食企业附设小卖部库存的商品等）。

5.1 原材料的核算

原材料是指餐饮企业购入的各种食材，以及物料用品和替换设备等。

1. 按原料的作用分类

餐饮企业原材料的品种繁多，按其在餐饮产品中所起的作用分为以下几种。

1 •主食类：指大米、面粉和杂粮等原材料

2 •副食类：指肉、禽、蛋、水产、豆制品及各种蔬菜等原材料

3 •干货类：指黑木耳、香菇、贡菜、干鱼翅、干海参、干贝等

4 •调味品类：指除主食类、副食类、干货类以外的各种材料，如油、盐、酱、醋、糖、味精、香料等

2. 按原料存放地点分类

1 •需进行入库管理的原材料：如主食类、干货类和其他类材料等，在购进时应办理验收入库的手续，由专人保管，设置材料明细账，建立领料制度，保持合理的储备数量

2 •不需要入库管理的原材料：如副食类鲜活商品。采取随购随用，购入时直接交厨房验收后使用

5.1.1 原材料科目的设置

餐饮业的原材料包括主食、副食和调味品三大类。对原材料有两种管理

方式：一种是入库管理，入库和出库都要办理必要的手续，并填制凭证和进行会计核算；另一种是购进后直接交付厨房使用，如新鲜的肉、鱼、蔬菜及低价调味品等，一般不办理入库手续，会计处理不经过“原材料”核算，而是直接作餐饮食品的成本处理，称为“直出库”。

本科目可按材料的保管地点（仓库）、材料的类别、品种和规格等进行明细核算见表 5-1。

表 5-1　　原材料会计科目编码的设置

科目代码	总分类科目（一级科目）	明细分类科目		是否辅助核算	辅助核算类别
		二级明细科目	三级明细科目		
1403	原材料				
140301	原材料	主食		是	按存放地点
140302	原材料	副食		是	按存放地点
140303	原材料	调味品		是	按存放地点
140304	原材料	食品原材料	清选户	是	按存放地点
140305	原材料	备件		是	按存放地点
140306	原材料	燃料		是	按存放地点

对原材料进行明细分类核算，这有利于对原材料进行管理，可以使管理者清楚地了解、掌握各种原材料的收入、发出和结存情况，便于进行账实核对，保证原材料的安全。

因此，各饮食业务无论其规模大小或采取何种管理方式，都必须设置一套既有数量又有金额的明细账。

根据各饮食业务的自身条件，材料明细账的设置可分为两种。

一种是将整套明细账设置在仓库，由仓库保管员根据材料出入库单登记材料收发的数量和金额，并负责在月底结出各种材料的余额。财会部门则可按仓库设立的原材料二级明细账，对仓库的数量、金额明细账起到控制和监督的作用。

另一种是因条件限制，仓库仅设置原材料数量明细账，而不设原材料金额明细账。采用这种方法同样由保管员登记材料收发数量账，并结出库存数量。财会部门每月月末进行盘点清查，并填制金额。

5.1.2　原材料的账务处理

1. 原材料及主要材料购进的核算

餐饮企业外购的原材料，应以在采购过程中实际发生的成本为依据。餐饮企业在支付原材料采购价款和采购费用时，借记“在途物资”科目，贷记“银行存款”科目；原材料验收入库时，借记“原材料”科目，贷记“在途物资”科目。

【例 5-1】 大华饭店向某土产品公司采购水发海参 430 千克，每千克 330 元（不含税）；采购干香菇 400 千克，每千克 52 元（不含税）。采用托收承付方式结算。

(1) 银行转来某土产品公司托收凭证，并附运杂费凭证，经审核无误后，当即承付。

本批干货成本＝430×330＋400×52＝162 700（元）

借：在途物资——干货　　162 700

　　应交税费——应交增值税（进项税额）（162 700×6%）

　　　　9 762

　　贷：银行存款　　172 462

(2) 上述材料运到，由仓库验收入库，根据仓库送来的入库单，经审核后，分录如下。

借：原材料——干货　　162 700

　　贷：在途物资——干货　　162 700

餐饮企业的原材料主要是在同城采购的，往往是钱货两清，为了简化核算手续，也可以不通过“在途物资”账户核算，而是直接在“原材料”账户核算。购入时直接借记“原材料”，贷记“库存现金”。

2. 原材料及主要材料发出的核算

生产部门（厨房、生产车间）根据生产需要领用原料及主要材料时，应填制领料单据领料，如领料单数量较多，可由仓库定期编制“领料单汇总表”交财会部门，财会部门据以借记“主营业务成本”科目，贷记“原材料”科目。

【例 5-2】 2017 年 10 月 20 日，某餐饮企业厨房购入鲈鱼 300 千克，每千克价格 112 元，总计 33 600 元，鲈鱼已由厨房直接领用。分录如下。

借：主营业务成本——餐饮部　　33 600

　　贷：原材料——原料及主要材料——鲈鱼　　33 600

如发生原料及主要材料调拨业务，应以仓库保管员填写的“原材料调拨单”作为调出依据，贷记“原材料”科目；如果是从厨房或生产车间调拨的，则应贷记“主营业务成本”科目。

3. 燃料的核算

餐饮企业购入的各种燃料，与原料及主要材料的核算方法相同，耗用的燃料应区别不同的情况进行核算，饮食业、洗浴业经营中耗用的燃料应列入“主营业务成本”账户，其他服务业和餐饮企业其他部门耗用的燃料作为期间费用直接计入当期损益。这部分期间费用应根据耗用的部门不同，作出不同的账务处理。通常情况下，餐饮部门或者不独立核算的车队耗用的燃料应列入“销售费用”账户；行政管理部门耗用的燃料则应列入“管理费用”账户。

【例 5-3】 2017 年 3 月，大华饭店餐厅、厨房耗电 5 200 度，业务部门耗电 1 480 度，行政管理部门耗电 1 280 度。商业用电每度 1.2 元，会计分录如下。

借：主营业务成本　　6 240

　　销售费用　　1 776

　　管理费用　　1 536

　　贷：原材料——电力　　9 552

4. 物料用品的核算

餐饮企业的物料用品具有品种繁杂、价格低廉的特点。其购进的核算方法与原料及主要材料的核算方法相同。餐饮企业有关部门或人员在领用物料用品时，应填制领料单，办理领料手续，保管人员应将领料单定期汇总，编制“耗用物料用品汇总表”，连同领料单一并送交财会部门，财会部门复核无误后据以入账。各业务部门领用的物料用品应列入“销售费用”账户；行政管理部门领用的物料用品应列入“管理费用”账户。

【例 5-4】 2017 年 2 月，丽都酒店餐厅领用花篮 45 个，单价 78 元；烟灰缸 130 个，单价 4.5 元；紫色桌布 55 条，单价 26 元。酒店办公室领用 A4 打印纸 40 包，每包 25 元；胶带 120 个，单价 5 元；圆珠笔 140 支，单价 3 元。

销售部门领用花篮、烟灰缸、紫色桌布总价款＝45×78＋130×4.5＋55×26

＝3 510＋585＋1 430＝5 525（元）

管理部门领用打印纸、胶带、圆珠笔总价款＝40×25＋120×5＋140×3

＝1 000＋600＋420＝2 020（元）

借：销售费用——物料消耗　　　　5 525

　　管理费用——办公费　　　　　2 020

　　贷：原材料——物料用品　　　　　7 545

5.2 初加工材料的核算

餐饮企业购进食材，尤其是鲜活食材，如鲜肉、水产、蔬菜、家禽等，容易腐烂变质，新鲜程度变化快，毛料、净料差异较大，需要进行初加工；一些干货，如海参、蹄筋等也需要经过泡发加工处理后才能使用。清选整理的工作可在企业内部进行，也可委托外单位进行。

5.2.1 食材初加工计价原则

食材初加工的处理原则如下。

1. 因清选整理发生的损耗，不作商品损耗处理，而计入清选整理后的净料成本中
2. 在清选整理过程中，因发生自然灾害或责任事故，使原材料发生的损失，不得计入净料成本中
3. 因清选整理而使原材料发生等级、规格、数量变化要重新入账。入账时，账面总金额不变，只调整其数量和单价
4. 清选整理后的余料、残料、废料等，应作下脚料处理，不得计入清选整理后的净料成本

5.2.2 食材清选计价

餐饮企业可在“原材料——食品原材料”二级明细账下设“清选户”，核算需要清选整理的原材料。

原材料清选完毕，应调整其数量和单价（即单位成本）。清选后净料单价的计算应区别不同的情况进行，见表 5-2。

表 5-2 原材料清选整理后净料单价的计算

清选整理结果	计算公式
原材料清选整理后，只有一种净料，无可作价的下脚料	$净料单价 = \frac{清选整理前原材料总成本}{清选整理后净料重量}$
原材料清选整理后，有一种净料，还有可作价的下脚料	$净料单价 = \frac{清选整理前原材料成本 - 下脚料成本}{清选整理后净料重量}$
原材料清选整理为若干种净料。在此情况下，如果其中只有一种净料的单价没有可供参考的成本数据	$净料单价 = \frac{清选整理前原材料成本 - 其他净料成本之和}{该种净料重量}$

如果各种净料均有可供参考的成本资料，应本着主要净料成本定得高些，次要净料成本定的低些的原则确定；反之，如果各种净料均无可供参考的成本资料，则要分别计算其单位成本。在实际工作中，由于从事饮食制品的单位，每日购进鲜活原材料的品种数量很多，对其清选整理后的净料逐一过秤计量工作量大。因此，通常采用“成本系数法”和“净料率法”计算净料的单位成本。

（1）成本系数法。它是指某种原材料净料的单位成本与其毛料单位成本的比率。

其计算公式为：

成本系数＝某种原材料净料单位成本÷某种原材料毛料单位成本

成本系数确定后，购进鲜活原材料清选整理后净料的单位成本则可直接根据成本系数计算。

其计算公式为：

某种原材料净料单位成本＝该种原材料毛料单位成本×成本系数

【例 5-5】2017 年 5 月 10 日，大华饭店购进活虾 70 千克，单价 22 元，清选整理后为 60 千克。则活虾的净料单位成本为 25.67（1 540÷60）元，成本系数为 1.17（25.67÷22）。

假定某日又购进该种活虾 40 千克，单价 24 元，则其净料单位成本为：24×1.17=28.08（元），但要注意的是，成本系数不是一成不变的，企业应根据毛料价格的变动及毛料的等级等因素，适时做出合理的调整。

（2）净料率法。净料率法也叫成货率，是指净料重量与毛料重量的比率。其计算公式为：

净料率=净料重量÷毛料重量

确定出净料率后，购进原材料加工整理后的净料重量，可用以下公式求得：

净料重量=毛料重量×净料率

净料单位成本则用毛料购进总成本除以净料重量求得。其计算公式如下：

净料单位成本=毛料购进总成本÷净料重量

【例 5-6】 接例 5-5，假定采用净料率法计算净料单位成本。则：

该种活虾净料率=60/70=85.71%

2017 年 5 月 23 日，购进 40 千克，单价 24 元时的活虾，其净料单位成本计算如下：

净料重量=40×85.71%=34.284（千克）

净料单位成本=（40×24）÷34.284=28.00（元）

对于干货，因经过泡发过程，数量必然发生变化，因此也需要重新计算其单位成本。计算公式为：

泡发料单位成本=干货总成本/泡发材料总量

如果泡发过程中加用其他材料，则用其成本与干货总成本之和除以泡发后材料总量，求得泡发料单位成本。

采用一定方法计算清选整理后材料的单位成本，便可据此以及其他资料编制“食品原材料清选整理单”。财会部门根据转来的“食品原材料清选整理单”，借记“原材料——食品原材料（某净料）”科目，贷记“原材料——食品原材料（清选户）”科目。

（3）拨付原材料进行清选整理或购进后直接交付整理时，借记“原材料——食品原材料（清选户）”科目，贷记“原材料——食品原材料”或“银行存款”科目。

【例 5-7】某餐饮企业购进马铃薯 100 千克，单价 7.5 元，金额 750 元。购进后直接交付清选整理。财务部根据有关凭证，会计分录如下。

借：原材料——食品原材料（清选户）　　750

　贷：库存现金　　750

5.3 委托加工物资的核算

委托加工物资是指餐饮企业委托外单位加工的各种材料、半成品等物资。企业委托外单位加工物资的成本包括加工中实际耗用物资的成本、支付的加工费用及应负担的运杂费等，支付的税金，包括委托加工物资所应负担的消费税（指属于消费税应税范围的加工物资）等。委托外单位加工的物资，暂时离开本企业，但仍属于企业所有。加工后，不仅物资的实物形态和用途有所改变，而且物资的价值也有所增加，同时还要与加工单位办理加工费和应交税费的结算。

5.3.1 委托加工物资科目的设置

为了反映和监督委托加工物资增减变动及其结存情况，餐饮企业应当设置“委托加工物资”账户。“委托加工物资”科目借方登记的是：领用加工物资的实际成本、支付的加工费用应负担的运杂费、保险费以及支付的税金（包括应负担的增值税）。贷方登记的是：加工完成验收入库的物资的实际成本。期末借方余额，反映企业尚未完成委托加工物资的实际成本。见表 5-3。

表 5-3　委托加工物资会计科目编码的设置

科目代码	总分类科目（一级科目）	明细分类科目		是否辅助核算	辅助核算类别
		二级明细科目	三级明细科目		
1408	委托加工物资	加工物资的品种	物资明细	是	按加工合同、受托加工单位设置

5.3.2 委托加工物资的核算

很多餐饮企业所需的材料会委外加工，其所有权仍属企业所有，加工时暂时由受托单位负责保管，加工完毕后再运回本企业验收入库，因而健全委托加工材料的交接手续，是保证委托加工材料安全完整的重要步骤。

委托外单位加工材料时，要由业务部门与加工单位签订合同，填制委托加工发料单。委托加工发料单一式数联，一联交仓库据以发料和登记保管账，其余各联随加工材料送交委托单位签收，签收后退回两联：一联由业务部门留存据以对委托加工材料进行管理；一联交财会部门进行核算。

【例 5-8】 威士力大酒店餐厅委托碧水豆制品厂加工豆皮 120 千克，发出黄豆 560 千克，每千克 8 元，开出委托加工发料单见表 5-4。

表 5-4 **委托加工发料单**

2017 年 6 月 11 日　　发料仓库：主料库

接受加工单位：碧水豆制品厂　　发料编号：1204

材料编号	材料名称及规格	单位	数量	单价（元）	金额（元）	加工后产品		
						名称	单位	数量
1204	黄豆	千克	560	8.00	4 480	豆皮	（千克）	120
	合计				4 480			

①据委托加工发料单，会计分录如下。

借：委托加工物资——加工豆皮　　4 480

　　贷：原材料——粮食类　　4 480

②以现金 40 元支付运费时，会计分录如下。

借：委托加工物资——加工豆皮　　40

　　贷：库存现金　　40

③以转账支票支付豆皮加工费用及税金 800 元，会计分录如下。

借：委托加工物资——加工豆皮　　754.72

应交税费——应交增值税（进项税额）　　45.28

贷：银行存款　　800

委托加工材料收回时，由业务部门填制“委托加工材料入库单”一式两联，一联由仓库验收后留存；另一联交由财会部门入账，其格式见表 5-5。

表 5-5　　委托加工材料入库单

收料部门：第二仓库　　2017 年 6 月 16 日

收回原材料名称	单位	数量	耗用原材料				加工费用（元）	往返运费（元）	总成本（元）
			名称	单位	数量	金额（元）			
豆皮	千克	120	黄豆	千克	560	4 480	754.72	40.00	5 275
合计									5 275

已加工完成并已验收入库，收到委托加工材料入库单（见上表），豆皮的加工总成本为 5 275 元，会计分录如下：

借：原材料——粮食类　　5 275

贷：委托加工物资——加工豆皮　　5 275

委托加工物资的具体账务处理见表 5-6。

表 5-6　　委托加工物资的账务处理

财务情景	账务处理
发给外单位加工的物资	借：委托加工物资（按实际成本） 贷：原材料/库存商品等
支付加工费、运杂费等	借：委托加工物资 贷：银行存款/库存现金
原材料加工收回后	借：原材料或库存商品 贷：委托加工物资（按实际成本）
委托加工原材料直接交付厨房使用时	借：主营业务成本 贷：委托加工物资（按实际成本）

【例 5-9】2017 年 5 月 11 日，大华饭店委托好利来蛋糕店制作 500 个小奶油蛋糕，发出面粉 50 千克，共计 120 元；鸡蛋 30 千克，共计 330 元；白糖 20 千克，共计 160 元；泡发奶油 400 元。

（1）发出食材时。

借：委托加工物资——好利来蛋糕店　　1 010

　　贷：原材料——面粉　　120

　　　　　　——鸡蛋　　330

　　　　　　——白糖　　160

　　　　　　——泡发奶油　　400

（2）支付加工费 500 元。

借：委托加工物资　　500

　　贷：银行存款　　500

（3）2017 年 5 月 14 日，加工完毕，收回小蛋糕。

总成本＝1 010＋500＝1 510（元），单个蛋糕成本＝1 510÷500＝3.02（元）

借：原材料——奶油小蛋糕　　1 510

　　贷：委托加工物资　　1 510

（4）2017 年 5 月 15 日，餐厅领用 200 个奶油小蛋糕。200×3.02＝604（元）

借：主营业务成本　　604

　　贷：原材料——奶油小蛋糕　　604

5.4　周转材料的核算

周转材料是指企业能够多次使用、逐渐转移其价值但仍保持原来形态且不确认为固定资产的材料。企业进行周转材料的核算可以设置“周转材料”科目，用于核算周转材料的计划成本或实际成本，也可以单独设置“包装物”“低值易耗品”作为一级科目进行核算。

低值易耗品是指那些单位价值较低，或使用期限较短，不能作为固定资产核算的各种用具物品等，如营业台、办公桌、电话机、传真机和各种床上用品。低值易耗品与包装物等均视为周转材料。

5.4.1 周转材料科目的设置

企业应设置“周转材料”（二级账户为“低值易耗品”）账户，核算低值易耗品的收、发、存以及报废等业务。见表 5-7。

表 5-7 周转材料会计科目编码的设置

科目代码	总分类科目（一级科目）	明细分类科目		明细分类科目	辅助核算类别
		二级明细科目	三级明细科目		
1411	周转材料				
141101	周转材料	低值易耗品		是	部门
14110101	周转材料	低值易耗品	餐桌	是	部门
14110102	周转材料	低值易耗品	电话机	是	部门
14110103	周转材料	低值易耗品	传真机	是	部门
141102	周转材料	包装物	纸箱	是	部门

5.4.2 周转材料的摊销方法

周转材料可以采用一次转销法、五五摊销法、分次摊销法进行摊销，计入相关资产的成本或当期损益。但在实际操作中，由于周转材料价值较小，一般企业均采用一次转销法进行摊销。如图 5-1 所示。

（1）购入低值易耗品时，借记“周转材料——低值易耗品”账户，贷记“银行存款”“应付账款”等账户。

餐饮企业采购低值易耗品的核算方法与原材料相同，此处不再重述。餐饮企业对于有特殊要求的低值易耗品，如宾馆客房使用的床罩、床单、被套等，通常采取订购的方式，事先签订订购合同，并要预付定金。其具体账务处理见表 5-8。

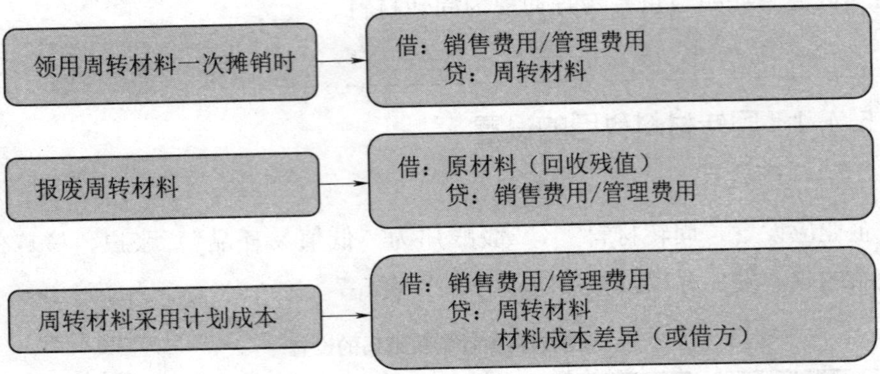

图 5-1　周转材料的账务处理

表 5-8　　　　预付定金采购低值易耗品的账务处理

财务情景	账　务　处　理
在预付定金时	借：预付账款 　　贷：银行存款/库存现金
收到供货方按合同规定的日期发来的低值易耗品和专用发票，付清全部账款时	借：周转材料——低值易耗品（按专用发票上开列的价税合计金额） 　　贷：预付账款（按已预付的定金） 　　　　银行存款/库存现金（按价税合计金额与预付定金之间的差额）

【例 5-10】2017 年 5 月 2 日，大华饭店向亚龙毛巾厂订购一次性消毒毛巾 10 000 条，每条不含税价格 2 元，共计 20 000 元，合同规定先预付 30%的定金，2 天后交货时，再支付其余 70%的账款。

(1) 5 月 2 日，签发转账支票 6 000 元支付定金。

借：预付账款——亚龙毛巾厂　　　　　　　　　　6 000

　　贷：银行存款　　　　　　　　　　　　　　　　6 000

(2) 5 月 4 日，收到亚龙毛巾厂发来的 10 000 条毛巾及专用发票，共计货款 20 600 元，其中增值税额 600 元。亚龙毛巾厂为小规模纳税人，税率 3%。当即签发转账支票支付其余 70%的账款，毛巾已验收入库。

借：周转材料——低值易耗品——一次性消毒毛巾　　20 000

应交税费——应交增值税（进项税额）　　600

贷：预付账款——亚龙毛巾厂　　6 000

银行存款　　14 600

因低值易耗品价值较低，为了核算方便，很多企业一般使用一次摊销法摊销低值易耗品。

一次摊销法，是指在低值易耗品领用时，就将其全部账面价值计入当期成本费用的方法。其具体账务处理见表5-9。

表5-9　　低值易耗品一次摊销法的账务处理

财务情景	账务处理
领用时	借：管理费用/销售费用（按其账面价值） 贷：周转材料——低值易耗品——库存低值易耗品
报废时	应作为当月周转材料摊销额的减少，冲减有关成本费用。 借：原材料等科目（按报废周转材料的残料价值） 贷：管理费用/销售费用等科目

一次摊销法核算简便，但不利于实物管理，而且价值一次结转也影响费用成本的均衡性。所以，这种方法适用于单位价值较低或使用期限比较短、容易损坏、破碎，而且一次领用不多的低值易耗品。正因为它价值较低，数量不多，所以一次全部计入当期的成本费用也不会对本期的利润造成太大的影响。

【例5-11】大华饭店行政管理部门报废一台电话机，账面原值340元，分录如下。

借：管理费用——低值易耗品摊销　　340

贷：周转材料——低值易耗品——电话机　　340

5.5　存货清查的核算

餐饮企业应定期对存货进行清查盘点。存货清查是指通过对存货的实地盘点，确定存货的实有数额，并与账面结存数核对，从而确定存货实存数与账面结存数是否相符的一种方法。由于存货种类繁多，流转频繁，在日常收发过程中可能发生计量错误、计算错误、自然损耗，还可能发生损坏变质以及贪污、盗窃等情况，造成账实不符，形成存货的盘盈盘亏。对于存货的盘盈盘亏，应及时查明原因，进行处理。

为了反映企业在财产清查中查明的各种存货的盘盈、盘亏和毁损情况，企业应当设置“待处理财产损溢”科目，借方一般登记存货的盘亏、毁损金额及盘盈的转销金额，贷方登记存货的盘盈金额及盘亏的转销金额。发生原料及主要材料盘盈、盘亏或毁损时，应由仓库保管员填写“原材料盘点短缺（溢余）报告单”或“原材料报损单”报有关部门。在查明原因前，财会部门据以将原料及主要材料的溢余或毁损额记入“待处理财产损溢”账户，应做到账实相符。餐饮企业清查的存货损溢，应在期末结账前处理完毕，期末处理后，本科目应该没有余额。存货清查的具体账务处理见表 5-10。

表 5-10　　存货清查的账务处理

<table>
<tr><th colspan="3">财务情景</th><th>账务处理</th></tr>
<tr><td rowspan="2">存货盘盈</td><td colspan="2">批准处理前</td><td>借：原材料——原料及主要材料
　贷：待处理财产损溢</td></tr>
<tr><td colspan="2">查明原因后</td><td>借：待处理财产损溢
　贷：营业外收入——盘盈利得</td></tr>
<tr><td rowspan="3">存货盘亏及毁损</td><td colspan="2">批准处理前</td><td>借：待处理财产损溢
　贷：原材料——原料及主要材料</td></tr>
<tr><td rowspan="2">查明原因后</td><td>属于损失时</td><td>借：营业外支出——盘亏损失
　贷：待处理财产损溢</td></tr>
<tr><td>如需过失人赔偿时</td><td>借：其他应收款——过失人
　贷：待处理财产损溢</td></tr>
</table>

【例 5-12】 某餐饮企业根据存货盘点的结果，填制“原料及主要材料盘点短缺溢余报告单”，见表 5-11。

（1）经财会部门审核无误后，据以调整原料及主要材料结存额。

①根据短缺金额，分录如下

借：待处理财产损溢——待处理流动资产损溢　　981

　贷：原材料——原料及主要材料——五常大米　　423

——原料及主要材料——冬干菇　　360

——原料及主要材料——富强粉　　198

表 5-11　　原料及主要材料盘点短缺溢余报告单

2017 年 1 月 28 日　　金额单位：元

品名	计量单位	单价	账存数量	实存数量	短缺		溢余		原因
					数量	金额	数量	金额	
五常大米	千克	9	345	298	47	423			待查
冬干菇	千克	40	49	40	9	360			待查
富强粉	千克	5.5	320	284	36	198			待查
A 牌调和油	千克	10	125	134			9	90	待查
黑木耳	千克	66	297	354			57	3762	待查
粉丝	千克	8.4	264	320			56	470.4	待查
合　计					92	981	122	4 322.4	

②根据溢余金额，分录如下。

借：原材料——原料及主要材料——A 牌调和油　　90

——原料及主要材料——黑木耳　　3 762

——原料及主要材料——粉丝　　470.4

贷：待处理财产损溢——待处理流动资产损溢　　4 322.4

（2）现查明短缺 47 千克五常大米、9 千克冬干菇、36 千克富强粉系发料过程中的差错，经领导批准作企业损失处理，分录如下

借：营业外支出——盘亏损失　　981

贷：待处理财产损溢——待处理流动资产损溢　　981

（3）现查明溢余 9 千克 A 牌调和油、57 千克黑木耳、56 千克粉丝系自然升溢，经领导批准，予以转账，分录如下

借：待处理财产损溢——待处理流动资产损溢　　4 322.4

贷：营业外收入——盘盈利得　　4 322.4

如果短缺的原因系保管人员责任，要其负责赔偿时，则应将损失的金额转入“其他应收款”账户。

餐饮企业存货发生的盘亏或毁损，应作为待处理财产损溢进行核算。按

管理权限报经批准后，根据造成存货盘亏或毁损的原因，分别以下情况进行处理。

（1）属于计量收发差错和管理不善等原因造成的存货短缺，应先扣除残料价值、可以收回的保险赔偿和过失人赔偿，将净损失计入管理费用。

（2）属于自然灾害等非常原因造成的存货毁损，应先扣除处置收入（如残料价值）、可以收回的保险赔偿和过失人赔偿，将净损失计入营业外支出。

CHAPTER

SIX

第6章 固定资产核算

本章主要介绍固定资产外购、自建的初始计量，计提折旧的方法，后续支出相关账务处理；固定资产期末计量及处置方法。本章增加不动产增值税处理内容。

6.1 固定资产

固定资产是企业生产经营过程中的重要生产资料。固定资产，是指同时具有下列特征的有形资产：

（1）为生产商品，提供劳务，出租或经营管理而持有的；

（2）使用寿命超过一个会计年度；

（3）固定资产为有形资产。

6.1.1 固定资产科目的设置

为了对固定资产进行会计核算，企业一般需要设置“固定资产”“累计折旧”“工程物资”“在建工程”“固定资产清理”等科目，核算固定资产取得、计提折旧、处置等情况。

该科目借方登记企业增加的固定资产原价，贷方登记企业减少的固定资产原价，期末借方余额，反映企业期末固定资产的账面原价。“固定资产”科目一般分为三级，企业除了应设置“固定资产”总账科目，还应设置“固定资产登记簿”和“固定资产卡片”，按固定资产类别、使用部门和每项固定资产进行明细核算。见表 6-1。

表 6-1　　固定资产会计科目编码的设置

科目代码	总分类科目（一级科目）	明细分类科目		是否辅助核算	辅助核算类别
		二级明细科目	三级明细科目		
1601	固定资产				
160101	固定资产	房屋及建筑物	项目	是	部门

续上表

科目代码	总分类科目（一级科目）	明细分类科目		是否辅助核算	辅助核算类别
		二级明细科目	三级明细科目		
160102	固定资产	机器设备	项目	是	部门
160103	固定资产	运输设备	项目	是	部门
160104	固定资产	办公设备	项目	是	部门
160105	固定资产	电子设备	项目	是	部门
160106	固定资产	融资租入固定资产	项目	是	部门

6.1.2 外购固定资产的账务处理

企业外购固定资产的成本，包括购买价款、相关税费和使固定资产达到预定可使用状态前所发生的可归属于该项资产的运输费、装卸费、安装费和专业人员服务费（不含可抵扣的增值税进税额）等。

固定资产入账成本＝买价＋装卸费＋运输费＋安装费＋专业人员服务费等

提示：一般纳税人购入固定资产支付的增值税，可以作为进项税抵扣。小规模纳税人购入固定资产支付的增值税不可以抵扣，直接计入固定资产的成本。账务处理如图 6-1 所示。

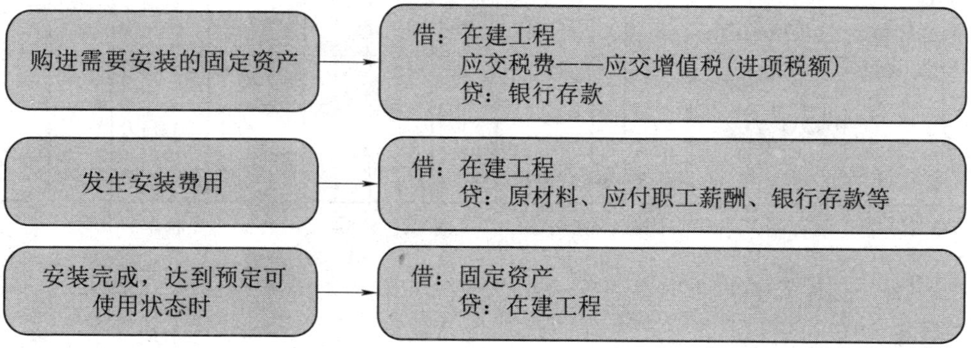

图 6-1 外购固定资产账务处理

【例 6-1】 2019 年 4 月 1 日，大华饭店从实业制造有限公司购入 5 台需要安装的蒸烤箱，每台 150 000 元，增值税总计 97 500 元，运杂费 1 090 元（运输公司增值税率为 9%)。按合同约定，设备由供货方安装，安装费 2 400 元。全部款项中买价和增值税尚未支付，其余已用银行存款付讫，设备安装并交付使用。见表 6-2。

(1) 购入设备时，采购成本=150 000×5+［1 090÷（1+9%)］=751 000（元）

运费的进项增值税额=［1 090÷（1+9%)］×9%=90（元）

借：在建工程　　751 000

　　应交税费——应交增值税（进项税额）(97 500+90)　　97 590

　　贷：应付账款　　847 590

　　　　银行存款　　1 000

根据上述业务，登记会计凭证，见表 6-2。

表 6-2

记账凭证

2019 年 4 月 5 日　　字第　　号

摘要	会计科目	借方金额										贷方金额										记账
		千	百	十	万	千	百	十	元	角	分	千	百	十	万	千	百	十	元	角	分	
从实业制造有限公司购入需要安装的蒸烤箱，价款共计 878 500元	在建工程——蒸烤箱			7	5	1	0	0	0	0	0											
	应交税费——应交增值税（进项税额）				9	7	5	9	0	0	0											
	应付账款													8	4	7	5	9	0	0	0	
	银行存款															1	0	0	0	0	0	
合计			¥	8	4	8	5	9	0	0	0		¥	8	4	8	5	9	0	0	0	

会计主管：单春明　　记账：陈熠　　审核：张燕　　制单：王晓

(2) 支付安装费用时。

借：在建工程　　2 400

　　贷：银行存款　　2 400

登记会计凭证，见表 6-3。

(3) 2017 年 2 月 26 日，设备安装完毕并交付使用时。设备总成本=751 000+2 400=753 400（元）。

借：固定资产　　　　　　　　　　　　　　　　　753 400

　　贷：在建工程　　　　　　　　　　　　　　　　　753 400

表 6-3

记账凭证

2019 年 4 月 20 日　　　　字第　　号

摘要	会计科目	借方金额										贷方金额										记账
		千	百	十	万	千	百	十	元	角	分	千	百	十	万	千	百	十	元	角	分	
支付甲设备安装费用 2 400 元	在建工程					2	4	0	0	0	0											
	银行存款															2	4	0	0	0	0	
合计					￥	2	4	0	0	0	0				￥	2	4	0	0	0	0	

会计主管：单春明　　　记账：陈熠　　　审核：张燕　　　制单：王晓

登记会计凭证，见表 6-4。

表 6-4

记账凭证

2019 年 4 月 26 日　　　　字第　　号

摘要	会计科目	借方金额										贷方金额										记账
		千	百	十	万	千	百	十	元	角	分	千	百	十	万	千	百	十	元	角	分	
结转甲设备成本 753 400 00 元	固定资产			7	5	3	4	0	0	0	0											
	在建工程													7	5	3	4	0	0	0	0	
合计			￥	7	5	3	4	0	0	0	0		￥	7	5	3	4	0	0	0	0	

会计主管：单春明　　　记账：陈熠　　　审核：张燕　　　制单：王晓

表 6-5

固定资产进账单

编　号：NO. 00031			2019 年 4 月 26 日						单　位：元		
供货商	实业制造有限公司	合同科目代码	GT098		发票科目代码		略	收货日期	2017 年 2 月 26 日		
资金来源	银行存款	用途	饭店使用								
序号	固定资产（设备）名称	设备类别	设备科目代码	规格型号	单位	数量	单价	安装费	运费（不含税）	金额	总计
1	GXE1243 蒸烤箱				台	5	150 000	2 400	1 000		753 400

续上表

2											
3											
4											
5											
合计											

部门	部门负责人	经办人	部门		部门负责人	经办人
采购部门	采购部		使用部门	建筑一队		
验收部门	质检部		财务部门			

6.2 固定资产折旧方法

固定资产折旧方法可以采用年限平均法、工作量法、双倍余额递减法、年数总和法等。固定资产折旧方法一经确定，不得随意变更。

6.2.1 年限平均法

年限平均法又称直线法，是将固定资产的应计折旧额在固定资产使用寿命内平均分摊到各期的一种方法。采用这种方法各期计算的折旧额相等。年限平均法的计算公式如下：

年折旧率＝（1－预计净残值率）÷预计使用年限×100%

月折旧率＝年折旧率÷12

月折旧额＝固定资产原价×月折旧率

【例 6-2】 2017 年 3 月 31 日，丽江餐饮公司采用出包方式对某固定资产进行改良，改固定资产账面原价为 4 800 000 元，预计使用年限为 5 年，已使用 3 年，预计净残值为零，采用年限平均法计提折旧。丽江餐饮公司支付出包工程款 1 000 000 元。2017 年 8 月 31 日，改良工程达到预定可使用状态并投入使用，预计尚可使用 4 年，预计净残值为零，采用年限平均法计提折旧。

2017年8月31日，改良后固定资产的账面价值＝4 800 000－4 800 000/5×3＋1 000 000＝2 920 000（元）

2017年1—3月应计提折旧＝4 800 000/5/12/×3＝240 000（元）

2017年9—12月应计提的折旧＝2 920 000/4×4/12＝243 333.33（元）

则2017年应提折旧＝240 000＋243 333.33＝483 333.33（元）

6.2.2 工作量法

工作量法是将固定资产的应计提折旧额，在固定资产的使用寿命内按各期完成的工作量进行分摊的一种方法。工作量法的计算公式如下：

单位工作量折旧率＝固定资产原价×（1－预计净残值率）÷预计总工作量

某项固定资产月折旧额＝该项固定资产当月工作量×单位工作量折旧率

【例6-3】大华饭店购入一台拥有42座位的商务汽车，原值500 000元，预计总行驶200 000千米，预计净残值率为5%。该汽车本月实际行驶9 100千米，本月折旧计算如下：

每公里折旧率＝500 000×（1－5%）÷200 000＝2.375（元/千米）

本月折旧额＝9 100×2.375＝21 612.5（元）

6.2.3 双倍余额递减法

双倍余额递减法是指在不考虑固定资产预计净残值的情况下，根据每期期初固定资产原价减去累计折旧后的金额和双倍的直线法折旧率计算固定资产折旧的一种方法。计算公式如下：

年折旧率＝2÷预计使用年限×100%

月折旧率＝年折旧率÷12

月折旧额＝每月月初固定资产账面净值×月折旧率

【例6-4】丽都酒店厨房设备原值为240 000元，预计使用年限为5年，预计净残值5 000元，采用双倍余额递减法计提折旧。

年折旧率＝2÷5×100%＝40%

第一年折旧额＝240 000×40%＝96 000（元）

第二年折旧额＝（240 000－96 000）×40％＝57 600（元）

第三年折旧额＝（240 000－96 000－57 600）×40％＝34 560（元）

第四年折旧额＝（240 000－96 000－57 600－34 560）÷2＝25 920（元）

第五年折旧额＝（240 000－96 000－57 600－34 560）÷2＝25 920（元）

注意：为简化计算，每年各月折旧额可根据年折旧额除以 12 个月计算。

6.2.4 年数总和法

年数总和法又称年限合计法，是指将固定资产的原值减去预计净残值后的余额，乘以一个以固定资产尚可使用寿命为分子、以预计使用寿命逐年数字之和为分母的逐年递减的分数计算每年的折旧额。计算公式如下：

年折旧率＝尚可使用年限÷预计使用寿命的年数总和×100％

月折旧率＝年折旧率÷12

月折旧额＝（固定资产原价－预计净残值）×月折旧率

【例 6-5】 天外天酒楼的一项机器设备原值为 240 000 元，预计使用年限为 4 年，预计净残值 4 000 元，采用年数总和法计提折旧。

第一年折旧额＝（240 000－4 000）×4÷10＝94 400（元）

第二年折旧额＝（240 000－4 000）×3÷10＝70 800（元）

第三年折旧额＝（240 000－4 000）×2÷10＝47 200（元）

第四年折旧额＝（240 000－4 000）×1÷10＝23 600（元）

6.2.5 固定资产总体折旧的核算

固定资产按月计提折旧，企业通过编制“固定资产折旧计算表”作为固定资产折旧账务处理的依据，每月计提折旧时，可以在上月计提的折旧额的基础上，根据上月固定资产的增减变动情况调整计算出当月应计提的折旧额，计算方法如下：

当月应计提折旧额=上月计提的折旧额+上月增加固定资产应计提的折旧额-上月减少固定资产应计提的折旧额

每月计提的折旧额应按固定资产用途计入相关资产的成本或者当期损益费用。

固定资产应当按月计提折旧，计提的折旧应通过“累计折旧”科目核算，并根据用途计入相关资产的成本或者当期损益。见表 6-6。

表 6-6 固定资产折旧

形式	计入科目
企业自行建造固定资产过程中使用的固定资产	计提的折旧计入在建工程成本
基本生产车间	计提的折旧应计入主营业务成本
管理部门	计提的折旧应计入管理费用
销售部门	计提的折旧应计入销售费用
经营租出的固定资产	计提的折旧应计入其他业务成本

【例 6-6】南京大酒店 2017 年 2 月 28 日编制的固定资产折旧计算表，见表 6-7。

表 6-7 固定资产折旧计算表

使用部门	上月折旧额	上月增加固定资产应提折旧额	上月减少固定资产应提折旧额	本月折旧额
中餐厨房	24 000	12 000	8 000	28 000
西餐厨房	18 000	3 100	4 300	16 800
行政管理部门	21 340	3 200	5 500	19 040
经营性租出	19 000	2 465	3 789	17 676
合计	82 340	20 765	21 589	81 516

借：主营业务成本——中餐厨房　　28 000
　　　　　　　——西餐厨房　　16 800
　　管理费用　　19 040
　　其他业务成本　　17 676
　　贷：累计折旧　　81 516

登记会计凭证，见表 6-8。

表 6-8

记账凭证

2017 年 2 月 28 日　　字第××号

摘要	会计科目	借方金额										贷方金额										记账
		千	百	十	万	千	百	十	元	角	分	千	百	十	万	千	百	十	元	角	分	
计提各部门折旧费用	主营业务成本——中餐厨房				2	8	0	0	0	0	0											
	主营业务成本——西餐厨房				1	6	8	0	0	0	0											
	管理费用				1	9	0	4	0	0	0											
	其他业务成本				1	7	6	7	6	0	0											
	累计折旧														8	1	5	1	6	0	0	
合计				¥	8	1	5	1	6	0	0			¥	8	1	5	1	6	0	0	

会计主管：单春明　　记账：陈熠　　审核：张燕　　制单：王晓

6.3 固定资产的后续支出

固定资产后续支出，是指固定资产在使用过程中发生的更新改造支出、修理费用等。基本账务处理，如图 6-2 所示。

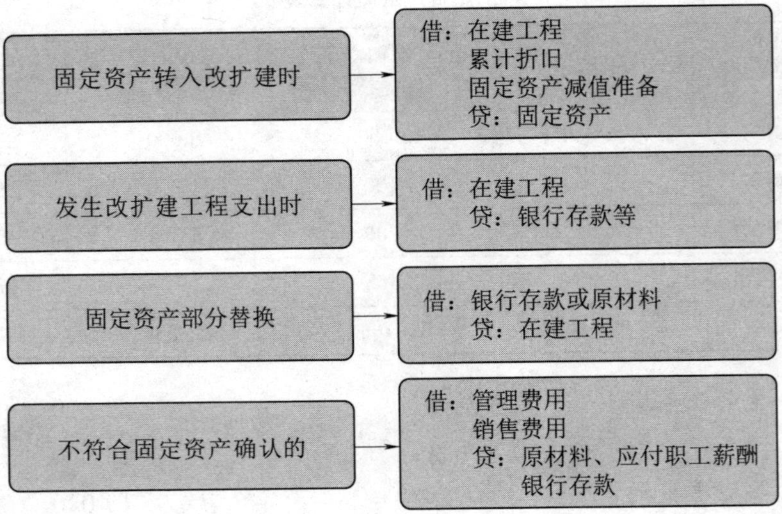

图 6-2　固定资产的后续支出账务处理

【例 6-7】大华饭店对厨房设备进行改扩建，会计资料如下：

①2017 年 1 月 3 日，大华饭店自行建成通风设备，成本 240 000 元，预计使用 10 年，预计净残值率为 4%，累计折旧 122 000 元，未发生减值。

②2017 年 4 月完成了改扩建工程，共发生支出 109 200 元，全部以银行存款支付。改建中废弃的原有部件变卖收入 15 600 元已存入银行。

③该生产线达到预定使用状态后，预计使用年限延长 4 年，残值率仍为 4%，折旧方法仍使用年限平均法。

（1）2017 年 1 月 3 日，结转通风设备原账面价值。

借：在建工程——通风设备改造　　118 000

　　累计折旧　　122 000

　　贷：固定资产　　240 000

（2）2017 年 4 月 5 日，支付工程款。

借：在建工程——生产线改造　　109 200

　　贷：银行存款　　109 200

（3）2017 年 4 月 5 日，改建中被废弃部件的变价收入。

借：银行存款　　15 600

　　贷：在建工程——生产线改造　　15 600

（4）2017 年 4 月 6 日，工程完工交付使用，改造后的固定资产账面价值＝118 000＋109 200－15 600＝211 600（元）。

借：固定资产　　211 600

　　贷：在建工程——生产线改造　　211 600

为了保证固定资产的正常运转和使用，充分发挥其使用效能，企业需要对固定资产进行必要的维护修理。固定资产维护修理所发生的支出，通常不能满足固定资产的确认条件，应在发生时确认为费用，直接记入当期损益。其中，企业生产车间（部门）和行政管理部门等发生的，记入“管理费用”账户，企业专设销售机构发生的，记入“销售费用”账户。

6.4 固定资产的期末计量

固定资产的期末计量包括两个方面，一是通过实地盘点清查反映资产的实有数量，进行账实核对；二是按一定的方法对企业的固定资产进行计价，以反映其期末价值。

6.4.1 固定资产清查的核算

企业对固定资产清查过程中盘盈、盘亏的固定资产，应填制固定资产盘盈、盘亏报告表，并及时查明原因，分清责任，按规定程序报批处理。

（1）固定资产盘盈。

企业在清查盘盈的固定资产，作为前期差错处理。盘盈的固定资产通过“以前年度损益调整”科目核算。

【例 6-8】 2017 年年底，大华饭店在财产清查中发现 2016 年未入账的不需要安装的一台冷藏设备，估计该设备八成新，同类设备的市场价格为 83 700元（假定其价值与计税基础不存在差异）。见表 6-9。

借：固定资产　　83 700

　　贷：以前年度损益调整　　83 700

（2）固定资产盘亏。

企业在清查中盘亏的固定资产，通过“待处理财产损溢——待处理固定资产损溢”科目核算，盘亏造成损失的，通过“营业外支出——盘亏损失”科目核算，计入当期损益。

【例 6-9】 2017 年年底，大华饭店在财产清查中盘亏一台通风设备，该设备账面原价 76 500 元，已提折旧 26 000 元，未计提减值准备。见表 6-9。

表 6-9　　**固定资产盘盈、盘亏报告表**

单位名称：大华饭店　　2017 年 12 月 31 日　　第 001 号

固定资产科目代码	固定资产名称	量单位	盘盈				盘亏或毁损					理由书编号	附注
			数量	市场价	成新率	入账价值	数量	固定资产入账价值	已提折旧	已计提减值	账面价值		
001	冷藏设备	台	1	83 700	80%	83 700							
002	通风设备	台					1	76 500	26 000	0	50 500		

单位领导：×× 技术（设备）主管：×× 会计机构负责人：×× 制表人：××

（1）盘亏固定资产时。

借：待处理财产损溢——待处理固定资产损溢　　50 500
　　累计折旧　　26 000
　　贷：固定资产　　76 500

（2）报经批准转销盘亏损失时。

借：营业外支出——固定资产盘亏损失　　50 500
　　贷：待处理财产损溢——待处理固定资产损溢　　50 500

6.4.2　固定资产减值的核算

资产负债表日，固定资产可收回金额低于其账面价值的，企业应将该固定资产的账面价值减记至可收回金额，同时确认为资产减值损失，计提固定资产减值准备。固定资产减值损失一经确认，在以后会计期间不得转回。账务处理如图 6-3 所示。

账面净值＝固定资产的折余价值＝固定资产原价－计提的累计折旧

账面价值＝固定资产的账面原价－计提的累计折旧－计提的减值准备

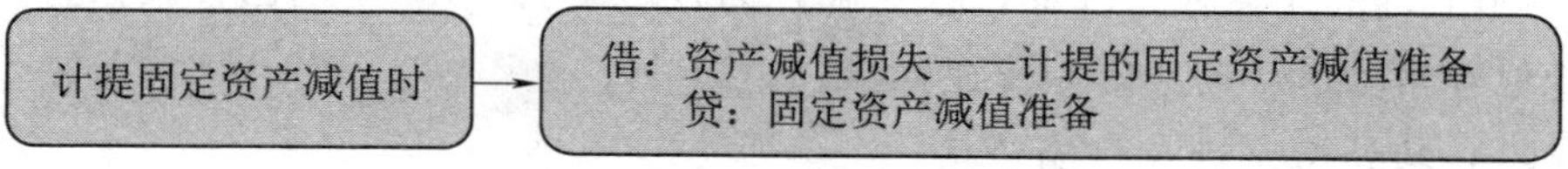

图 6-3　固定资产减值的账务处理

【例 6-10】丽都酒店 2015 年 1 月购入设备价值 780 000 元，预计使用 5 年，预计净残值 2 400 元，采用年限平均法计提折旧。2016 年末清查时发现，该设备市价大幅度下跌且近期内无望恢复。经计算该设备可回收金额为 168 900元，此前未计提过减值准备。

已计提折旧额＝（780 000－2 400）÷5×2＝311 040（元）

2016 年末应计提固定资产减值准备＝（780 000－311 040）－168 900＝300 060（元）

借：资产减值损失——固定资产减值损失　　300 060
　　贷：固定资产减值准备　　300 060

自 2017 年起，每年计提折旧额应调整为（168 900－2 400）÷3＝55 500（元）。

6.5 固定资产的处置

(1) 固定资产的处置及其终止确认。

所谓固定资产处置，通常就是指企业固定资产的出售和对报废、毁损固定资产的处理。此外，企业因对外投资、非货币性资产交换、债务重组等原因转出固定资产，也属于固定资产处置。

(2) 固定资产报废或毁损的核算。

企业对报废或毁损的固定资产，应设置“固定资产清理”账户进行核算。报废和毁损固定资产所得净收益，应计入营业外收入（“非流动资产处置利得”项目），如为净损失应计入营业外支出（属于正常的处理损失，计入“非流动资产处置损失”项目）。如果企业在筹建期间发生出售、报废和毁损固定资产处置业务，其净损益应计入或冲减管理费用。

如果资产处置后还有使用价值，则计入“资产处置损益科目”。

(3) 企业因对外投资、非货币性资产交换、债务重组等原因转出的固定资产，一般也通过“固定资产清理”账户进行核算，具体处理应按有关会计准则的规定进行处理。

【例 6-11】 大华饭店报废一台厨房设备，原价 450 000 元，已提折旧 280 000元，未计提减值准备，报废资产的残料变价 15 000 元已存入银行，支付清理费用 4 000 元，设备清理完毕。

(1) 结转厨房设备账面价值。

借：固定资产清理　　　　170 000

　　累计折旧　　　　280 000

　　贷：固定资产——厨房设备　　　　450 000

(2) 支付清理费用。

借：固定资产清理　　　　4 000

　　贷：银行存款　　　　4 000

(3) 残料变价收入存入银行。

借：银行存款　　　　15 000

　　贷：固定资产清理　　　　15 000

(4) 结转固定资产清理。

借：营业外支出——非流动资产处置损失　　　　159 000

　　贷：固定资产清理　　　　159 000

6.6 不动产抵扣的会计处理

2019 年 3 月 21 日，财政部、税务总局、海关总署公布《关于深化增值税改革有关政策的公告》，从 2019 年 4 月 1 日起，将制造业等行业 16％增值税率降至 13％、交通运输和建筑等行业 10％增值税率降至 9％。同时进一步扩大进项税抵扣范围，将旅客运输服务纳入抵扣，并把纳税人取得不动产支付的进项税由分两年抵扣改为一次性全额抵扣，增加纳税人当期可抵扣进项税。对主营业务为邮政、电信、现代服务和生活服务业的纳税人，按进项税额加计 10％抵减应纳税额，政策实施期限暂定截至 2021 年底。

1. 不动产抵扣账务处理

（1）2019 年 4 月 1 日后，购入资产抵扣的会计处理，如图 6-4 所示。

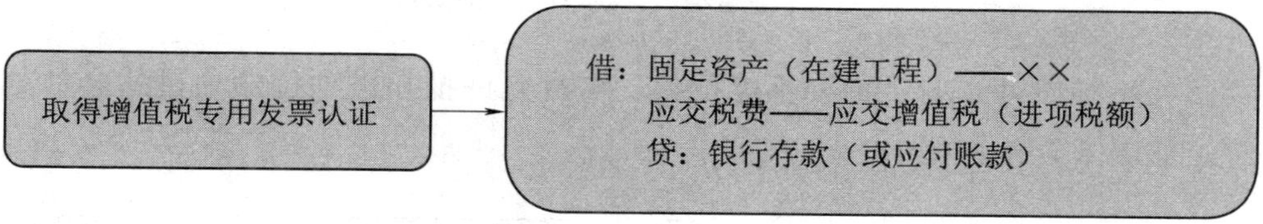

图 6-4　购入资产抵扣的会计处理

（2）购进时已全额抵扣进项税额的货物和服务，转用于不动产在建工程的会计处理，如图 6-5 所示。

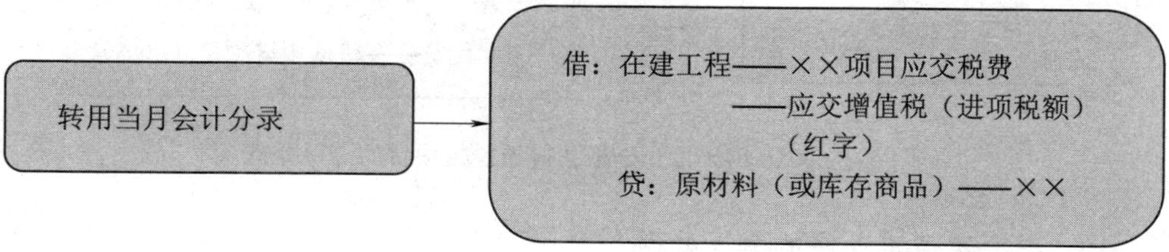

图 6-5　转用于不动产在建工程的会计处理

（3）已抵扣进项税额的不动产，发生非正常损失，或者改变用途的会计处理，如图 6-6 所示。

（4）不动产在建工程发生非正常损失的会计处理如下。

借：待处理财产损溢

贷：在建工程——××项目

应交税费——应交增值税（进项税额转出）

注：实务中根据实际情况，有直接计入营业外收支的。

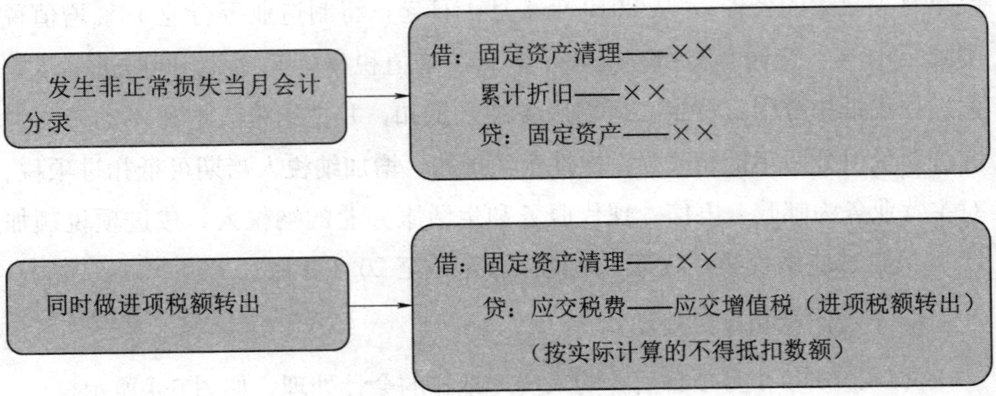

图 6-6　发生非正常损失，或者改变用途的会计处理

（5）2019 年 4 月，前期不能抵扣，本月允许抵扣进项税额项目的会计处理，如图 6-7 所示。

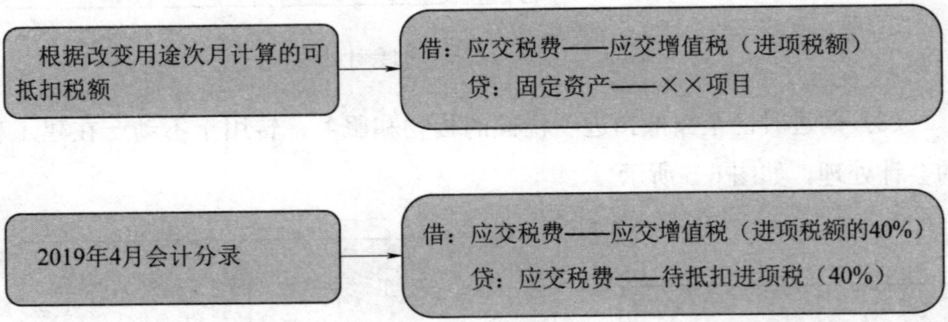

图 6-7　2019 年 4 月允许抵扣进项税额项目的会计处理

1. 自行建造不动产的会计处理

自行建造不动产的成本，由建造该项资产达到预定可使用状态前所发生的必要支出构成，包括直接材料、直接人工、直接机械施工费等。在建造时，通过“在建工程”科目进行归集，自行建造不动产完工时，借记“固定资产”科目，贷记“在建工程”科目。自行建造不动产分为：自营方式建造固定资产，出包方式建造固定资产。账务处理如图 6-4 的所示。

【例 6-12】 大华饭店采用自营方式建造一座西餐厅，发生如下有关业务：以银行存款 324 200 元购入工程专用物资一批，增值税专用发票上注明的买价为 286 902.65 元，增值税税额为 37 297.35 元。所购入物资全部投入工程建设，分配工程建设人员的职工薪酬 34 700 元。以银行存款支付工程管理费用 5 260 元，应由工程成本负担的分期制长期借款利息 64 300（假定按合同利率计算利息）。工程完工，经验收交付使用。

（1）购入工程物资时

借：工程物资　　286 902.65

　　应交税费——应交增值税（进项税额）　　37 297.35

　　贷：银行存款　　324 200

（2）领用工程物资时。

借：在建工程——厂房　　286 902.65

　　贷：工程物资　　286 902.65

（3）分配工程建设人员的职工薪酬时。

借：在建工程——厂房　　34 700

　　贷：应付职工薪酬　　34 700

（4）支付工程管理费时。

借：在建工程——厂房　　5 260

　　贷：银行存款　　5 260

（5）计算应由工程成本负担的借款利息时。

借：在建工程——厂房　　64 300

　　贷：应付利息　　64 300

（6）工程完工使用时，结转厂房成本＝286 902.65＋34 700＋5 260＋64 300＝391 162.65（元）

借：固定资产——厂房　　391 162.65

　　贷：在建工程——厂房　　391 162.65

2. 出包方式建造不动产的会计处理

在出包方式下，工程项目在建造中所发生的具体支出由承包单位核算，企业（发包单位）只需按照工程价款对工程项目进行计价，作为固定资产的入账价值。如图 6-8 所示。

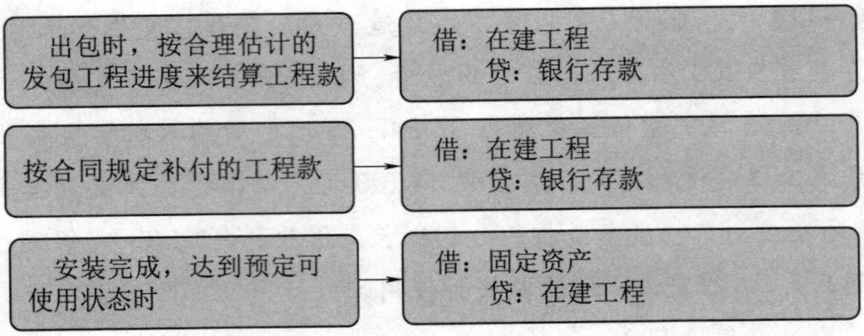

图 6-8 出包方式建造固定资产账务处理

【例 6-13】 华侨园酒店采用出包方式建造咖啡厅，按合同规定，工程造价 1 090 000元，工程开始时，预付工程款的 40%，其余 60%在工程完工时根据工程决算予以补付。工程完工，经验收交付使用。

(1) 预付工程价款时。

借：预付账款（1 090 000×40%）　　436 000

　　贷：银行存款　　436 000

(2) 按合同规定结算工程价款时。

借：在建工程——厂房　　1 090 000

　　贷：预付账款　　436 000

　　　　银行存款　　654 000

(3) 工程完工交付使用时。

借：固定资产　　1 090 000

　　贷：在建工程——厂房　　1 090 000

CHAPTER SEVEN

第7章 投资性房地产

投资性房地产，是指为赚取租金或资本增值，或两者兼有而持有的房地产。投资性房地产应当能够单独计量和出售。投资性房地产主要包括：已出租的土地使用权、持有并准备增值后转让的土地使用权和已出租的建筑物。

7.1 投资性房地产科目的具体运用

投资性房地产科目核算投资性房地产的价值，包括采用成本模式计量的投资性房地产和采用公允价值模式计量的投资性房地产。企业应当按照投资性房地产类别和项目并分别“成本”和“公允价值变动”进行明细核算。见表 7-1。

表 7-1　投资性房地产会计科目编码的设置

科目代码	总分类科目（一级科目）	明细分类科目		是否辅助核算	辅助核算类别
		二级明细科目	三级明细科目		
1521	投资性房地产				
152101	投资性房地产	公允价值模式计量		是	项目
15210101	投资性房地产	公允价值模式计量	已出租的土地使用权	是	项目
15210102	投资性房地产	公允价值模式计量	持有并准备增值后转让的土地使用权	是	项目
15210103	投资性房地产	公允价值模式计量	已出租的房屋	是	项目
152102	投资性房地产	成本模式计量		是	项目
15210201	投资性房地产	成本模式计量	已出租的土地使用权	是	项目
15210202	投资性房地产	成本模式计量	持有并准备增值后转让的土地使用权	是	项目
15210203	投资性房地产	成本模式计量	已出租的房屋	是	项目

7.1.1 外购投资性房地产的初始计量

外购投资性房地产的成本，包括购买价款、相关税费和可直接归属于该资产的其他支出。当企业购入房地产时，自用一段时间之后再改为出租或资本增值的，应当首先将外购的房地产确认为固定资产或无形资产，自租赁开始日或用于资本增值日起，再从固定资产或无形资产转换为投资性房地产。账务处理如图 7-1 所示。

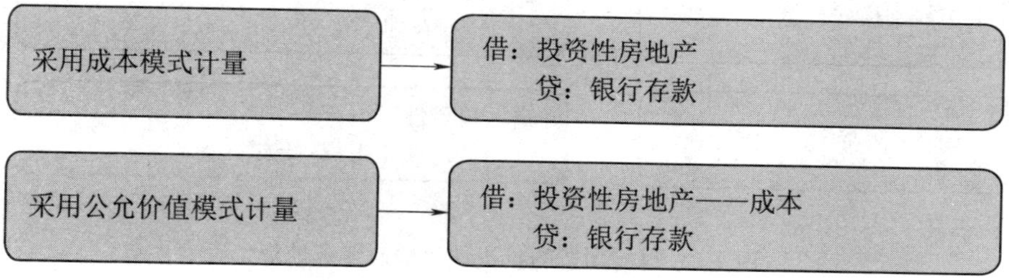

图 7-1　外购投资性房地产账务处理

【例 7-1】 2017 年 7 月 5 日，大华饭店支付 42 600 000 元价款和 420 000 元相关税费购入了 600 平方米商业用房，用于投资。当日出租给华谊公司。在采用成本模式下，大华饭店购入投资性房地产的账务处理如下。

借：投资性房地产——商业用房　　　　　　43 020 000

　　贷：银行存款（42 600 000＋420 000）　　　　43 020 000

登记会计凭证，见表 7-2。

表 7-2

记账凭证

2017 年 7 月 5 日　　　　字第××号

摘要	会计科目	借方金额											贷方金额											记账
		万	千	百	十	万	千	百	十	元	角	分	万	千	百	十	万	千	百	十	元	角	分	
支付 43 020 000 元购入商业用房	投资性房地产		4	3	0	2	0	0	0	0	0	0												
	银行存款													4	3	0	2	0	0	0	0	0	0	
合　计		¥	4	3	0	2	0	0	0	0	0	0	¥	4	3	0	2	0	0	0	0	0	0	

会计主管：白莲　　　记账：陈迪　　　审核：李兰　　　制单：董莉莉

7.1.2 自行建造的投资性房地产初始计量

企业自行建造（或开发，下同）的房地产，只有在自行建造或开发活动完成（即达到预定可使用状态）的同时开始对外出租或用于资本增值，才能将自行建造的房地产确认为投资性房地产。自行建造的投资性房地产，账务处理如图 7-2 所示。

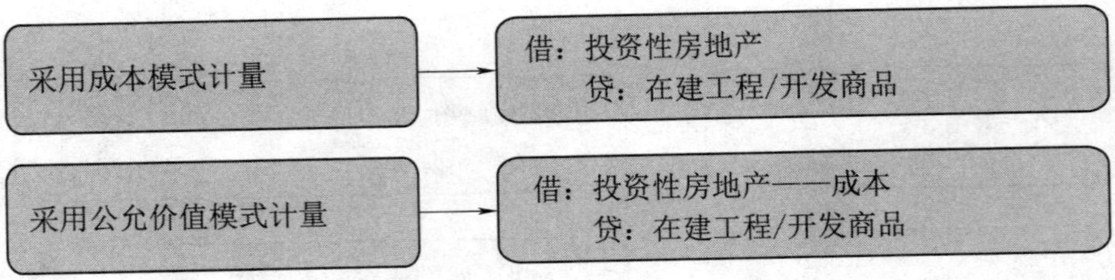

图 7-2 自行建造的投资性房地产账务处理

【例 7-2】锦江酒店采用出包方式建造商业用楼，用于出租，总投资43 000 000元。2017 年 2 月 1 日支付工程款 34 000 000 元，则在采用成本模式下，锦江酒店账务处理如下：

借：在建工程——商业用楼　　34 000 000

　　贷：银行存款　　34 000 000

登记会计凭证，见表 7-3。

表 7-3　　**记账凭证**

2017 年 2 月 1 日　　字第××号

摘　　要	会计科目	借方金额											贷方金额											记账
		万	千	百	十	万	千	百	十	元	角	分	万	千	百	十	万	千	百	十	元	角	分	
建造商业用房，支付工程款 3 400 万元	在建工程——商用楼		3	4	0	0	0	0	0	0	0	0												
	银行存款													3	4	0	0	0	0	0	0	0	0	
合　　计		¥	3	4	0	0	0	0	0	0	0	0	¥	3	4	0	0	0	0	0	0	0	0	

会计主管：白莲　　记账：陈迪　　审核：李兰　　制单：董莉莉

2017 年 12 月 20 日，工程达到预定可使用状态，将余款 9 000 000 元付清。已办理经营租赁手续，在建工程余额为 43 000 000 元，则：

①支付余款：

借：在建工程——商业用楼　　　　9 000 000

　　贷：银行存款　　　　　　　　　9 000 000

②结转在建工程：

借：投资性房地产　　　　　　　43 000 000

　　贷：在建工程　　　　　　　　　43 000 000

根据上述业务，登记会计凭证，见表 7-4。

表 7-4

记账凭证

2017 年 12 月 20 日　　　　字第××号

摘　　要	会计科目	借方金额											贷方金额											记账
		万	千	百	十	万	千	百	十	元	角	分	万	千	百	十	万	千	百	十	元	角	分	
结转在建工程成本 4 300 万元	投资性房地产		4	3	0	0	0	0	0	0	0	0												
	在建工程													4	3	0	0	0	0	0	0	0	0	
合　　计		¥	4	3	0	0	0	0	0	0	0	0	¥	4	3	0	0	0	0	0	0	0	0	

会计主管：白莲　　记账：陈迪　　审核：李兰　　制单：董莉莉

7.2 投资性房地产的后续计量

投资性房地产的后续计量主要是指企业应该在资产负债表日对投资性房地产的期末价值进行重新计量。企业对投资性房地产的后续计量主要采用成本模式和公允价值模式。但是同一企业只能采用一种模式对所有的投资性房地产进行后续计量，不得同时采用两种计量模式。

7.2.1 采用成本模式进行后续计量的投资性房地产

设置“投资性房地产”科目、“投资性房地产累计折旧（摊销）”“投资性房地产减值准备”账务处理，如图 7-3 所示。

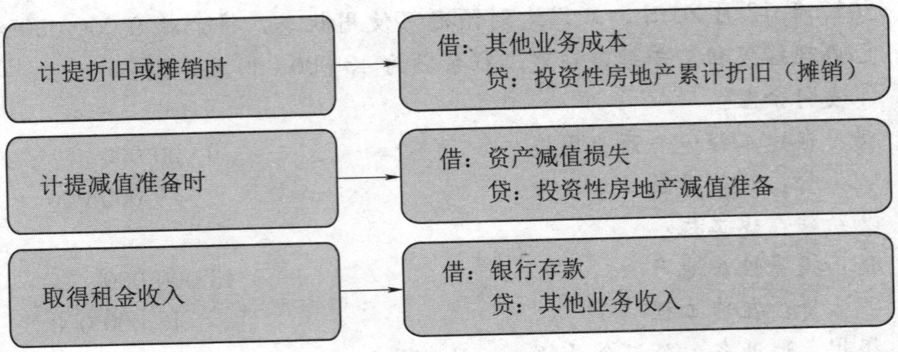

图 7-3　采用成本模式进行后续计量的投资性房地产

【例 7-3】 扬子饭店将一幢办公楼出租给久久之家旅店使用，确认为投资性房地产，采用成本模式进行后续计量。假设这幢办公楼的成本为 9 560 000 元，按照年限平均法计提折旧，使用寿命为 40 年，预计净残值为 0。经营租赁合同约定，久久之家旅店每月等额支付扬子饭店租金 550 000 元。（假设不考虑相关税费）

（1）每月计提折旧。

每月计提折旧＝95 600 000÷40÷12＝199 166.67（元）

借：其他业务成本——出租写字楼折旧　　199 166.67

　　贷：投资性房地产累计折旧　　199 166.67

（2）每月确认租金收入。

借：银行存款　　550 000

　　贷：其他业务收入——出租写字楼租金收入　　550 000

7.2.2　采用公允价值模式进行后续计量的投资性房地产

采用公允价值模式时需要同时满足以下两个条件：

（1）投资性房地产所在地有活跃的房地产交易市场。

（2）企业能够从活跃的房地产交易市场上取得同类或类似房地产的市场价格及其他相关信息，从而对投资性房地产的公允价值作出合理的估计。

同样要设置“投资性房地产”科目核算，明细科目为“成本”“公允价值变动”；另外还要设置“公允价值变动损益”科目。

与采用成本模式计量的区别是：采用公允价值模式计量的投资性房地产不再计提折旧，不再进行摊销，也不需要计提减值准备。如图 7-4 所示。

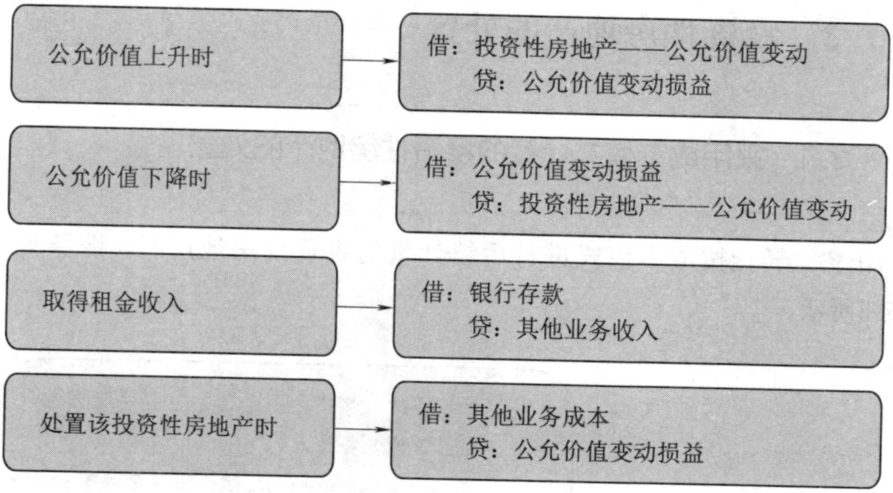

图 7-4 采用公允价值模式进行后续计量的投资性房地产

【例 7-4】 2016 年 3 月 11 日，东海大酒店与新都百货公司签订租赁协议，约定兴港房地产开发企业将开发的一栋精装修的写字楼于开发完成的同时开始租赁给新都百货公司使用，租赁期为 10 年。当年 8 月 1 日，该写字楼开发完成并开始起租，写字楼的造价为 35 000 000 元。由于该栋写字楼地处商业繁华区，所在城区有活跃的房地产交易市场，而且能够从房地产交易市场上取得同类房地产的市场报价，东海大酒店决定采用公允价值模式对该项出租的房地产进行后续计量。2016 年 12 月 31 日，该写字楼的公允价值为 38 000 000 元。2017 年 12 月 31 日，该写字楼的公允价值为 10 000 000 元。

东海大酒店的账务处理如下：

（1）2016 年 8 月 1 日，东海大酒店开发完成写字楼并出租。

借：投资性房地产——××写字楼（成本） 35 000 000

　　贷：开发产品 35 000 000

（2）2016 年 12 月 31 日，以资产负债表日投资性房地产的公允价值为基础调整其账面价值，公允价值与原账面价值之间的差额计入当期损益。

借：投资性房地产——××写字楼（公允价值变动） 3 000 000

　　贷：公允价值变动损益 3 000 000

（3）2017 年 12 月 31 日，公允价值又发生变动。

借：公允价值变动损益 28 000 000

　　贷：投资性房地产——××写字楼（公允价值变动） 28 000 000

7.3 投资性房地产的处置

7.3.1 采用成本模式计量的投资性房地产的处置

出售、转让按成本模式进行后续计量的投资性房地产时，账务处理如图 7-5所示。

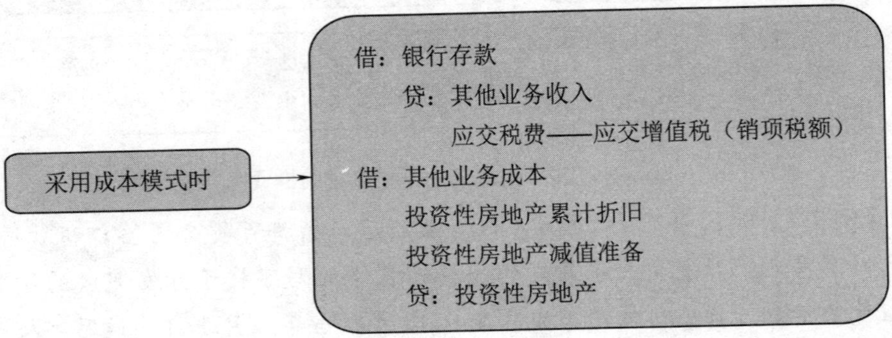

图 7-5 采用成本模式计量的投资性房地产的处置

【例 7-5】梅里凯酒店对投资性房地产采用成本模式计量，于 2017 年 1 月 31 日将出租的办公楼出售。该办公楼的账面原值为 19 000 000 元，已提折旧 10 880 000 元。出售收入 23 310 000 元收存银行，按 11%缴纳增值税，则出售时的账务处理是：

借：银行存款	23 310 000	
贷：其他业务收入		21 000 000
应交税费——应交增值税（销项税额）		2 310 000
借：其他业务成本	8 120 000	
投资性房地产累计折旧	10 880 000	
贷：投资性房地产		19 000 000

7.3.2 采用公允价值模式计量的投资性房地产的处置

采用公允价值模式计量的投资性房地产的处置，如图 7-6 所示。

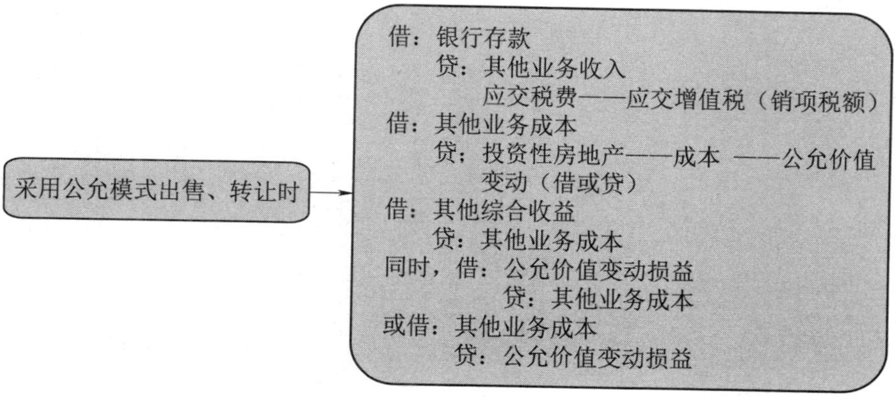

图 7-6　采用公允价值模式计量的投资性房地产的处置

【例 7-6】 裕丰酒店有一项房地产，2015 年 2 月购买时买价 12 000 000 元。2015 年 12 月 31 日涨到 16 549 000 元，增加投资性房地产公允价值变动 4 549 000 元。2016 年 12 月 31 日将此房地产出售，收到价款 18 559 200 元。账务处理：

借：投资性房地产——公允价值变动　　4 549 200

　　贷：公允价值变动损益　　4 549 000

借：银行存款　　18 559 200

　　贷：其他业务收入　　16 720 000

　　　　应交税费——应交增值税（销项税额）　　1 839 200

结转其他业务成本：

借：其他业务成本　　16 549 000

　　贷：投资性房地产——×房地产（成本）　　12 000 000

　　　　　　　　　　——×房地产（公允价值变动）　　4 549 000

借：公允价值变动损益　　4 549 000

　　贷：其他业务成本　　4 549 000

CHAPTER EIGHT

第8章 无形资产

本章介绍无形资产初始计量、摊销与后续处理等。

8.1 无形资产科目的具体运用

无形资产，是指企业为生产商品或者提供劳务、出租给他人，或为管理目的而持有的、没有实物形态的非货币性长期资产。企业设置无形资产科目以核算企业持有的无形资产成本，包括专利权、非专利技术、商标权、著作权、土地使用权等。本科目可按无形资产项目进行明细核算，期末借方余额，反映企业无形资产的成本。如图 8-1 所示。

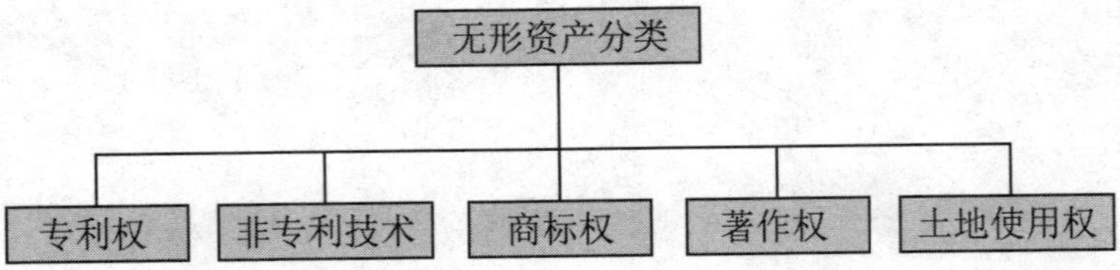

图 8-1　无形资产分类

无形资产同时满足下列条件的，才能予以确认：

（1）与该无形资产有关的经济利益很可能流入企业；

（2）该无形资产的成本能够可靠地计量。

1. 无形资产科目的设置

无形资产科目的设置，见表 8-1。

表 8-1　　**无形资产会计科目编码的设置**

科目代码	总分类科目（一级科目）	明细分类科目		是否辅助核算	辅助核算类别
		二级明细科目	三级明细科目		
1701	无形资产				
170101	无形资产	土地使用权	项目	是	部门

续上表

科目代码	总分类科目（一级科目）	明细分类科目		是否辅助核算	辅助核算类别
		二级明细科目	三级明细科目		
170102	无形资产	著作权	项目	是	部门
170103	无形资产	商标权	项目	是	部门
170104	无形资产	非专利技术	项目	是	部门
170105	无形资产	特许使用权	项目	是	部门
170106	无形资产	其他	项目	是	部门

【例 8-1】2016 年 1 月 1 日，天外天酒楼开始自行研究开发一项新技术，截止当年年末该项目研究各项工作已经完成，共发生 184 300 元（假定均以银行存款支付）。2016 年 1 月进入开发阶段，共发生 1 542 000 元，并符合开发支出予以资本化的条件，其中材料费用 1 320 000 元、研发人员薪酬 102 000元、以银行存款支付相关费用 120 000 元。2017 年 3 月末，研发的新技术达到预定使用用途，形成一项非专利技术，确认为企业的无形资产。

（1）2016 年项目研发阶段发生的支出。

借：研发支出——费用化支出　　184 300

　　贷：银行存款　　184 300

（2）2016 年结转项目费用化支出。

借：管理费用　　184 300

　　贷：研发支出——费用化支出　　184 300

（3）2017 年项目开发阶段发生的、予以资本化条件的支出。

借：研发支出——资本化支出　　1 542 000

　　贷：原材料　　1 320 000

　　　　应付职工薪酬　　102 000

　　　　银行存款　　120 000

（4）2017 年 3 月末，研究开发的新技术达到预定用途。

借：无形资产——非专利技术　　1 542 000

　　贷：研发支出——资本化支出　　1 542 000

8.2 无形资产的摊销

企业应当按月对无形资产进行摊销。无形资产的摊销额一般应当计入当期损益。企业自用的无形资产，其摊销金额计入管理费用，出租的无形资产，其摊销金额计入其他业务成本，某项无形资产包含的经济利益通过所生产的产品或其他资产实现的，其摊销金额应当计入相关资产成本。如图 8-2 所示。

账面净值＝账面余额－累计摊销

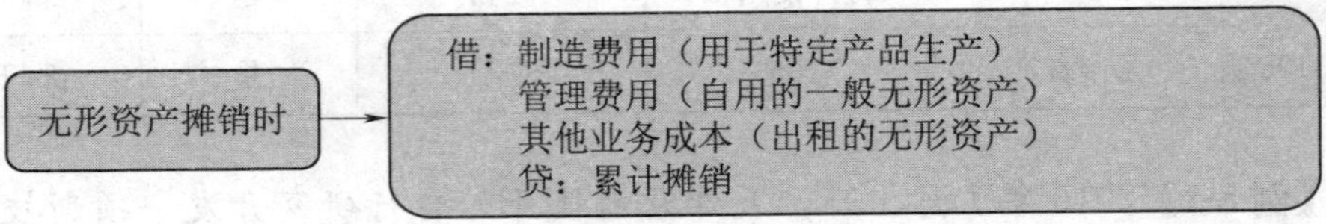

图 8-2　无形资产的摊销账务处理

【例 8-2】 2017 年 1 月 12 日，四川饭店从其他公司购入一项商标权，以银行存款支付买价和有关费用合计 197 200 元。估计该项商标权的使用寿命为 10 年。假定这项无形资产的净残值均为零，并按直线法摊销。

按年进行摊销时，账务处理如下。

借：管理费用（197 200÷10）　　19 720

　　贷：累计摊销　　19 720

8.3 无形资产的处置

企业出售无形资产，应将所得价款与该项无形资产的账面价值之间的差额，计入当期损益（营业外收入或营业外支出），如图 8-3 所示。

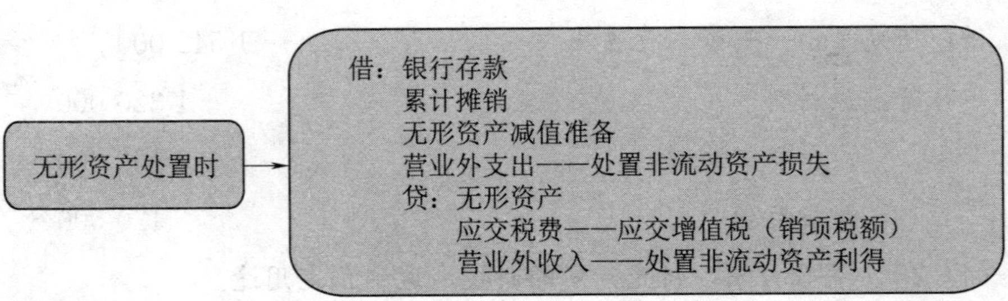

图 8-3　无形资产的处置账务处理

【例 8-3】四川饭店拥有 A 专利技术，根据市场调查，用其生产的产品已没有市场，决定应予转销。转销时，该项专利技术的账面余额为 526 800 元，摊销期限为 10 年，采用直线法进行摊销，已累计摊销 335 600 元，假定该项专利权的残值为零，已累计计提的减值准备为 189 000 元，假定不考虑其他相关因素。

借：累计摊销　　335 600

　　无形资产减值准备　　189 000

　　营业外支出——处置非流动资产损失　　2 200

　　贷：无形资产——专利权　　526 800

CHAPTER

NINE

第 9 章

餐饮企业应付及预收业务的核算

本章介绍应付及预收业务的科目设置及账务处理。

9.1 应付账款

应付账款是指餐饮企业因购买食材、商品或接受劳务供应等业务应支付给供应者的账款。企业的其他应付账款，如应付赔偿款、应付租金、存入保证金等，不属于应付账款的核算内容。

9.1.1 应付账款科目的设置

企业应设置“应付账款”账户。该账户的贷方登记企业购买材料、物资及接受劳务供应的应付但尚未支付的款项；借方登记偿还的应付账款、以商业汇票抵付的应付账款；期末贷方余额表示尚未支付的应付款项。该账户应按照供应单位设置明细账，以进行明细分类核算。见表 9-1。

表 9-1　　应付账款会计科目编码的设置

科目代码	总分类科目（一级科目）	明细分类科目		是否辅助核算	辅助核算类别
		二级科目	三级科目		
2202	应付账款				
220201	应付账款	人民币	种类	是	债权人名称
220202	应付账款	外币	种类	是	债权人名称

1. 应付账款入账时间的确定

应付账款的入账时间，应以购买物资的所有权的风险和报酬已经转移或劳务已接受为标志。在现行企业会计制度对应付账款的入账时间作出以下两种情况的规定。

（1）在货物与发票账单同时到达的情况下，应付账款一般待货物验收入库后，才按发票账单所记载的实际价款入账。这样，确认了所购货物的质量、品种及数量是否与合同条款相符，可以避免因先入账再行调账的情况。

（2）在货物与发票账单非同时到达，且两者间隔较长时间的情况下，应付账款的入账时间以收到发票账单为准。对于货到未付款的情况，由于该笔负债已经成立，月末编制资产负债表时，企业应将所购货物及应付债务暂估价入账，以使在月末编报的资产负债表中客观地反映企业所拥有的资产和应承担的债务。

2. 应付账款入账金额的确定

应付账款的入账金额通常按发票账单等凭证上记载的实际发生额登记入账；当购货附有现金折扣条件时，我国企业应付账款的入账金额一般采用总价法核算。在总价法下，应付账款发生时，直接按发票上的应付金额的总额记账。如果在折扣期内付款，所取得的现金折扣收入作为理财收益处理。

9.1.2 应付账款具体业务核算

为了核算企业因购买材料、接受劳务等而应向供应方支付的款项，企业应当设置“应付账款”账户。“应付账款”属于负债类账户，一般按供应单位设置明细账进行明细核算。其具体账户结构如图 9-1 所示。

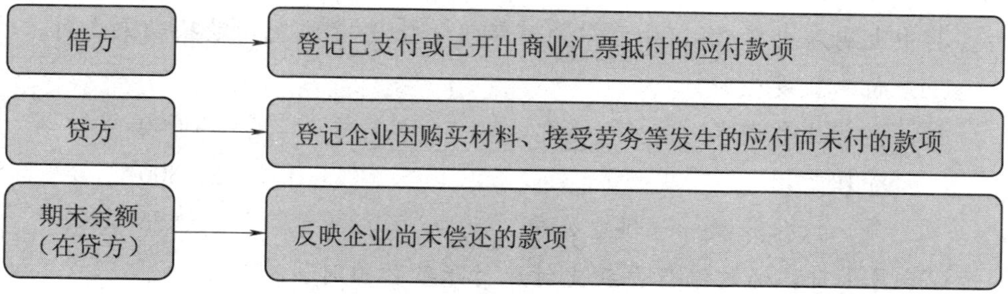

图 9-1　应付账款账户核算方法

企业应付账款的发生有两种情况，应分别根据不同情形给予不同的会计处理。具体见表 9-2。

表 9-2　　应付账款的账务处理

<table>
<tr><th colspan="2">业务情景</th><th>账务处理</th></tr>
<tr><td colspan="2">采购的材料已入库，但货款尚未支付，则根据发票所记载已到的收料凭证入账</td><td>借：原材料、库存商品（按实际应付金额）
应交税费——应交增值税（进项税额）
贷：应付账款</td></tr>
<tr><td rowspan="2">所购材料已到，但月终发票单据未到，货款尚未支付</td><td>月终暂估所购材料的成本和增值税</td><td>借：材料采购（按暂估价）
应交税费——应交增值税（进项税额）
贷：应付账款</td></tr>
<tr><td>下月初用红字予以冲销，待发票单据到达后再入账</td><td>借：材料采购（按实际支付额）
应交税费——应交增值税（进项税额）
贷：应付账款</td></tr>
</table>

【例 9-1】 2017 年，大华饭店发生的应付账款业务如下。

(1) 4 月 5 日，从沈华农贸公司购入 2 000 千克长粒大米，货款为 20 000 元，增值税为 1 800 元。大米已运达饭店并已验收入库，款项尚未支付。

①应付账款发生时。

借：原材料——长粒大米　　20 000
　　应交税费——应交增值税（进项税额）　　1 800
　　贷：应付账款——沈华农贸公司　　21 800

②支付应付账款时。

借：应付账款　　21 800
　　贷：银行存款　　21 800

(2) 5 月 5 日，根据用电部门通知，该企业本月应支付的电费为 78 300 元。其中大厨房电费 39 000 元，管理部门电费 39 300 元，款项尚未支付。

①应付账款发生时。

借：主营业务成本　　39 000
　　管理费用　　39 300
　　贷：应付账款——供电公司　　78 300

②6 月 1 日，通过银行存款支付应付账款款项时。

借：应付账款　　78 300
　　贷：银行存款　　78 300

(3) 12 月 31 日，经大华饭店调查取证，原欠利欣酱菜厂的应付账款 13 400元，因欣酱菜厂的注销无法支付，予以转销。

借：应付账款——利欣酱菜厂　　13 400

　贷：营业外收入　　13 400

9.2 应付票据

应付票据是指由企业出具的，允诺在短期内支付一定金额给持票人的一种书面凭证。在我国，应付票据是用来核算企业在商品购销活动中由于采用商业汇票结算方式而发生的、用来明确债权债务关系、具有法律效果的商业汇票。应付票据包括商业承兑汇票和银行承兑汇票。应付票据按是否带息分为不带息应付票据和带息应付票据两种。

企业应通过“应付票据”科目核算应付票据的发生、偿付等情况。

9.2.1 应付票据科目的设置

企业应设置“应付票据备查簿”，详细登记每一笔应付票据的种类、号码、出票日期、到期日、票面金额、交易合同号、收款单位名称等详细资料。应付票据到期付清时，应在备查簿内逐笔注销。企业支付的银行承兑汇票手续费应计入当期财务费用。具体科目设置，见表 9-3。

表 9-3　　应付票据会计科目编码的设置

科目代码	总分类科目（一级科目）	明细分类科目		是否辅助核算	辅助核算类别
		二级明细科目	三级明细科目		
2201	应付票据				
220101	应付票据	银行承兑汇票	种类	是	客户往来
220102	应付票据	商业承兑汇票	种类	是	客户往来

应付票据的核算主要包括：开出并承兑商业汇票、期末计提票据利息、到期支付票款。企业因购买材料、商品和接受劳务供应等而开出、承兑的商业汇票，应当按其票面金额作为应付票据的入账金额。企业开出、承兑的带息票据，通常应在期末对尚未支付的应付票据计提利息，计入当期财务费用。

应付票据的主要账务处理如图 9-2 所示。

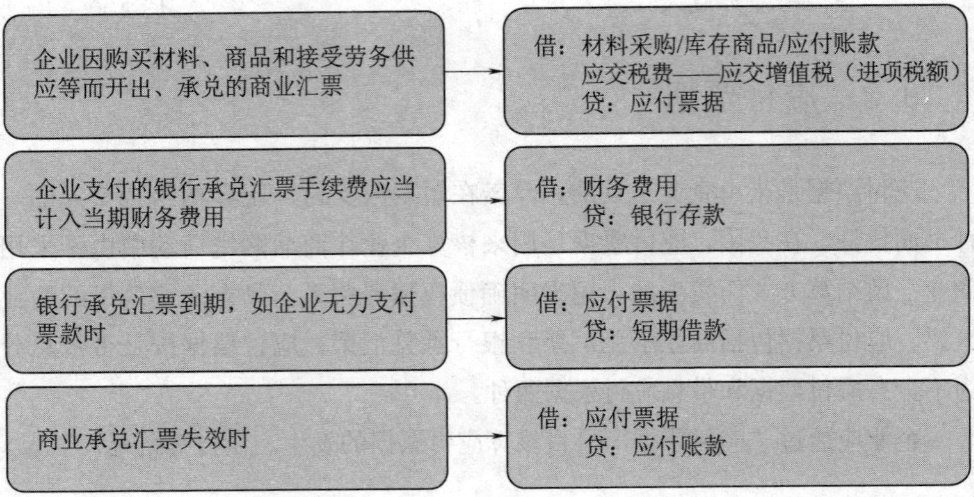

图 9-2　应付票据的账务处理

9.2.2　应付票据的核算

1. 不带息票据账务处理实例

不带息票据是指债务人到期还款时，只偿还面值金额，即票据到期值等于面值，应按其面额记账，借记“材料采购”“库存商品”“应交税费”等账户，贷记“应付票据”账户。

【例 9-2】 大华饭店 2017 年 1 月 16 日开出期限为 3 个月、票面金额为 25 440元的不带息商业承兑汇票支付方圆糕点店货款，增值税专用发票上列明价款 24 000 元，增值税额 1 440 元，商品验收入库。见表 9-4。

2017 年 1 月 16 日开出不带息商业汇票时。

借：库存商品	24 000	
应交税费——应交增值税（进项税额）	1 440	
贷：应付票据——商业承兑汇票——方圆糕点店		25 440

登记会计凭证，见表 9-5。

2017 年 4 月 15 日，支付票款时。

借：应付票据——商业承兑汇票——方圆糕点店	25 440	
贷：银行存款		25 440

登记会计凭证，见表 9-6。

表 9-4

<u>商业承兑汇票</u>

出票日期（大写）：贰零壹柒年零壹月壹拾陆日　　　　汇票号码

付款人	全　称	大华饭店		收款人	全　称	方圆糕点店		
	账　号	4512001909234264523			账　号	2418451909234289023		
	开户银行	工商银行深圳北安支行	行号 123		开户银行	深圳宝山路支行	行号 234	
出票金额	人民币（大写）	⊗贰万伍仟肆佰肆拾元整			千百十万千百十元角分	¥ 2 5 4 4 0 0 0		此联签发人存查
汇票到期日（大写）	⊗贰零壹柒年零肆月壹拾伍日			付款人开户行	行号	123		
交易合同号码					地址	深圳市宝安区龙华宝山路 123 号		
本汇票已经承兑，到期无条件支付票款。 承兑人签章　肖俊 承兑日期 2017 年 4 月 15 日				本汇票予以承兑，于到期日付款。 出票人签章　陈章				

表 9-5

<u>记账凭证</u>

2017 年 1 月 16 日　　　　字第××号

摘　要	会计科目	借方金额											贷方金额											记账
		万	千	百	十	万	千	百	十	元	角	分	万	千	百	十	万	千	百	十	元	角	分	
开出为期 3 个月商业票据，价款 25 440 元，购入方圆糕点店食品	库存商品					2	4	0	0	0	0	0												
	应交税费——应交增值税（进项税额）						1	4	4	0	0	0												
	应付票据——商业承兑汇票——方圆糕点店																2	5	4	4	0	0	0	
合　计					¥	2	5	4	4	0	0	0				¥	2	5	4	4	0	0	0	

会计主管：夏雪　　　记账：郭煜　　　审核：王欣欣　　　制单：姜晨

表 9-6　　　　　　　　　　**记账凭证**

2017 年 4 月 15 日　　　　　　　　字第××号

摘　　要	会计科目	借方金额											贷方金额											记账
		万	千	百	十	万	千	百	十	元	角	分	万	千	百	十	万	千	百	十	元	角	分	
商业票据到期，支付 25 440 元	应付票据——商业承兑汇票——方圆糕点店					2	5	4	4	0	0	0												
	银行存款																2	5	4	4	0	0	0	
合　　计					¥	2	5	4	4	0	0	0				¥	2	5	4	4	0	0	0	

会计主管：夏雪　　　　记账：郭煜　　　　审核：王欣欣　　　　制单：姜晨

2. 带息票据账务处理实例

带息票据是指债务人到期还款时，除了偿还面值金额外，同时要偿还票据利息，即票据到期值等于面值加利息。利息为债务人由于延期支付款项所付出的代价，记入“财务费用”账户。

【例 9-3】 大华饭店 2019 年 5 月 1 日从乙公司购进一批原材料，不含税价格 169 805.31 元，增值税率 13%，开出一张期限 4 个月等值的带息商业汇票，年利率为 8%。

(1) 2019 年 5 月 1 日，开出商业汇票时。

借：原材料　　169 805.31

　　应交税费——应交增值税（进项税额）　　22 074.69

　　贷：应付票据——商业承兑汇票——乙公司　　191 880

(2) 2019 年 6 月 30 日，计提 2 个月应计利息。

应计利息＝191 880×2×8%÷12＝2 558.4（元）

借：财务费用　　2 558.4

　　贷：应付票据——商业承兑汇票——乙公司　　2 558.4

(3) 2019 年 8 月 31 日到期付款时。

借：应付票据——商业承兑汇票——乙公司　　194 438.40

　　财务费用　　2 558.4

　　贷：银行存款　　196 996.80

9.3 预收账款

预收账款一般按预收金额入账。预收账款的核算视企业的具体情况而定，如果预收账款较多，可设置“预收账款”科目，按单位进行明细核算。如果预收账款不多，可以将预收的款项直接计入“应收账款”科目的贷方，不设置“预收账款”科目。

9.3.1 预收账款科目的设置

设置“预收账款”科目，其“预收账款”科目的贷方，反映预收的货款和补付的货款；借方反映应收的货款和退回多收的货款；期末贷方余额，反映尚未结清的预收款项，借方余额反映应收的款项。预收账款科目应按购货单位进行明细核算。见表 9-7。

表 9-7 预收账款会计科目编码的设置

科目代码	总分类科目（一级科目）	明细分类科目		是否辅助核算	辅助核算类别
		二级明细科目	三级明细科目		
2203	预收账款				
220301	预收账款	预收的货款	商品、劳务类别	是	购货单位名称
220302	预收账款	预收的定金	商品、劳务类别	是	购货单位名称
220303	预收账款	预收原料款	商品、劳务类别	是	购货单位名称
220304	预收账款	预收工程款	商品、劳务类别	是	购货单位名称

9.3.2 预收账款的核算

预收账款的主要账务处理具体如图 9-3 所示。

【例 9-4】2017 年 3 月 9 日，汇文公司准备于 3 月 20 日在大华饭店举办业务洽谈会，为期 3 天。3 月 10 日，汇文公司预付押金 12 000 元，3 月 20 日结账时共花费 28 620 元。其中客房收入 13 780 元，餐厅收入 14 840 元。大华饭店账务处理如下。

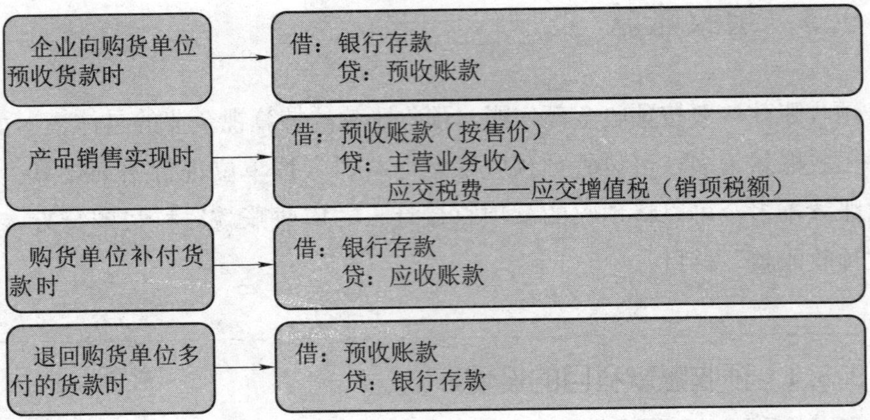

图 9-3　预收账款的账务处理

(1) 预收押金。

借：银行存款　　12 000

　　贷：预收账款——汇文公司　　12 000

(2) 结账时。

借：预收账款——汇文公司　　12 000

　　银行存款　　16 620

　　贷：主营业务收入——客房收入　　13 000

　　　　　　　　　——餐厅收入　　14 000

　　　　应交税费——应交增值税（销项税额）　　1 620

9.4 应付职工薪酬

职工薪酬，是指企业为获得职工提供的服务或解除劳动关系而给予的各种形式的报酬或补偿。职工薪酬包括短期薪酬、离职后福利、辞退福利和其他长期职工福利。企业提供给职工配偶、子女、受赡养人、已故员工遗属及其他受益人等的福利，也属于职工薪酬。职工薪酬的内容如图 9-4 所示。

9.4.1 应付职工薪酬科目的设置

为了核算应付给职工的各种薪酬，企业应设置“应付职工薪酬”科目。

本科目应当按照“工资”“职工福利”“社会保险费”“非货币性福利”“住房公积金”“工会经费”“职工教育经费”“解除职工劳动关系补偿”等应付职工薪酬项目进行明细核算。应付工资不论是否在当月支付，都应通过“应付职工薪酬”科目核算。“应付职工薪酬”账户属于负债类账户，用于核算企业应付给职工的工资总额。该账户贷方反映应付的工资总额；借方反映实际支付的工资总额。本账户期末一般无余额，如果有余额，贷方余额表示应付未付的工资总额；如为借方余额则表示多付的工资总额。本账户的明细分类账户应根据企业的具体情况，按照职工的类别、工资总额的组成内容等设置。见表 9-8。

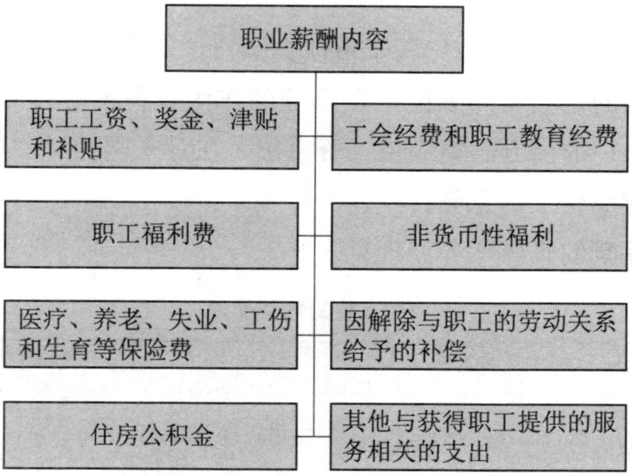

图 9-4 职工薪酬的内容

表 9-8 **应付职工薪酬会计科目编码的设置**

科目代码	总分类科目（一级科目）	明细分类科目		是否辅助核算	辅助核算类别
		二级明细科目	三级明细科目		
2211	应付职工薪酬				
221101	应付职工薪酬	工资、奖金、津贴、补贴	项目	是	部门
221102	应付职工薪酬	职工福利	项目	是	部门
221103	应付职工薪酬	社会保险费	项目	是	部门
221104	应付职工薪酬	非货币性福利	项目	是	部门
221105	应付职工薪酬	住房公积金	项目	是	部门
221106	应付职工薪酬	工会经费	项目	是	部门

续上表

科目代码	总分类科目（一级科目）	明细分类科目		是否辅助核算	辅助核算类别
		二级明细科目	三级明细科目		
221107	应付职工薪酬	职工教育经费	项目	是	部门
221108	应付职工薪酬	解除职工劳动关系补偿	项目	是	部门
221109	应付职工薪酬	其他	项目	是	部门

9.4.2 应付职工薪酬的核算

“应付职工薪酬”账户虽然属于负债类账户，但是在工资发放、分配的核算中，实际起到的是归集和分配工资总额的作用，在工资发放时，通过“应付职工薪酬”账户的借方归集应付工资总额，在月末则通过“应付职工薪酬”账户的贷方分配应付工资总额。

应付职工薪酬的具体账务处理见表 9-9。

表 9-9 应付工资的账务处理

财务情况	账务处理
从银行提取现金准备发工资时	借：库存现金 贷：银行存款
支付工资时	借：应付职工薪酬 贷：库存现金
从工资中扣还的各种款项（如代垫的房租、家属医药费、个人所得税等）	借：应付职工薪酬 贷：其他应收款 应交税费——应交个人所得税
职工在规定时间未领的工资，由发放的单位及时交回财务部门	借：库存现金 贷：其他应付款

“应付职工薪酬——工资”科目月末有余额，贷方余额为累计应付未付工资，借方余额为累计多付工资。在企业各月工资总额相差不多的情况下，按照重要性要求，也可以按照当月实际支付的工资额进行分配，采用这种方法，“应付职工薪酬——工资”科目月末没有余额。账务处理如图 9-5 所示。

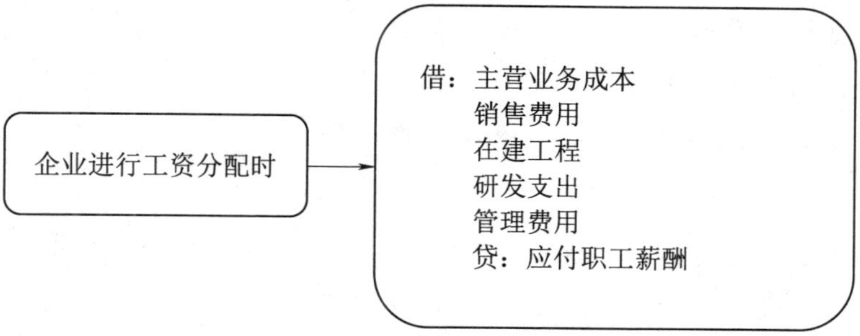

图 9-5　分配工资时的账务处理

【例 9-5】大华饭店 2017 年 5 月工资结算表，见表 9-10。

表 9-10　　**工资结算汇总表**

部门	岗位工资	补贴	考勤扣款	应付工资	代扣个人社保合计	计提企业社保合计	代扣个人公积金	税前工资	个人所得税	实发工资
厨房	892 000	54 290	4 280	942 010	168 450	289 500	71 900	701 660	26 780	674 880
餐厅	745 320	38 790	2 876	781 234	116 785	245 621	65 900	598 549	24 380	574 169
行政部门	349 800	22 542	1 430	370 912	75 860	154 380	59 769	235 283	15 730	219 553
合计	1 987 120	115 622	8 586	2 094 156	361 095	689 501	197 569	1 535 492	66 890	1 468 602

根据工资结算业务，作会计分录如下：

①本月发生工资。

借：主营业务成本——厨房　　942 010

　　　　　　　　——餐厅　　781 234

　　管理费用　　370 912

　　贷：应付职工薪酬　　2 094 156

②计提企业负担的社保费用。

借：主营务业成本——厨房　　289 500

　　　　　　　　——餐厅　　245 621

　　管理费用　　154 380

　　贷：应付职工薪酬　　689 501

③代扣个人负担的社保及住房公积金。

借：应付职工薪酬——工资　　　　558 664

　　贷：其他应付款——社会保险费　　　　558 664

④结转代扣个人所得税。

借：应付职工薪酬——工资　　　　66 890

　　贷：应交税费——应交个人所得税　　　　66 890

⑤通过银行转账方式，实际发放工资 1 468 602 元。

借：应付职工薪酬——工资　　　　1 468 602

　　贷：银行存款　　　　1 468 602

登记会计凭证，见表 9-11。

表 9-11

记账凭证

2017 年 5 月 26 日　　　　字第　号

摘要	会计科目	借方金额											贷方金额											记账
		万	千	百	十	万	千	百	十	元	角	分	万	千	百	十	万	千	百	十	元	角	分	
结算 5 月工资，其中厨房 942 010 元，餐厅 781 234 元，行政部门 370 912 元	主营业务成本——厨房				9	4	2	0	1	0	0	0												
	主营业务成本——餐厅				7	8	1	2	3	4	0	0												
	管理费用				3	7	0	9	1	2	0	0												
	应付职工薪酬——工资														2	0	9	4	1	5	6	0	0	
合计			¥	2	0	9	4	1	5	6	0	0		¥	2	0	9	4	1	5	6	0	0	

会计主管：单春明　　记账：陈熠　　审核：张燕　　制单：王晓

9.4.3 应付社会保险费和住房公积金

应由职工个人负担的社会保险费和住房公积金，属于职工工资的组成部分应根据职工工资的一定比例计算，应由企业负担的社会保险费和住房公积金，应在职工为其提供服务的会计期间，根据职工工资的一定比例计算。账务处理如图 9-6 所示。

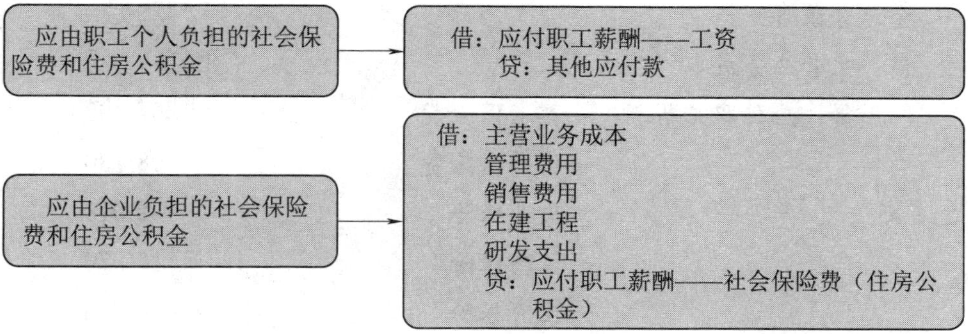

图 9-6　应付社会保险费和住房公积金的账务处理

【例 9-6】 2017 年 6 月 30 日，锦江饭店本月工资总额 1 097 000 元，根据规定，分别按照职工工资总额的一定比例计提“五险一金”。医疗保险费单位缴款比例为 7%，个人缴款比例 2%；养老保险费单位缴款比例为 25.5%，个人缴款比例为 8%；失业保险费单位缴款比例 2%，个人缴款比例 1%；工伤保险费单位缴款比例为 1%；生育保险费单位缴款比例 0.8%；住房公积金单位缴款比例为 12%，个人缴款比例为 12%。向社会保险经办机构缴纳职工养老保险 367 495 元、医疗保险 98 730 元、失业保险 32 910 元、工伤保险 10 970 元、生育保险 8 776 元、住房公积金 263 280 元。具体数据见表 9-12。

表 9-12　　社会保险金、住房公积金计算表

2017 年 6 月 30 日

项目	养老保险		医疗保险		失业保险		工伤保险		生育保险		住房公积金		合计
	比例	金额	比例	金额	比例	金额	比例	金额	比例	金额	比例	金额	
计算基数		1 097 000		1 097 000		1 097 000		1 097 000		1 097 000		1 097 000	
企业负担	25.5%	279 735	7%	76 790	2%	21 940	1%	10 970	0.8%	8 776	12%	131 640	529 851
个人负担	8%	87 760	2%	21 940	1%	10 970					12%	131 640	252 310
合计		367 495		98 730		32 910		10 970		8 776		263 280	782 161

会计分录如下：

借：主营业务成本　　782 161

　　贷：应付职工薪酬——养老保险费　　367 495

　　　　　　　　　——医疗保险费　　98 730

　　　　　　　　　——失业保险　　32 910

　　　　　　　　　——工伤保险　　10 970

　　　　　　　　　——生育保险　　8 776

　　　　　　　　　——住房公积金　　263 280

登记会计凭证，见表 9-13。

表 9-13

记账凭证

2017 年 6 月 30 日　　字第××号

摘要	会计科目	借方金额											贷方金额											记账
		万	千	百	十	万	千	百	十	元	角	分	万	千	百	十	万	千	百	十	元	角	分	
结转 6 月份职工医疗保险费共计 782 161 元	主营业务成本				7	8	2	1	6	1	0	0												
	应付职工薪酬——养老保险费															3	6	7	4	9	5	0	0	
	应付职工薪酬——医疗保险费																9	8	7	3	0	0	0	
	应付职工薪酬——失业保险																3	2	9	1	0	0	0	
	应付职工薪酬——工伤保险																1	0	9	7	0	0	0	
	应付职工薪酬——生育保险																	8	7	7	6	0	0	
	应付职工薪酬——住房公积金															2	6	3	2	8	0	0	0	
合计				¥	7	8	2	1	6	1	0	0			¥	7	8	2	1	6	1	0	0	

会计主管：单春明　　记账：陈熠　　审核：张燕　　制单：王晓

上缴时

借：应付职工薪酬——养老保险费　　367 495

——医疗保险费　　98 730

——失业保险　　32 910

——工伤保险　　10 970

——生育保险　　8 776

——住房公积金　　263 280

贷：银行存款　　782 161

9.4.4　应付工会经费和职工教育经费的计提与使用

工会经费是按照国家规定由企业负担的用于工会活动方面的经费（2%），职工教育经费是按国家规定由企业负担的用于职工教育方面的经费（1.5%）。

为了反映工会经费和职工教育经费的提取和使用情况，应在“应付职工薪酬”科目下设“工会经费”和“职工教育经费”明细科目。账务处理如图 9-7所示。

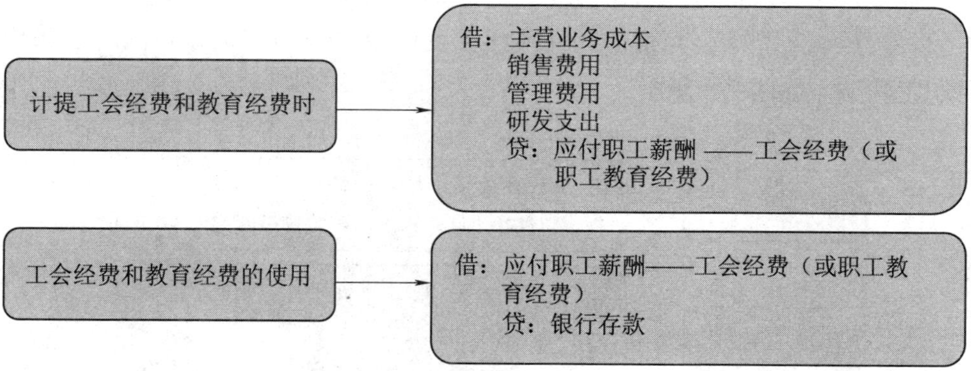

图 9-7　应付工会经费和职工教育经费的账务处理

【例 9-7】锦江饭店按照职工工资总额 862 340 元的 2%和 1.5%计提工会经费和职工教育经费。见表 9-14。

填制的原始凭证如下。

①计提时。

借：主营业务成本　　30 181.90

贷：应付职工薪酬——工会经费　　17 246.80

——职工教育经费　　12 935.10

②上交时。

借：应付职工薪酬——工会经费　　　　17 246.80

——职工教育经费　　　　12 935.10

贷：银行存款　　　　30 181.90

表 9-14　　**工会经费、职工教育经费计算表**

2017 年 6 月 30 日　　单位：元

项　　目	工会经费		职工教育经费		合　　计
	比例	金额	比例	金额	
计算基数		862 340		862 340	
应付职工薪酬	2%	17 246.80	1.5%	12 935.10	30 181.90

9.4.5　非货币性职工薪酬核算

（1）企业以其自产产品作为非货币性福利发放给职工的，应当根据受益对象，按照该产品的公允价值，计入相关资产成本或当期损益，同时确认应付职工薪酬。如图 9-8 所示。

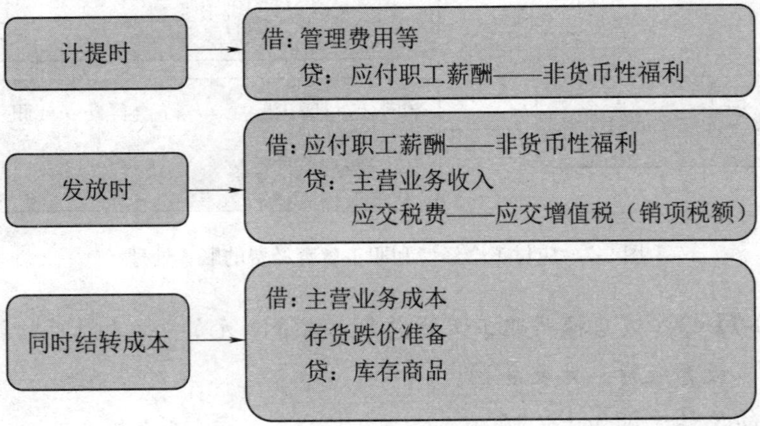

图 9-8　非货币性职工薪酬的账务处理

（2）企业将拥有的房屋等资产无偿提供给职工使用的，应当根据受益对象，将该住房每期应计提的折旧计入相关资产成本或当期损益，同时确认应付职工薪酬。租赁住房等资产职工无偿使用的，应当根据受益对象，将每期应付的租金计入相关资产成本或当期损益，并确认应付职工薪酬。基本账务处理如图 9-9 所示。

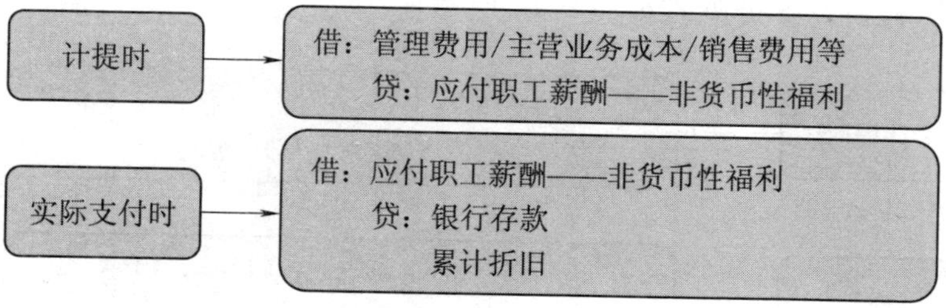

图 9-9　非货币性福利费的账务处理

【例 9-8】大华饭店为部分单身员工租用宿舍，每月租金 11 400 元，编制会计分录如下：

①确认非货币性福利。

借：管理费用　　11 400

　　贷：应付职工薪酬——非货币性福利　　11 400

②支付租金时。

借：应付职工薪酬——非货币性福利　　11 400

　　贷：银行存款　　11 400

9.4.6　辞退福利的核算

企业在职工劳动合同到期之前解除与职工的劳动关系，或者为鼓励职工自愿接受裁减而提出给予补偿的建议，同时满足下列条件的，应当确认因解除与职工的劳动关系给予补偿而产生的应付职工薪酬，同时计入当期损益。

(1) 企业已制定正式的解除劳动关系计划或提出自愿裁减建议，并即将实施。该计划或建议应当包括拟解除劳动关系或裁减的职工所在部门、职位及数量；根据有关规定按工作类别或职位确定的解除劳动关系或裁减补偿金额；拟解除劳动关系或裁减的时间。

(2) 企业不能单方面撤回解除劳动关系计划或裁减建议。为了反映解除劳动关系补偿的提取和支付情况，应在“应付职工薪酬”科目下设置“辞退福利”明细科目。

由于被辞退职工不能再给企业带来任何经济利益，辞退福利应当计入当期费用而不是资产成本。借记“管理费用”科目，贷记“应付职工薪酬——辞退福利”科目。账务处理如图 9-10 所示。

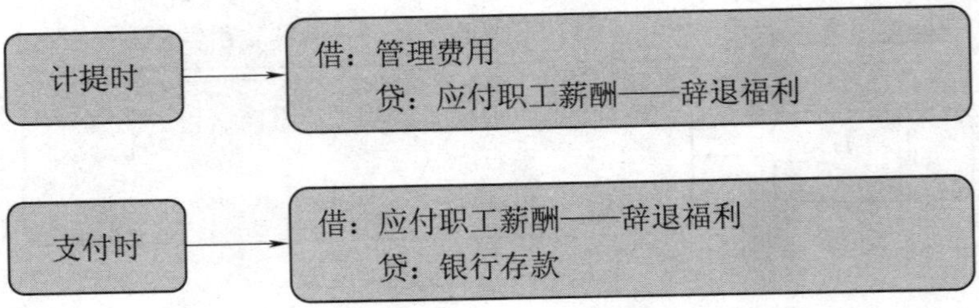

图 9-10　因解除与职工劳动关系给予的补偿账务处理

9.5　其他应付款的核算

9.5.1　其他应付款科目的设置

“其他应付款”是财务会计中的一个往来科目，其他应付款是指企业除应付票据、应付账款、应付职工薪酬等以外的应付、暂收其他单位或个人的款项。具体包括以下内容。

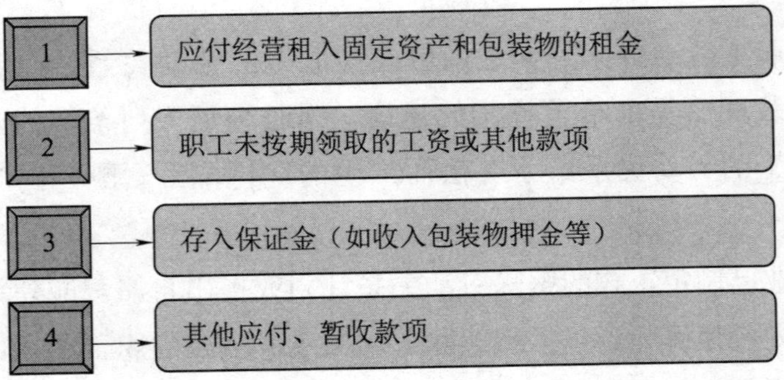

为了总括地反映和监督企业其他应付款的应付、暂收及支付情况，企业应设置“其他应付款”账户，该账户的贷方登记各种款项的暂收、应付，借方登记各款项的偿还或转销，期末贷方余额，反映公司尚未支付的其他应付

款项。其他应付款账户应按应付和暂收等款项的类别和单位或个人设置明细账。企业应设置“其他应付款”一级科目，其下应设置“应付调度款”“代收保险费”和“其他”三个二级科目。在“其他”科目之下，应设置应付租金、应付赔偿款、房租暂存款、应交离退休统筹基金和应交储蓄养老保险金等明细账户进行明细核算，并及时清理结算。见表 9-15。

表 9-15　　其他应付款会计科目编码的设置

科目代码	总分类科目（一级科目）	明细分类科目		是否辅助核算	辅助核算类别
		二级科目	三级科目		
2241	其他应付款				
224101	其他应付款	职工医药费	项目	是	单位（或个人）
224102	其他应付款	职工结余分配	项目	是	单位（或个人）
224103	其他应付款	个人往来	项目	是	单位（或个人）
224104	其他应付款	代收款项	项目	是	单位（或个人）
224105	其他应付款	单位往来	项目	是	单位（或个人）
224106	其他应付款	内部往来	项目	是	单位（或个人）
224107	其他应付款	保证金	项目	是	单位（或个人）
224108	其他应付款	押金	项目	是	单位（或个人）
224109	其他应付款	其他	项目	是	单位（或个人）

9.5.2　其他应付款的核算

“其他应付款”科目期末贷方余额，反映企业尚未支付的其他应付款项；期末余额如为借方余额，反映企业尚未收回的其他应收款项。企业发生各项应付、暂收款项，借记“银行存款”“主营业务成本”“管理费用”“财务费用”“应付职工薪酬”等科目，贷记“其他应付款”；实际支付时，借记“其他应付款”，贷记“银行存款”等科目。其他应付款核算的科目对各项应付、暂收款项，要主动向结算单位和个人核对账目，及时清理结算清楚。月终要按照账款的相关单位、个人和事项，列出余额明细表，作为账款的补充记录。

【例 9-9】佳和餐饮公司以经营性租赁方式租入楼房一幢，按租赁合同规定，每月租金于次月底支付。

(1) 本月计提应付租金 24 850 元。

借：销售费用　　24 850

　　贷：其他应付款——应付租金　　24 850

(2) 次月通过银行转账支付应付租金。

借：其他应付款——应付租金　　24 850

　　贷：银行存款　　24 850

CHAPTER

TEN

第10章 餐饮企业应交税费的核算

目前，我国企业涉及的应纳税种较多，主要有增值税、消费税、城市维护建设税、教育费附加、房产税、城镇土地使用税、耕地占用税、印花税、土地增值税和企业所得税等。

10.1 餐饮企业“营改增”基本要点

2016年3月23日，财政部、国家税务总局联合发文《关于全面推开营业税改征增值税试点的通知》(财税［2016］36号)，自2016年5月1日起，在全国范围内全面推开营业税改征增值税（以下称“营改增”）试点，建筑业、房地产业、金融业、生活服务业等全部营业税纳税人纳入试点范围，营业税全面改征增值税。

10.1.1 餐饮企业“营改增”的影响

餐饮企业通过烹饪、加工食材向顾客提供美味，这与咨询、中介等服务业相比，其特点在于直接材料支出是成本中最主要的部分，例如食物、酒水、饮料等。从加工原材料生产和销售产品的角度看，餐饮业与其他主要借助人力资源完成的服务业不同，反而与制造业有相似之处。但是由于营业税不能抵扣进项税额，因此餐饮业纳税人在“营改增”之前存在较大的重复纳税，即购入直接材料时实际负担材料的增值税，但提供服务时又要以包含材料增值税的营业额为计税依据缴纳营业税。“营改增”后，餐饮业纳税人可以通过取得增值税抵扣凭证而消除重复纳税问题。

在“营改增”完成前，属于营业税应税服务，税率为5%。“营改增”后，归属于生活服务业类，一般纳税人税率为6%，小规模纳税人适用简易征收，征收率为3%。另外，餐饮业“营改增”后，小规模纳税人征收率为3%，税负明显降低；一般纳税人税率为6%，看似税率上升，但是如果取得增值税抵扣凭证的话，可以抵扣进项税，若抵扣的这部分进项税能够抵减税率上升带来的影响，那么从总体上来看，餐饮业税负是降低了。

【例 10-1】京华餐饮连锁企业属于增值税一般纳税人，每月营业额为 580 万元，每月购买适用 11%税率的面粉、油、自来水等原材料 22.2 万元，购买适用 17%税率的酒水、饮料等原材料和燃料 12.87 万元，且都可以取得增值税专用发票，则餐饮企业纳税情况见表 10-1。

表 10-1　　餐饮企业“营改增”前后的影响

<table>
<tr><th colspan="2">行业</th><th colspan="2">餐饮业</th></tr>
<tr><td colspan="2">营业额（万元，下同）</td><td colspan="2">580</td></tr>
<tr><td rowspan="3">“营改增”前</td><td>税率</td><td colspan="2">5%</td></tr>
<tr><td>税额</td><td colspan="2">580×5%=29</td></tr>
<tr><td>税负</td><td colspan="2">29÷580×100%=5%</td></tr>
<tr><td rowspan="5">“营改增”后（一般纳税人）</td><td>税率</td><td colspan="2">6%</td></tr>
<tr><td>销项税额</td><td colspan="2">580÷（1+6%）×6%=32.83</td></tr>
<tr><td>进项税额</td><td>22.2÷（1+11%）×11%=2.2</td><td>12.87÷（1+17%）×17%=1.87</td></tr>
<tr><td>税额</td><td colspan="2">32.83−2.20−1.87=28.76</td></tr>
<tr><td>税负</td><td colspan="2">28.76÷［580÷（1+6%）］=5.26%</td></tr>
<tr><td rowspan="3">“营改增”后（小规模纳税人）</td><td>征收率</td><td colspan="2">3%</td></tr>
<tr><td>税额</td><td colspan="2">580÷（1+3%）×3%=16.89</td></tr>
<tr><td>税负</td><td colspan="2">16.89÷［580÷（1+3%）］=3%</td></tr>
</table>

从上表可以看出，“营改增”后，餐饮业整体税负降低。

10.1.2　餐饮企业一般纳税人和小规模纳税人的认定

我国现行增值税对纳税人实行分类管理的管理模式，本次“营改增”改革试点过程中，仍然沿用了这种管理模式，以发生应税行为的年销售额为标准，将纳税人分为一般纳税人和小规模纳税人，二者在计税方法、适用税率（征收率）、凭证管理等方面都不相同。

应税行为的年应征增值税销售额（以下称年应税销售额）超过财政部和国家税务总局规定标准的纳税人为一般纳税人，未超过规定标准的纳税人为小规模纳税人。

年应税销售额超过规定标准的其他个人不属于一般纳税人。年应税销售额超过规定标准但不经常发生应税行为的单位和个体工商户可选择按照小规模纳税人纳税。

有关一般纳税人资格登记的程序和具体要求，参见《增值税一般纳税人资格认定管理办法》（国家税务总局令第 22 号）和《国家税务总局关于调整增值税一般纳税人管理有关事项的公告》（国家税务总局 2015 年第 18 号公告）。

1. 划分一般纳税人和小规模纳税人的标准

财政部、税务总局颁布《关于统一增值税小规模纳税人标准的通知》（财税〔2018〕33 号）和《关于统一小规模纳税人标准等若干增值税问题的公告》（国家税务总局公告 2018 年第 18 号），将小规模纳税人的标准统一提高到 500 万元。见表 10-2。

表 10-2　　纳税人资格划分标准

纳税人	从事货物生产或者提供应税劳务的纳税人，以及以从事货物生产或者提供应税劳务为主，并兼营货物批发或者零售的纳税人	批发或零售的纳税人	销售服务、销售无形资产、销售不动产
小规模纳税人	年应税销售额≤500 万元	年应税销售额≤500 万元	应税服务年销售额≤500 万元
一般纳税人	年应税销售额＞500 万元	年应税销售额＞500 万元	应税服务年销售额＞500 万元

2. 纳税义务发生时间的规定

“财税〔2016〕36 号文”附件 1 第四十五条对增值税纳税义务发生时间进行了规定：

（1）纳税人发生应税行为并收讫销售款项或者取得索取销售款项凭据的当天；先开具发票的，为开具发票的当天。

收讫销售款项，是指纳税人销售服务、无形资产或者不动产过程中或者完成后收到款项。

取得索取销售款项凭据的当天，是指书面合同确定的付款日期；未签订书面合同或者书面合同未确定付款日期的，为服务、无形资产转让完成的当天或者不动产权属变更的当天。

（2）纳税人提供建筑服务、租赁服务采取预收款方式的，其纳税义务发生时间为收到预收款的当天。

（3）纳税人从事金融商品转让，为金融商品所有权转移的当天。

（4）纳税人发生本办法第十四条规定情形的，其纳税义务发生时间为服务、无形资产转让完成的当天或者不动产权属变更的当天。

（5）增值税扣缴义务发生时间为纳税人增值税纳税义务发生的当天。

10.1.3 增值税税率

2019 年 4 月 1 日前增值税有 5 挡，分别为：16%、13%、10%、6%、0，降低税率后，变成了 4 挡：13%、9%、6%、0。

与增值税税率不同，征收率只是计算纳税人应纳增值税税额的一种尺度，不能体现货物或劳务的整体税收负担水平。适用征收率的货物和劳务，应纳增值税税额计算公式为应纳税额＝销售额×征收率，不得抵扣进项税额。根据财税［2014］57 号的规定，为进一步规范税制、公平税负，经国务院批准，决定简并和统一增值税征收率，将 6%和 4%的增值税征收率统一调整为 3%。

最新增值税税率表，见表 10-3。

表 10-3　　最新增值税税率表

一般纳税人	征收项目	税率	征收项目	征收率
一般纳税人	销售或者进口货物（另有列举的货物除外）；提供加工、修理修配劳务	13%	一般纳税人销售自己使用过固定资产（符合简易计税方法条件的）	按照简易办法依照 3%征收率，减按 2%征收增值税。计算：含税卖价/（1+3%）×2%
			纳税人销售旧货	
	1. 粮食、食用植物油、鲜奶	9%	县级及县级以下小型水力发电单位生产的电力	依照 3%征收率

续上表

	征收项目	税率	征收项目	征收率
一般纳税人	2. 自来水、暖气、冷气、热气、煤气、石油液化气、天然气、沼气，居民用煤炭制品；	9%	建筑用和生产建筑材料所用的砂、土、石料	依照3%征收率
			以自己采掘的砂、土、石料或其他矿物连续生产的砖、瓦、石灰（不含黏土实心砖、瓦）	
	3. 图书、报纸、杂志；		用微生物、微生物代谢产物、动物毒素、人或动物的血液或组织制成的生物制品	
	4. 饲料、化肥、农药、农机（整机）、农膜；		自来水	
	5. 农产品（指各种动、植物初级产品）；音像制品；电子出版物；二甲醚； 6. 农用挖掘机、养鸡设备系列、养猪设备系列产品属于农机		商品混凝土（仅限于以水泥为原料生产的水泥混凝土）	
			寄售商店代销寄售物品（包括居民个人寄售的物品在内）	依照3%征收率
			典当业销售死当物品	
			经国务院或国务院授权机关批准的免税商店零售的免税品	
			销售其按照规定不得抵扣且未抵扣进项税额的固定资产	征收率3%，减按2%征收
			2008年12月31日以前未纳入扩大增值税抵扣范围试点的纳税人，销售自己使用过的2008年12月31日以前购进或者自制的固定资产	

续上表

	征收项目	税率	征收项目	征收率
一般纳税人	出口货物	0%		
	“营改增”试点增值税纳税人			
	交通运输业	陆路（含铁路）运输、水路运输、航空运输和管道运输服务	9%	3%
	邮政业	邮政普遍服务 邮政特殊服务 其他邮政服务 基础电信服务 增值电信服务	9% 9% 9% 9% 6%	3% 3% 3% 3% 3%
	建筑服务	安装、修缮、装饰、其他建筑服务	9%	3%
	金融服务	贷款服务 直接收费金融服务 保险服务 金融商品转让	6% 6% 6% 6%	3% 3% 3% 3%
	现代服务业	研发和技术服务、信息技术服务、文化创意服务、物流辅助服务、鉴证咨询服务、广播影视服务、有形动产租赁服务	6%	
	租赁服务	不动产融资租赁（1）	9%	5%（小规模）
		不动产融资租赁（2）	9%	5%（一般老项目）
		不动产经营租赁（1）	9%	5%（一般老项目）
		不动产经营租赁（2）	9%	5%（小规模）
		有形动产融资租赁	13%	3%
		有形动产经营租赁	13%	3%
	物流辅助服务	航空服务 港口码头服务 货运客运场站服务 打捞救助服务 装卸搬运服务 仓储服务 收派服务	6%	3%
	鉴证咨询服务	认证服务 鉴证服务 咨询服务	6%	3%

续上表

	"营改增"试点增值税纳税人			税率	征收率
一般纳税人	生活服务		文化体育服务 教育医疗服务 旅游娱乐服务 餐饮住宿服务 居民日常服务 其他生活服务	6%	3%
	销售无形资产		专利或非专利技术	6%	3%
			商标和著作权土地使用权	6% 9%	3% 5%（一般老项目或小规模）
			其他自然资源使用权	6%	3%
			其他权益性无形资产	6%	3%
	销售不动产	建筑物	建筑物（1）	9%	5%（小规模）
			建筑物（2）	9%	5%（一般老项目）
		构筑物	构筑物（1）	9%	5%（小规模）
			构筑物（2）	9%	5%（一般老项目）
		财政部和国家税务总局规定的应税服务		0%	
纳税人	境内单位和个人提供的往返香港、澳门、台湾的交通运输服务境内单位和个人在香港、澳门、台湾提供的交通运输服务			0%	
	境内单位和个人提供的国际运输服务、向境外单位提供的研发服务和设计服务			0%	
	境内单位和个人提供的规定的涉外应税服务			免税	

10.1.4 增值税科目设置

1. 增值税会计科目设置明细

2016年12月3日，财政部发布了《财政部关于印发<增值税会计处理规定>的通知》（财会〔2016〕22号）。该文件对企业涉及增值税业务的会计处理进行了规范，适用于全面“营改增”后的所有企业。根据财会〔2016〕22号文件规定，一般纳税人企业增值税相关会计科目设置，见表10-4。

表10-4　　一般企业增值税基本会计科目设置明细表

科目代码	总分类科目（一级科目）	明细分类科目	
		二级科目	三级科目
2221	应交税费		
222101	应交税费	应交增值税	
22210101	应交税费	应交增值税	进项税额
22210102	应交税费	应交增值税	已交税金
22210103	应交税费	应交增值税	减免税款
22210104	应交税费	应交增值税	转出未交增值税
22210105	应交税费	应交增值税	销项税额抵减
22210106	应交税费	应交增值税	出口抵减内销产品应纳税额
22210107	应交税费	应交增值税	销项税额
22210108	应交税费	应交增值税	进项税额转出
22210109	应交税费	应交增值税	出口退税
22210110	应交税费	应交增值税	转出多交增值税
222102	应交税费	预交增值税	
222103	应交税费	待抵扣进项税额	
222104	应交税费	待认证进项税额	
222105	应交税费	待转销项税额	
222106	应交税费	简易计税	
222107	应交税费	转让金融商品应缴增值税	
222108	应交税费	代扣代交增值税	
222109	应交税费	未交增值税	

小规模纳税人只需在“应交税费”科目下设置“应交增值税”明细科目，不需要设置上述专栏及除“转让金融商品应交增值税”“代扣代交增值税”外的明细科目。

2. 增值税会计处理

一般纳税人应该在“应交增值税”明细账内，设置子目。如图 10-1 所示。

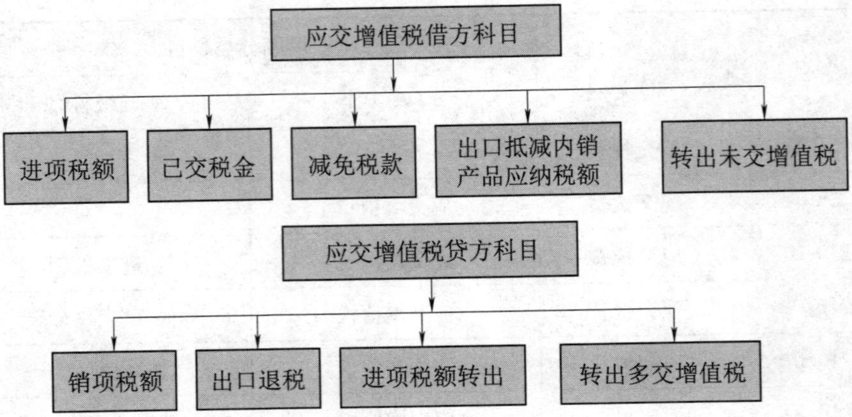

图 10-1　增值税应设子目

10.1.5　增值税发票

目前国家税务局的发票主要有：增值税专用发票、增值税普通发票、机动车销售统一发票和增值税电子普通发票。

1. 增值税发票代码

根据《国家税务总局关于统一编印 1995 年增值税专用发票代码的通知》(国税函发〔1995〕18 号）规定，增值税发票代码由 10 位数字组成。如图 10-2所示。

某增值税专用发票代码为 1100171130，可以解读为北京市 2017 年第一批印刷的中文版三联发票。

2. 增值税发票的联次

根据《国家税务总局关于修订〈增值税专用发票使用规定〉的通知》(国税发〔2006〕156 号）第四条规定：专用发票由基本联次或者基本联次附加其他联次构成，基本联次为三联：发票联、抵扣联和记账联。

发票联，作为购买方核算采购成本和增值税进项税额的记账凭证；

抵扣联，作为购买方报送主管税务机关认证和留存备查的凭证；

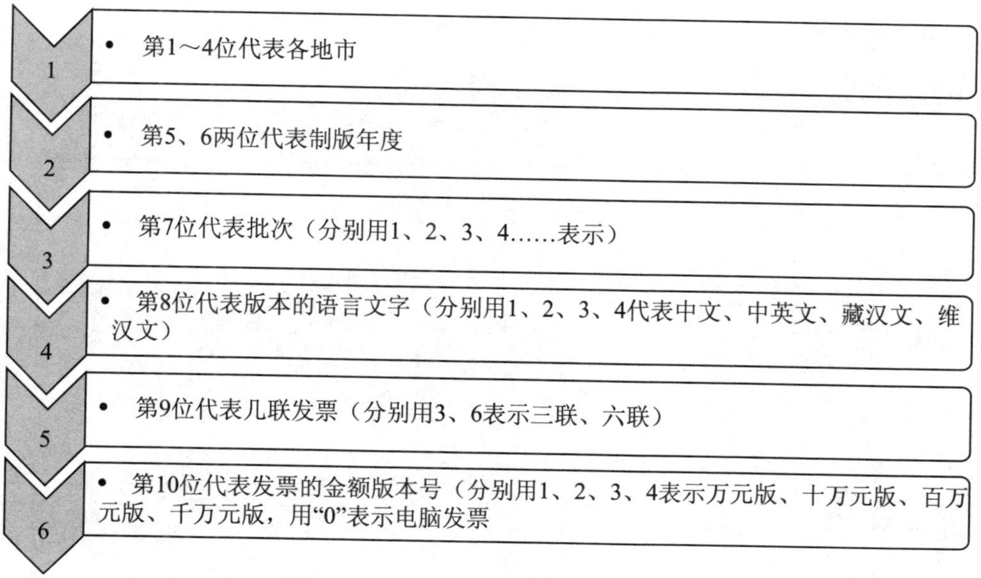

图 10-2　增值税发原代码解读

记账联，作为销售方核算销售收入和增值税销项税额的记账凭证；

其他联次用途，由一般纳税人自行确定。

3. 最高开票限额

最高开票限额，是指单份专用发票开具的销售额合计数不得达到的上限额度。

最高开票限额由一般纳税人申请，税务机关依法审批。最高开票限额为 10 万元及以下的，由区县级税务机关审批；最高开票限额为 100 万元的，由地市级税务机关审批；最高开票限额为 1 000 万元及以上的，由省级税务机关审批。防伪税控系统的具体发行工作由区县级税务机关负责。开票额度可通过主管税务机关调整，一般纳税人使用增值税专用发票的，需要向其主管税务机关申请审批其开具增值税专用发票的最高限额，税务机关一般需报送以下资料：

（1）《税务行政许可申请表》

（2）《增值税专用发票最高开票限额申请单》

其他部分，在其右边印有专用发票的联次和用途；在其左边，印有批准印制专用发票的文号、印制数量和印制单位。

增值税普通发票与专用发票表样如图 10-3 所示。

1100162130　　北京增值税专用发票　　№ 06210881

发票联

开票日期

购买方	名　　称： 纳税人识别号： 地 址 、电 话： 开户行及账号：	密码区	

货物或应税劳务、服务名称	规格型号	单位	数量	单价	金额	税率	税额
合计							
价税合计（大写）	（小写）						

销售方	名　　称： 纳税人识别号： 地 址 、电 话： 开户行及账号：	备注	

收款人：　　复核：　　开票人：　　销售方：（章）

第三联：发票联　购买方记账凭证

1100154350　　北京增值税普通发票　　№ 01678315

发票联

开票日期：

购买方	名　　称： 纳税人识别号： 地 址 、电 话： 开户行及账号：	密码区	

货物或应税劳务、服务名称	规格型号	单位	数量	单价	金额	税率	税额
合计							
价税合计（大写）	（小写）						

销售方	名　　称： 纳税人识别号： 地 址 、电 话： 开户行及账号：	备注	

收款人：　　复核：　　开票人：　　销售方：（章）

第三联：发票联　购买方记账凭证

图 10-3　增值税专用发票与普通发票票样

4. 增值税电子发票

（1）增值税电子发票表样。

2013 年 6 月 27 日，北京市国家税务局、北京市地方税务局、北京市商务委员会、北京市工商行政管理局今日发布《关于电子发票应用试点若干事项的公告》（公告 2013 年第 8 号）。公告称，自 2013 年 6 月 27 日起，在北京市开展电子发票应用试点。随后在京东商城集团总部，中国电子商务领域首张电子发票诞生。

以北京为例，增值税电子发票票样如图 10-4 所示。

北京电子增值税普通发票

全国统一发票监制章 北京 国家税务局监制

发票代码：011001605133
发票号码：86130410
开票日期：2019 年 4 月 10 日
机器编码：661545422820　　校验码：74578 76281 23116 25639

购买方	名称：创世纪有限公司 统一社会信用代码：110101400002461A 地址、电话：北京海淀区蓝石路 31 号 68459319 开户行及账号：工商银行蓝石路支行	密码区	403－6/＊253＊99＊198＞＊971－＋38 ＜06679713607266＜＜573＋3＜11＊00 ＊61730952＊8043＊/1549978－41＋ ＋71809979713607266＜＜573＊＋35

货物或应税劳务、服务名称	规格型号	单位	数量	单价	金额	税率	税额
2FT 型空调	无		1	4 900	4 900	13%	
合计				￥4 900		￥637	
价税合计（大写）	⊗伍仟伍佰叁拾柒圆整				（小写）￥5 537		

销售方	名称：北京欣博世纪信息技术有限公司 统一社会信用代码：110192562134916D 地址、电话：北京市北京经济技术开发区科创十四街 108 号 2 号楼 B168 室 010-56754037 开户行及账号：交通银行股份有限公司北京海淀支行 110060576018150059577	备注	订单号：44173820832 北京欣博世纪信息技术有限公司 1101925621349160 发票专用章

收款人：京东商城　　复核：　　开票人：京东商场　　销售方：（章）

图 10-4　北京电子增值税普通发票

10.2 进项税额管理

一般纳税人购进货物或者接受应税劳务，所支付或者负担的增值税为进项税额。需要注意的是，并不是纳税人支付的所有进项税额都可以从销项税额中抵扣，下面分别介绍哪些应税项目是可以抵扣的，哪些应税项目是不可以抵扣的。

10.2.1 准予抵扣的进项税额

1. 企业常见业务的进项税额抵扣

进项税额抵扣有认证抵扣和计算抵扣两种方式，实务企业一般在日常办公管理、职工福利、生产经营过程会产生大量的增值税专用发票，符合政策规定抵扣范围内的经济管理事项，需要抵扣凭证以及相应票据的支持。当期销项税额小于当期进项税额不足抵扣时，其不足部分可以结转下期继续抵扣。见表 10-5。

表 10-5　日常项目抵扣一览表

具体项目	一般纳税人提供		小规模纳税人提供	
	抵扣税率	是否需要专用发票	税率	是否需要专用发票
外购商品发放福利	—	否	—	否
员工商业保险、劳动保护用品	6%或 13%	是	3%	是
劳务派遣员工	全额开票 6%	是	全额开票 3%	是
	差额开票 5%	是	差额开票 5%	是
职工教育经费	存在 13%、9%、6%不同情形	是	3%	是
培训费	6%	是	3%	是
购图书、资料费、印刷费	13%	是	3%	是
办公用低值易耗品、绿植采购、电费、软件、油费	13%	是	3%	是

续上表

具体项目	一般纳税人提供		小规模纳税人提供	
	抵扣税率	是否需要专用发票	税率	是否需要专用发票
花卉、植物租赁、车辆租赁、设备租赁、办公设备租赁	13%	是	3%	是
财产保险	6%	是	3%	是
水费	3%或9%	是	3%	是
暖气、冷气、热水、煤气、石油液化气、天然气	9%	是	3%	是
办公楼租赁	9%或5%	是	5%	是
装饰装修、修缮	9%或3%	是	3%	是
动产修理	13%	是	3%	是
软件开发、升级服务、空气质量检测等	6%	是	3%	是
物业费	6%	是	3%	是
咨询服务	6%	是	3%	是
年报审计、税务鉴证、法律鉴证、工程造价鉴证、资产评估、环境评估、图审等	6%	是	3%	是
财务顾问、税务顾问、法律顾问、项目可行性研究等	6%	是	3%	是
会展服务	6%	是	3%	是
电信	9%和6%	是	3%	是
邮政	9%	是	3%	是
收派服务	6%或3%	是	3%	是
广告费、展览活动	6%	是	3%	是
书报、杂志费	9%	是	3%	是
银行手续费、担保费等	6%	是	3%	是
住宿费用	6%	是	3%	是
会议费	6%	是	3%	是

续上表

具体项目	一般纳税人提供		小规模纳税人提供	
	抵扣税率	是否需要专用发票	税率	是否需要专用发票
高速公路通行费通行费发票	3%	是	3%	是
一级公路、二级公路、桥、闸通行费	5%	是	5%	是
出差中购买的单程商业保险	6%	是	3%	是
小汽车生产运输	13%	是	3%	是
货车生产运输	13%	是	3%	是
工作租车	9%或13%	是	3%	是
旅游服务	6%	是	3%	是
贷款利息支出（含关联方借款）	—	否		否
不动产和不动产在建工程	9%或5%	是	5%	是
不动产投资（共担风险，共享利润）	9%或5%	是	5%	是
固定资产、无形资产（混用、专用于应税项目）	13%和6%	是	3%	是
周转材料、临时设施、项目设备支出（非简易项目）	13%	是	3%	是

2. 可抵扣进项税额凭证

全面营业税改增值税后，可以认证抵扣或者计算抵扣的凭证大致有8种，分别是一般纳税人常用的“增值税专用发票”“货物运输业增值税专用发票”“机动车销售统一发票”、进口环节取得的“海关进口增值税缴款书”“中华人民共和国税收缴款凭证”“农产品销售发票”“农产品收购发票”以及道路、桥、闸通行费“××地方税务机关监制发票”。其他基本内容见表10-6。

表10-6 抵扣凭证

抵扣凭证种类	出具方	抵扣金额
增值税专用发票	销售方或通过税务机关代开	注明的增值税税额
机动车销售统一发票	销售方	注明的增值税税额

续上表

抵扣凭证种类	出具方	抵扣金额
海关进口增值税缴款书	海关	注明的增值税税额
税收缴款凭证	税务机关	注明的增值税税额
农产品销售发票	销售方	买价×11%
农产品收购发票	购货方	买价×11%
道路、桥、闸通行费	高速公路运营方	发票上注明的金额÷（1+3%）×3%
	一级公路、二级公路、桥、闸运营方	发票上注明的金额÷（1+5%）×5%
土地出让金省级以上（含）财政部门监（印）制的财政票据	政府相关部门	票据上注明的金额÷（1+11%）×11%

《财政部　税务总局　海关总署关于深化增值税改革有关政策的公告》（财政部　税务总局　海关总署公告2019年第39号，以下简称“39号公告”）第七条规定，自2019年4月1日至2021年12月31日，允许生产、生活性服务业纳税人按照当期可抵扣进项税额加计10%，抵减应纳税额（以下称加计抵减政策）。生产、生活性服务业纳税人，是指提供邮政服务、电信服务、现代服务、生活服务（以下称四项服务）取得的销售额占全部销售额的比重超过50%的纳税人。

10.2.2　增值税进项税额的账务处理

增值税一般纳税人的账务处理，见表10-7。

表10-7　增值税进项税额的账务处理

财务情景	账务处理
采购物资时	借：原材料（库存商品等） 　　应交税费——应交增值税（进项税额） 　　贷：应付账款（应付票据、银行存款） 注：购入物资发生的退货，做相反会计分录

续上表

财务情景	账务处理
接受投资转入的物资时	借：原材料 应交税费——应交增值税（进项税额） 贷：实收资本 资本公积
接受应税劳务时	借：应交税费——应交增值税（进项税额） 生产成本（委托加工物资等科目） 贷：应付账款（银行存款等科目）
进口物资时	借：原材料（库存商品） 应交税费——应交增值税（进项税额） 贷：应付账款（银行存款等科目）
购进免税农业产品时	买价减去按规定计算的进项税额后的差额（即 89%的部分） 借：原材料（库存商品） 应交税费——应交增值税（进项税额） 贷：应付账款（银行存款等科目）
购进的物资、在产品、产成品发生非正常损失，以及购进物资改变用途等原因，其进项税额应相应转入有关科目	借：管理费用（在建工程、应付职工薪酬等科目） 贷：应交税费——应交增值税（进项税额转出）

4. 不得抵扣的进项税额

1 •用于非增值税应税项目、免征增值税项目、集体福利或者个人消费的购进货物或者应税劳务

2 •非正常损失的购进货物及相关的应税劳务

3 •非正常损失的产品、产成品所耗用的购进货物或者应税劳务

4 •国务院财政、税务主管部门规定的纳税人自用消费品

5 •以上第1项至第4项规定的货物的运输费用和销售免税货物的运输费用

6 •小规模纳税人不得抵扣进项税额。但是，一般纳税人取得由税务所为小规模纳税人代开的增值税专用发票，可以将专用发票上填写的税额作为进项税额计算抵扣

7 •进口货物，在海关计算缴纳进口环节增值税额时，不得抵扣发生在中国境外的各种税金

8 •因进货退出或折让而收回的进项税额，应从发生进货退出或折让当期的进项税额中扣减

9 •按简易办法征收增值税的优惠政策，不得抵扣进项税额

5. 特殊情形下进项税额的确定

（1）一般纳税人兼营免税项目或者非增值税应税劳务而无法划分不得抵扣的进项税额的，按下列公式计算不得抵扣的进项税额：

不得抵扣的进项税额＝当月无法划分的全部进项税额×当月免税项目销售额、非增值税应税劳务营业额合计÷当月全部销售额、营业额

（2）合计购进货物或者应税劳务，取得的增值税扣税凭证不符合法律、行政法规或者国务院税务主管部门有关规定的，其进项税额不得从销项税额中抵扣。

【例 10-2】兰蝶餐饮有限公司是增值税一般纳税人，适用一般税率 6%，2017 年 1 月有关生产经营业务如下：

（1）月初外购食材一批，支付增值税进项税额 50 000 元，中下旬因管理不善，造成该批货物一部分发生霉烂变质，经核实造成 1/5 损失；

（2）外购的动力燃料支付的增值税进项税额 46 500 元；

兰蝶餐饮有限公司当月可以抵扣的进项税额。

（1）外购货物可以抵扣的进项税额：50 000－50 000×1/5＝40 000（元）

（2）外购燃料、动力可以抵扣的进项税额：46 500（元）

（3）当月可以抵扣的进项税额：46 500＋40 000＝86 500（元）

10.2.3 辅导期内进项税额的处理

辅导期一般纳税人应当在“应交税费”科目下增设“待抵扣进项税额”明细科目，核算尚未交叉稽核比对的专用发票抵扣联、海关进口增值税专用

缴款书以及运输费用结算单据（以下简称增值税抵扣凭证）注明或者计算的进项税额。账务处理如图 10-5 所示。

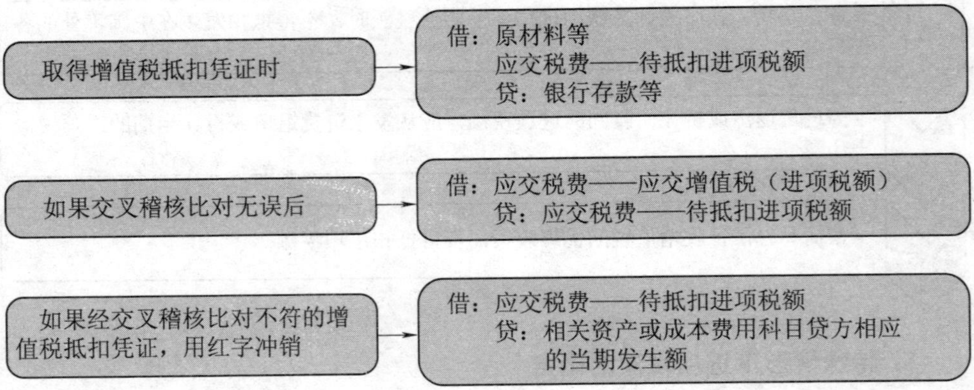

图 10-5　辅导期内进项税额的账务处理

【例 10-3】江西餐馆经税务局批准，进入一般纳税人辅导期。2017 年 1 月，该企业营业收入指标已经符合一般纳税人认定标准。当月采购商品收到 7 张增值税专用发票，不含税金额为 21 200 元，进项税额为 2 600 元，该企业会计人员将已通过认证但未反馈回来比对信息，会计人员账务处理如下：

借：库存商品　　21 200

　　应交税费——应交增值税（进项税额）　　2 600

　　贷：银行存款　　23 800

2 月份增值税纳税申报时，会计人员在申报抵扣了销项税额，致使 7 月份该企业增值税留抵进项税额 1 000 元。

①取得增值税抵扣凭证时，将支付或计算提取的增值税进项税额计入“应交税费——待抵扣进项税额”明细科目借方。

借：库存商品　　21 200

　　应交税费——待抵扣进项税额　　2 600

　　贷：银行存款　　23 800

②如果交叉稽核比对无误后。

借：应交税费——应交增值税（进项税额）　　2 600

　　贷：应交税费——待抵扣进项税额　　2 600

③如果经交叉稽核比对不符的增值税抵扣凭证（实务要用红字冲销）。

借：应交税费——待抵扣进项税额　　[2 600]

　　贷：库存商品　　[2 600]

该企业2月份该企业的调整分录为：

①调整多抵扣的进项税额：

借：应交税费——待抵扣进项税额　　2600

　　贷：应交税费——应交增值税（进项税额转出）　　2600

②把应交未交的增值税税额转入未交增值税：

借：应交税费——应交增值税（转出未交增值税）　　2 600

　　贷：应交税费——未交增值税　　2 600

10.2.4 日常业务可抵扣增值税进项税的实务操作

按照税法规定，企业购进货物或应税劳务，按照规定取得并保存增值税扣税凭证，其进项税额可以从销项税额中抵扣。

【例10-4】大华饭店1月份从晨旭农贸有限公司采购一批面粉，销售方的增值税专用发票上注明的价款60 000元，增值税额3 600元，另支付运费436元。面粉已验收入库，款项已通过银行支付。原始单据见表10-8、10-9、10-10。

表10-8　　**深圳增值税专用发票**

442017240　　深圳　国家税务总局监制　　**№：021927432**

发票联　　开票日期：2019年4月9日

购货单位	名称：大华饭店 统一社会信用代码：54562001400358901H 地址、电话：深圳福田区桃林街23号 62390451 开户行及账号：深圳工商银行桃林街支行营业室451200190923426452 3			密码区	略		
货物或应税劳务名称	规格型号	单位	数量	单价	金额	税率（%）	税额
面粉		千克	1 000	63.6	¥60 000	6%	¥3 600
价税合计（大写）	⊗陆万叁仟陆佰元整						（小写）¥63 600
销货单位	名称：晨旭农贸有限公司 统一社会信用代码：430124134965123D 地址、电话：深圳前山区玉树路34号 0755-674542311 开户行及账号：中行白石路分理处066180360010890				注	晨旭农贸有限公司 4301241349651230 发票专用章	

收款人：花芳　　复核：李非　　开票人：谢天　　销货单位：

表 10-9

11236012

货物运输业增值税专用发票

国统一发票监制章 深圳 国家税务总局监制

开票日期：2019 年 4 月 9 日

<table>
<tr><td>承运人及纳税人识别号</td><td colspan="4">顺宇货物运输有限公司
237865340923651</td><td rowspan="2">密码区</td><td colspan="3" rowspan="2">略</td></tr>
<tr><td>实际受票方及纳税人识别号</td><td colspan="4">大华饭店
54562001400358901</td></tr>
<tr><td>收货人及纳税人识别号</td><td colspan="4">大华饭店
54562001400358901</td><td>发货人及纳税人识别号</td><td colspan="3">晨旭农贸有限公司
430124134965123</td></tr>
<tr><td colspan="2">起运地、经由、到达地</td><td colspan="7"></td></tr>
<tr><td>费用项目及金额</td><td colspan="5">费用项目　金额　费用项目　金额
运费　436</td><td>运输货物信息</td><td colspan="2">面粉</td></tr>
<tr><td>合计金额</td><td>436</td><td>税率</td><td>9%</td><td>税额</td><td>36</td><td>机器编号</td><td colspan="2"></td></tr>
<tr><td>价税合计（大写）</td><td colspan="6">⊗ 肆佰叁拾陆元整</td><td colspan="2">小写￥ 436</td></tr>
<tr><td>车种车号</td><td></td><td>车船吨位</td><td></td><td rowspan="2">备注</td><td colspan="4" rowspan="2"></td></tr>
<tr><td>主管税务机关及代码</td><td colspan="3">前山区税务局</td></tr>
</table>

收款人　××　　复核人　××　　开票人　××　　承运人（章）

表 10-10

<table>
<tr><td>中国工商银行
转账支票存根
IV V000321
科　目：
对方科目：
出票日期 2019 年 4 月 9 日</td></tr>
<tr><td>收款人：晨旭农贸有限公司</td></tr>
<tr><td>金　额：64 072</td></tr>
<tr><td>用　途：支付面粉款</td></tr>
</table>

单位主管　李磊　　会计　程浩

（1）进项税额＝3 600＋400×9%＝3 636（元）

（2）面粉采购成本＝60 000＋436÷（1＋9%）＝60 400（元）

借：材料采购——面粉　　60 400

　　应交税费——应交增值税（进项税额）　　3 636

　　贷：银行存款　　64 036

10.2.5　购入不动产的增值税会计处理

2019 年 3 月 21 日，财政部、税务总局、海关总署公布《关于深化增值税改革有关政策的公告》（下称《公告》），从 2019 年 4 月 1 日起，纳税人取得不动产支付的进项税由分两年抵扣改为一次性全额抵扣，增加纳税人当期可抵扣进项税。

（1）已抵扣进项税额的不动产，发生非正常损失，或者改变用途，专用于简易计税方法计税项目、免征增值税项目、集体福利或者个人消费的，按照下列公式计算不得抵扣的进项税额，并从当期进项税额中扣减：

不得抵扣的进项税额＝已抵扣进项税额×不动产净值率

不动产净值率＝（不动产净值÷不动产原值）×100%

（2）按照规定不得抵扣进项税额的不动产，发生用途改变，用于允许抵扣进项税额项目的，按照下列公式在改变用途的次月计算可抵扣进项税额。

可抵扣进项税额＝增值税扣税凭证注明或计算的进项税额×不动产净值率

账务处理如图 10-6 所示。

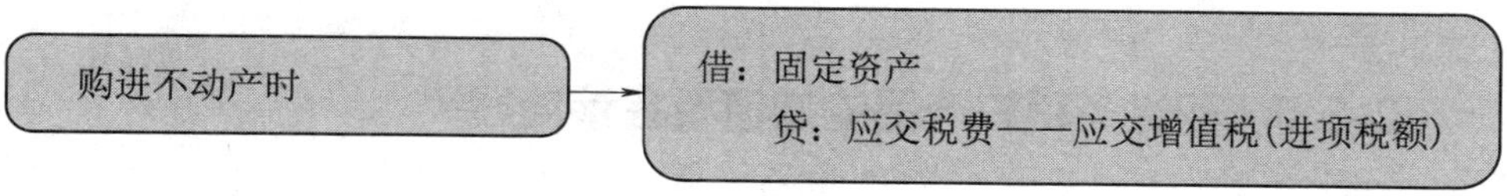

图 10-6　不动产增值税的账务处理

【例 10-5】2019 年 6 月 1 日，大华饭店购入一幢营业用楼房，取得增值税专用发票，并认证通过，专用发票上注明的金额为 20 000 万元，增值税额 1 800万元。当月入账，计入固定资产，分 10 年计提折旧，采取直线折旧法，无残值。

根据的相关规定，该不动产专用于生产增值税免税产品，1 800 万元的增值税进项税额应该全额转出。

在 2019 年 6 月会计上确认，进项税额转出；2019 年 7 月申报进项税额转出。

①计算不动产净值率。

累计折旧金额＝（20 000 ÷10）×2＝4 000（万元）

不动产净值率＝（20 000—4 000）÷20 000 ＝80％

②计算可以抵扣进项税额。

选用《不动产进项税额分期抵扣暂行办法》中的计算方法：

可抵扣进项税额＝1 800×80％＝1 440（万元）

台账明细见表 10-11。

表 10-11　　不动产及不动产在建工程抵扣台账

单位：万元

序号	项目名称	会计核算科目	发票日期	发票明细	票面金额	进项税额	当期抵扣金额	申报抵扣日期	是否抵扣完毕
1	大华餐厅	固定资产	2019 年 7 月	办公楼	20 000	1 800	1 440	2019 年 8 月	是
2									
3									

10.2.6　购进免税农产品的增值税会计处理

餐饮企业采购的直接材料如果是初级农产品，按供应对象不同，分为计算抵扣和凭票抵扣两种方式。对于直接从农业生产者企业和个人采购农产品采用计算抵扣方式，即：

进项税额＝买价×扣除率

如果原材料加工程度较高，已经不符合 52 号文件所规定的“初级农产品”范围，则适用税率为13%而不是9%，餐饮企业购买相应产品可以相应抵扣进项税额。

按购入农业产品的买价和规定的扣除率计算的进项税额，借记“应交税费——应交增值税（进项税额）”科目，按买价扣除按规定计算的进项税额后的差额，借记“材料采购”“在途物资”等科目，按应付或实际支付的价款，贷记“应付账款”“银行存款”等科目。

【例 10-6】西北酒店购入农产品一批，价款 37 740 元，农产品扣除率为9%，货物已入库，货款已用银行存款支付。见表 10-12。

表 10-12 **××国家税务局通用机打发票**

发票联

开票日期：

出售人	王威		出售人收款账号	9558097800000489541	
收购业务类别	大米		出售人地址	××村	
出售人身份证号	11101119870506562				
货物或劳务名称	规格型号	数量	单位	单价	金额
大米		10 000	千克	3.774	37 740
会计金额（大写）	⊗叁万柒仟柒佰肆拾元整		金额（小写）	￥37 740	
付款方名称	西北酒店				
付款方税号	543796042749453		开票人	温玉玉	

填票人　　　　验收人　　　　收购单位（盖章）

进项税额＝37 740×9%＝3 396.6（元）

借：库存商品——大米　　34 343.4

　　应交税费——应交增值税（进项税额）　　3 396.6

　　贷：银行存款　　37 740

根据上述业务，登记会计凭证，见表 10-13。

表 10-13

记账凭证

2017 年 1 月 16 日　　字第　号

摘　要	会计科目	借方金额											贷方金额											记账
		万	千	百	十	万	千	百	十	元	角	分	万	千	百	十	万	千	百	十	元	角	分	
从农户购入大米 1 000 千克，价款为 37 740 元	库存商品——大米					3	4	3	4	3	4	0												
	应交税费——应交增值税（进项税额）						3	3	9	6	6	0												
	银行存款															¥	3	7	7	4	0	0	0	
合　计					¥	3	7	7	4	0	0	0				¥	3	7	7	4	0	0	0	

会计主管：金天岳　　记账：任晴　　审核：齐柏松　　制单：赵博

10.2.7　进口货物应纳税额的计算

根据《增值税暂行条例》的规定，进口货物增值税的纳税义务人为进口货物的收货人或办理报关手续的单位和个人，包括国内一切从事进口业务的企事业单位、机关团体和个人。

1. 进口货物的适用税率

进口货物增值税税率与增值税一般纳税人在国内销售同类货物的税率相同。

2. 进口货物应纳税额的计算

应纳税额＝组成计税价格×税率

组成计税价格＝（关税完税价格＋关税）÷（1－消费税税率）

或：

组成计税价格＝关税完税价格＋关税＋消费税

【例 10-7】大华饭店为增值税一般纳税人，2019 年 4 月进口一批洋酒，关税完税价格 250 000 元。海关于 1 月 15 日开具了完税凭证。大华饭店缴纳进口环节税金后海关放行（关税税率为 50%，消费税税率为 30%）。（其他单据略）见表 10-14。

组成计税价格＝250 000×（1＋50%）/（1－30%）＝535 714.29（元）

进口环节缴纳增值税＝535 714.29×13%＝69 642.86（元）

表 10-14 **海关进口增值税专用缴款书**

收入系统：税务系统　　填发日期：2019 年 4 月 15 日　号码：029820050185054065-I02

<table>
<tr><td rowspan="3">收入机关</td><td>收入机关</td><td colspan="3">中央金库</td><td rowspan="3">缴款单位（个人）</td><td>名称</td><td>大华饭店</td></tr>
<tr><td>科目</td><td>进口增值税</td><td>预算级次</td><td>中央</td><td>账号</td><td>5498001909234216754</td></tr>
<tr><td>收款国库</td><td colspan="3">海淀区中心支库</td><td>开户银行</td><td>深圳工商银行白石路支行营业室</td></tr>
<tr><td colspan="2">税号</td><td>货物名称</td><td>数量</td><td>单位</td><td>完税价格</td><td>税率（%）</td><td>税款金额（元）</td></tr>
<tr><td colspan="2"></td><td>A</td><td></td><td></td><td>535 714.29</td><td>13</td><td>69 642.86</td></tr>
<tr><td colspan="2">金额（人民币）</td><td colspan="6">⊗陆万玖仟陆佰肆拾贰元捌角陆分</td></tr>
<tr><td colspan="2">申请单位编号</td><td></td><td colspan="2">报关单编号</td><td></td><td>填制单位</td><td>收款国库（银行）</td></tr>
<tr><td colspan="2">合同批文</td><td></td><td colspan="2">运输工具</td><td></td><td></td><td></td></tr>
<tr><td colspan="2">缴款期限</td><td></td><td colspan="2">提货单号</td><td></td><td></td><td></td></tr>
<tr><td colspan="8">备注　照章征税　15/4/2019　　制单人：
复核人：
国际代码：560106787062823US</td></tr>
</table>

第一联（收据）国库收款签单后交缴款单位或缴纳人

10.2.8 不可以抵扣增值税进项税的实务操作

（1）属于购入货物时不能直接认定其进项税额能否抵扣的，先计入“应交税费——应交增值税（进项税额）”账户，如果这部分购入货物以后用于按规定不得抵扣进项税额项目的，应将原已记入进项税额并已支付的增值税转入有关的承担者予以承担，通过“应交税费——应交增值税（进项税额转出）”账户转入有关资产及劳务成本。

【例 10-8】 大华饭店 8 月在建工程领用甲材料一批，材料实际成本为 35 800元，进项税额为 4 654 元。见表 10-15。

表 10-15　　　　　　　　　　　　出库单　　　　　　　　　　　　单位：元

月	日	品　名	规格型号	数　量	单　位	单　价	金　额	签　字
4	12	甲材料		100	吨	358	35 800	
合计							35 800	

借：在建工程　　　　　　　　　　　　　　　　　40 454

　　贷：原材料——甲材料　　　　　　　　　　　　　35 800

　　　　应交税费——应交增值税（进项税额转出）　　4 654

根据上述业务，登记会计凭证，见表 10-16。

表 10-16　　　　　　　　　　　　记账凭证

2019 年 8 月 16 日　　　　　　　　　　　　字第　号

摘　要	会计科目	借方金额											贷方金额											记账
		万	千	百	十	万	千	百	十	元	角	分	万	千	百	十	万	千	百	十	元	角	分	
领用一批甲材料，价款 41 886 元	在建工程					4	0	4	5	4	0	0												
	原材料																3	5	8	0	0	0	0	
	应交税费——应交增值税（销项税额）																	4	6	5	4	0	0	
合　　计					¥	4	0	4	5	4	0	0				¥	4	0	4	5	4	0	0	

会计主管：夏雪　　　　记账：郭煜　　　　审核：王欣欣　　　　制单：姜晨

（2）接受投资、捐赠以及债务重组。

企业接受投资转入的货物，按照专用发票上注明的增值税额，借记“应交税费——应交增值税（进项税额）”科目，按照确认的投资货物价值（已扣增值税，下同），借记“原材料”等科目，按照增值税额与货物价值的合计数，贷记“营业外收入”等科目。如果对方是以固定资产（如机器、设备等）进行投资，进项税额不通过“应交税费——应交增值税（进项税额）”科目核算，而是直接计入“固定资产”科目，贷记“营业外收入”等科目。

【例 10-9】2019 年 5 月 9 日，大华饭店接受蓝城公司捐赠一批高档餐具，增值税专用发票上注明的价款 84 000 元，增值税 10 920 元。见表 10-17。

表 10-17

深圳增值税专用发票

442017240

发票联

№：01092734

开票日期：2019 年 5 月 9 日

购货单位	名称：大华饭店 统一社会信用代码：54562001400358901 地址、电话：深圳福田区桃林街 23 号 62390451 开户行及账号：深圳工商银行桃林街支行营业室 4512001909234264523				密码区	略	
货物或应税劳务名称	规格型号	单位	数量	单价	金额	税率（%）	税额
材料		个	100	949.20	¥84 000	13%	¥10 920
价税合计（大写）	玖万肆仟玖佰贰拾元整				（小写）¥94 920		
销货单位	名称：蓝城公司 统一社会信用代码：132134134977613 地址、电话：广州白云区南斜街 8 号 020-65653451 开户行及账号：中行南斜街分理处 066180360010776				注	蓝城公司 132134134977613 发票专用章	

收款人：徐琳　　复核：李泊南　　开票人：刘扬　　销货单位：

借：原材料　　84 000

　　应交税费——应交增值税（进项税额）　　10 920

　　贷：营业外收入——捐赠利得　　94 920

根据上述业务，登记会计凭证，见表 10-18。

表 10-18

记账凭证

2019 年 5 月 19 日　　字第××号

摘要	会计科目	借方金额											贷方金额											记账
		万	千	百	十	万	千	百	十	元	角	分	万	千	百	十	万	千	百	十	元	角	分	
接受蓝城公司捐赠一批餐具，价款 98 280 元	原材料					8	4	0	0	0	0	0												
	应交税费——应交增值税（销项税额）					1	0	9	2	0	0	0												
	营业外收入（捐赠利得）																9	4	9	2	0	0	0	
合计					¥	9	4	9	2	0	0	0				¥	9	4	9	2	0	0	0	

会计主管：单春明　　记账：陈熠　　审核：张燕　　制单：王晓

10.3 销项税额的管理

《增值税暂行条例》规定：销售额为纳税人销售货物或提供应税劳务向购买方收取的全部价款和价外费用。

向购买方收到的各种价外费用包括：手续费、补贴、基金、集资费、返还利润、奖励费、违约金（延期付款利息）、包装费、包装物租金、储备费、优质费、运输装卸费、代收款项、代垫款项及其他各种性质的价外收费。上述价外费用无论其会计制度如何核算，都应并入销售额计税。

但上述价外费用不包括以下各项费用。

1. 销售额的一般认定

1. 向购买方收取的销项税额
2. 受托加工应征消费税的货物，而由受托方向委托方代收代缴的消费税
3. 同时符合以下两个条件的代垫运费：既承运部门的运费发票开具给购货方；并且由纳税人将该项发票交给购货方的
4. 同时符合以下条件代为收取的政府性基金或者行政事业性收费：由国务院或者财政部批准设立的政府性基金，由国务院或者省级人民政府及其财政、价格主管部门批准设立的行政事业性收费；收取时开具省级以上财政部门印制的财政收据所收款项全额上缴财政
5. 销售货物的同时代办保险等而向购买方收取的保险费，以及向购买方收取的代购买方缴纳的车辆购置税、车辆牌照费

2. 销售额的特殊认定

在销售活动中，为了达到促销的目的，有多种销售方式，不同的销售方式下，取得的销售额会有所不同。税法对以下几种销售方式分别作了规定，见表 10-19。

表 10-19　　　　特殊销售行为销售额的认定

销售方式	销项税额的认定
采取折扣方式	销售额和折扣额在同一张发票上分别注明的，可按折扣后的销售额征收增值税 未在同一张发票上分别注明的，以价款为销售额，不得扣减折扣额
以旧换新方式	应按新货物的同期销售价格确定销售额，不得扣减旧货物的收购价格。但对金银首饰以旧换新业务，可以按销售方实际收取的不含增值税的全部价款征收增值税
还本销售方式	其销售额就是货物的销售价格，不得从销售额中减除还本支出
以物易物方式	以物易物双方都应作购销处理，以各自发出的货物核算销售额，以各自收到的货物计算进项税额
直销方式	直销企业的销售额为其向消费者收取的全部价款和价外费用
试点纳税人中客运场站服务	以其取得的全部价款和价外费用，扣除政府性基金或行政事业性收费后的余额为销售额
试点纳税人提供国际货物运输代理服务	以其取得的全部价款和价外费用，扣除支付给国际运输企业的费用后的余额为销售额
视同销售货物的方式（包括试点地区纳税人）	（1）按纳税人最近时期同类货物的平均销售价格确定
	（2）按其他纳税人最近时期同类货物的平均销售价格确定
	按组成计税价格确定。公式为： 组成计税价格＝成本×（1＋成本利润率）

10.3.1　当期销项税额的确定

1. 一般计税方法征收增值税

当期销项税额，是指当期销售货物或提供应税劳务的纳税人，依其销售额和法定税率计算并向购买方收取的增值税税款。

其计算公式为：　当期销项税额＝销售额×税率

当期销项税额＝组成计税价格×税率

如果销售收入中包含了销项税额，则应将含税销售额换算成不含税销售额。这是因为增值税是价外税，在计税的销售额中不能含有增值税税款，否则就会违背其“中性”特点，构成重复征税。属于含税销售收入的有普通发票的价款、零售价格、价外收入、非应税劳务征收增值税。

不含税销售额的计算公式为：

不含税销售额=含税销售额÷（1+增值税税率）

2. 按简易办法征收增值税

一般纳税人销售自己使用过的物品和旧货，适用按简易办法依3%征收率减按2%征收增值税政策的，按下列公式确定销售额和应纳税额：

销售额=含税销售额÷（1+3%）

应纳税额=销售额×2%

10.3.2 增值税销项税额的账务处理

增值税销项税额的账务处理，见表10-20。

表10-20 增值税销项税额的账务处理

财务情景		会计处理
销售物资或提供应税劳务（包括将自产、委托加工或购买的货物分配给股东等）时		借：应收账款（“应收票据”“银行存款”等科目） 贷：应交税费——应交增值税（销项税额） 主营业务收入
外贸企业办理出口退税时	转出不能退税的进项税额	借：主营业务成本 贷：应交税费——应交增值税（进项税额转出）
	按规定计算的当期应予抵扣的税额	借：应交税费——应交增值税（出口抵减内销产品应纳税额） 贷：应交税费——应交增值税（出口退税）
	因应抵扣的税额大于应纳税额而未全部抵扣，按规定应予退回的税款	借：其他应收款 贷：应交税费——应交增值税（出口退税）

续上表

财务情景		会计处理
外贸企业办理出口退税时	收到退回的税款	借：银行存款 　　贷：其他应收款
企业将自产或委托加工的货物用于非应税项目、作为投资、集体福利消费、赠送他人等		借：在建工程（长期股权投资、应付职工薪酬、营业外支出等科目） 　　贷：应交税费——应交增值税（销项税额）
随同商品出售单独计价的包装物，按规定收取的增值税		借：库存现金（银行存款、应收账款等科目） 　　贷：应交税费——应交增值税（销项税额）
对于直接减免的增值税		借：应交税费——应交增值税（减免税款） 　　贷：营业外收入
月度终了时增值税账务处理		借：应交税费——应交增值税（转出未交增值税） 　　贷：应交税费——未交增值税 借：应交税费——未交增值税 　　贷：应交税费——应交增值税（转出多交增值税） （注，结转后应交增值税明细科目的期末借方余额，反映尚未抵扣的增值税）

【例 10-10】 2017 年 12 月 31 日，大华饭店接受朝阳科技有限公司年终晚宴的订单，对方用转账支票结算（含税）。餐后结算费用为 97 520 元，其中增值税额 5 520 元。开出增值税专用发票。见表 10-21。

借：银行存款　　97 520

　　贷：主营业务收入　　92 000

　　　　应交税费——应交增值税（销项税额）　　5 520

表 10-21

深圳增值税专用发票

430017240

记 账 联

（印章：全国统一发票监制章 深圳 国家税务总局监制）

№：01092431

开票日期：2017 年 12 月 31 日

购货单位	名称：朝阳科技有限公司 统一社会信用代码：2356101400327692H 地址、电话：深圳罗湖区花田大道 6646 号 61290839 开户行及账号：深圳工商银行樱花支行营业室 6200004309234216419				密码区	略	
货物或应税劳务名称	规格型号	单位	数量	单价	金额	税率（%）	税额
餐费			16 桌	6095	¥92 000	6%	¥5 520
价税合计（大写）	⊗玖万柒仟伍佰贰拾元整						（小写）¥97 520
销货单位	名称：大华饭店 统一社会信用代码：54562001400358901D 地址、电话：深圳福田区桃林街 23 号 62390451 开户行及账号：深圳工商银行桃林街支行营业室 4512001909234264523				备注	（印章：大华饭店 54562001400358901D 发票专用章）	

收款人：李娜　　复核：张晶　　开票人：苗妙　　销货单位：

登记会计凭证，见表 10-22。

表 10-22

记账凭证

2017 年 12 月 31 日　　字第××号

摘要	会计科目	借方金额											贷方金额											记账
		万	千	百	十	万	千	百	十	元	角	分	万	千	百	十	万	千	百	十	元	角	分	
收取朝阳科技有限公司餐费 97 520 元	银行存款					9	7	5	2	0	0	0												
	主营业务收入																9	2	0	0	0	0	0	
	应交税费——应交增值税（销项税额）																	5	5	2	0	0	0	
合计					¥	9	7	5	2	0	0	0				¥	9	7	5	2	0	0	0	

会计主管：沈晓阳　　记账：路梅　　审核：李欣欣　　制单：宋玉

10.4 增值税款的缴纳账务处理

应交增值税的账务处理，见表10-23。

表10-23 应交增值税的账务处理

财务情景	账务处理
当月预缴税款	借：应交税费——应交增值税（已交税金） 　　贷：银行存款
当月缴纳以前月份税款	借：应交税费——未交增值税 　　贷：银行存款
税款减免的账务处理	借：应交税费——应交增值税（减免税款） 　　贷：营业外收入
税款返还	借：银行存款 　　贷：营业外收入
当月应交未交的增值税	借：应交税费——应交增值税（转出未交增值税） 　　贷：应交税费——未交增值税
当月多交的增值税	借：应交税费——未交增值税 　　贷：应交税费——应交增值税（转出多交增值税）

10.4.1 一般计税方法

1. 一般计税方法的计算

我国目前对一般纳税人采用的是国际上通行的购进扣税法，即当期销项税额抵扣当期进项税额后的余额。应纳税额的计算公式为：

当期应纳税额＝当期销项税额－进项税额

＝当期销售额×适用税率－当期进项税额

【例10-11】2017年5月，大华饭店餐费不含税收入900 000元，酒水收入1 500 000元。(城建税税率7%，教育费附加3%)。计算应交增值税及其他税费的金额及账务处理。以银行存款支付。

应纳增值税＝（900 000＋1 500 000）×6%＝144 000（元）

应纳城建税＝144 000×7%＝10 080（元）

应纳教育费附加＝144 000×3%＝4 320（元）

借：应交税费——应交增值税（已交税金）　　144 000

——应交城市维护建设费　　　　　　　　10 080

——应交教育费附加　　　　　　　　　　4 320

贷：银行存款　　　　　　　　　　　　　　158 400

登记会计凭证，见表10-24。

表 10-24

记账凭证

2017年5月16日　　　　字第　号

摘　要	会计科目	借方金额										贷方金额										记账
		千	百	十	万	千	百	十	元	角	分	千	百	十	万	千	百	十	元	角	分	
以银行存款缴纳税款	应交税费——应交增值税（已交税金）			1	4	4	0	0	0	0	0											
	应交税费——应交城建税				1	0	0	8	0	0	0											
	应交税费——应交教育费附加					4	3	2	0	0	0											
	银行存款													1	5	8	4	0	0	0	0	
合　计			¥	1	5	8	4	0	0	0	0		¥	1	5	8	4	0	0	0	0	

会计主管：单春明　　记账：陈熠　　审核：张燕　　制单：王晓

2. 特殊计税方法的计算

当期应交增值税＝销项税额－（进项税额－进项税额转出－出口退税）－出口抵减内销产品应纳税额－减免税款

餐饮服务是指通过同时提供饮食和饮食场所的方式为消费者提供饮食消费服务的业务活动，纳税人取得的餐饮服务的进项税额不得抵扣。

10.4.2　增值税纳税申报

1. 增值税纳税申报期限

增值税的纳税期限分别为1日、3日、5日、10日、15日、1个月或者1个季度。纳税人的具体纳税期限，由主管税务机关根据纳税人应纳税额的大小分别核定。以1个季度为纳税期限的规定适用于小规模纳税人、银行、财务公司、信托投资公司、信用社，以及财政部和国家税务总局规定的其他纳税人。不能按照固定期限纳税的，可以按次纳税。

纳税人以1个月或者1个季度为1个纳税期的，自期满之日起15日内申报纳税，遇最后一日为法定节假日的，顺延1日，1日至15日内有连续3日以上法定休假日的，按休假日天数顺延。

以1日、3日、5日、10日或者15日为1个纳税期的，自期满之日起5日内预缴税款，于次月1日起15日内申报纳税并结清上月应纳税款。

2. 增值税申报流程

一般纳税人和小规模纳税人，在征期内进行申报，申报具体流程为：

（1）抄报税：纳税人在征期内登陆开票软件抄税，并通过网上抄报或办税厅抄报，向税务机关上传上月开票数据。

（2）纳税申报：纳税人通过一证通或CA证书登录网上申报软件进行网上申报。网上申报成功并通过税银联网实时扣缴税款。

（3）清零解锁：申报成功后，纳税人返回开票系统对税控设备进行清零解锁。实务中一般以当月纳税申报期限为最后截止日，如果错过清零解锁的日期，可以带上税控盘去税务办税大厅解锁。

注意：

①一般纳税人、小规模纳税人无税控设备的只需进行第二步申报操作，无须进行第一和第三步操作。无税控机的纳税人，需要去税务机关代开发票，纳税申报时，会和税务机关代开发票数据进行比对，比对成功后方能申报成功。

②按季申报的有税控设备小规模纳税人在非申报月份只需进行第一步和第三步。不需要进行第二步申报操作。

3. 纳税申报表及其申报资料

根据《国家税务总局关于全面推开营业税改征增值税试点后增值税纳税申报有关事项的公告》（国家税务总局公告2016年第13号）规定，纳税申报资料包括纳税申报表及其附列资料、纳税申报其他资料。

纳税申报表及其附列资料为必报资料。

纳税申报其他资料的报备要求由各省、自治区、直辖市和计划单列市国家税务局确定。

（1）增值税一般纳税人申报表。

一般纳税人纳税申报系统里面一般有 11 张报表需要填报。具体有：《增值税纳税申报表（一般纳税人适用）》；《增值税纳税申报表附列资料（一）（本期销售情况明细）》；《增值税纳税申报表附列资料（二）（本期进项税额明细）》；《增值税纳税申报表附列资料（三）（服务、不动产和无形资产扣除项目明细）》；《增值税纳税申报表附列资料（四）（税额抵减情况表）》；《增值税纳税申报表附列资料（五）（不动产分期抵扣计算表）》；《固定资产（不含不动产）进项税额抵扣情况表》；《本期抵扣进项税额结构明细表》；《增值税减免税申报明细表》；《“营改增”税负分析测算明细表》；《增值税预缴税款表》等。

（2）增值税小规模纳税人申报表。

小规模纳税人申报系统一般有 3 张表需要填报。具体有：《增值税纳税申报表（小规模纳税人适用）》；《增值税纳税申报表（小规模纳税人适用）附列资料》；《增值税减免税申报明细表》。

注意：小规模纳税人销售服务，在确定服务销售额时，按照有关规定可以从取得的全部价款和价外费用中扣除价款的，需填报《增值税纳税申报表（小规模纳税人适用）附列资料》。其他情况不填写该附列资料。

（3）纳税申报其他资料。

①已开具的税控机动车销售统一发票和普通发票的存根联。

②符合抵扣条件且在本期申报抵扣的增值税专用发票（含税控机动车销售统一发票）的抵扣联。

③符合抵扣条件且在本期申报抵扣的海关进口增值税专用缴款书、购进农产品取得的普通发票的复印件。

④符合抵扣条件且在本期申报抵扣的税收完税凭证及其清单，书面合同、付款证明和境外单位的对账单或者发票。

⑤已开具的农产品收购凭证的存根联或报查联。

⑥纳税人销售服务、不动产和无形资产，在确定服务、不动产和无形资产销售额时，按照有关规定从取得的全部价款和价外费用中扣除价款的合法凭证及其清单。

⑦主管税务机关规定的其他资料。

【例 10-12】2018 年 1 月，大华饭店当月销售额 800 万元，经财务部月终汇总计算，当期进项税额 118 900 元，当期销项税额 226 740 元，上期留抵税额为 19 850 元，进项税额转出 10 652 元，本期已缴税额为 8 960 元。增值税纳税申报表主表，见表 10-25。

表 10-25

增值税纳税申报表

（一般纳税人适用）

单位：元

项目		栏次	一般项目	
			本月数	本年累计
销售额	（一）按适用税率计税销售额	1	8 000 000	
	其中：应税货物销售额	2		
	应税劳务销售额	3		
	纳税检查调整的销售额	4		
	（二）按简易办法计税销售额	5		
	其中：纳税检查调整的销售额	6		
	（三）免、抵、退办法出口销售额	7		
	（四）免税销售额	8		
	其中：免税货物销售额	9		
	免税劳务销售额	10		
税款计算	销项税额	11	226 740	
	进项税额	12	118 900	
	上期留抵税额	13	19 850	
	进项税额转出	14	10 652	
	免、抵、退应退税额	15		
	按适用税率计算的纳税检查应补缴税额	16	0	
	应抵扣税额合计	17=12+13−14−15+16	128 098	—
	实际抵扣税额	18（如 17<11，则为 17，否则为 11）	128 098	
	应纳税额	19=11−18	98 642	

续上表

项目		栏次	一般项目	
			本月数	本年累计
税款缴纳	期末留抵税额	20=17−18		
	简易计税办法计算的应纳税额	21		
	按简易计税办法计算的纳税检查应补缴税额	22		
	应纳税额减征额	23		
	应纳税额合计	24=19+21−23	98 642	
	期初未缴税额（多缴为负数）	25		
	实收出口开具专用缴款书退税额	26		
	本期已缴税额	27=28+29+30+31	8 960	
	①预缴税额	28	8 960	—
	②出口开具专用缴款书预缴税额	29		—
	③本期缴纳上期应纳税额	30		
	④本期缴纳欠缴税额	31		
	期末未缴税额（多缴为负数）	32=24+25+26−27	89 682	
	其中：欠缴税额（≥0）	33=25+26−27		—
	本期应补（退）税额	34=24−28−29	89 682	—
	即征即退实际退税额	35	—	—
	期初未缴查补税额	36		
	本期入库查补税额	37		
	期末未缴查补税额	38=16+22+36−37		

10.5 消费税

消费税是对我国境内从事生产、委托加工和进口，以及国务院确定的销售应税消费品的单位和个人，就其销售额或销售数量，在特定环节征收的一种税。

10.5.1 消费税纳税人和征税范围

消费税的纳税人为在中华人民共和国境内生产、委托加工和进口消费税暂行条例规定的消费品的单位和个人，以及国务院确定的销售消费税暂行条例规定的消费品的其他单位和个人，为消费税的纳税人，应当依照消费税暂行条例缴纳消费税。

消费税的征税范围，见表10-26。

表 10-26　　消费税的征税范围

种类	具体内容
生产应税消费品	生产应税消费品除了直接对外销售应征收消费税外，纳税人将生产的应税消费品换取生产资料、消费资料、投资入股、偿还债务，以及用于继续生产应税消费品以外的其他方面都应缴纳消费税
委托加工应税消费品	委托加工的应税消费品收回后，再继续用于生产应税消费品销售的，其加工环节缴纳的消费税款可以扣除，直接出售的，应缴纳消费税
进口应税消费品	单位和个人进口应税消费品，于报关进口时缴纳消费税
零售应税消费品	纳税人从事零售业务的，在零售时纳税
	金银首饰的带料加工、翻新改制、以旧换新等业务，在零售环节征收消费税；但金银首饰的修理和清洗，不缴纳消费税
	用于馈赠、赞助、集资、广告、样品、职工福利、奖励等方面的，在移送时缴纳消费税
批发销售卷烟	烟草批发企业将卷烟销售给零售单位的，要再征一道5%的从价税
	烟草批发企业将卷烟销售给其他烟草批发企业的，不缴纳消费税

10.5.2 税目和税率

消费税税目和税率，见表10-27。

表 10-27　　　　　　　　　　　　　　**税目和税率表**

税　　目	税　　率
一、烟	
1. 卷烟	
（1）甲类卷烟	56%加 0.003 元/支（生产环节）
（2）乙类卷烟	36%加 0.003 元/支
（3）批发环节	11%加 0.005 元/支
2. 雪茄烟	36%
3. 烟丝	30%
二、酒	
1. 白酒	20%加 0.5 元/500 克（或者 500 毫升）
2. 黄酒	240 元/吨
3. 啤酒	
（1）甲类啤酒	250 元/吨
（2）乙类啤酒	220 元/吨
4. 其他酒	10%
三、化妆品	30%
四、贵重首饰及珠宝玉石	
1. 金银首饰、铂金首饰和钻石及钻石饰品	5%
2. 其他贵重首饰和珠宝玉石	10%
五、鞭炮、焰火	15%
六、成品油	
1. 汽油	1.52 元/升
2. 柴油	1.20 元/升
3. 航空煤油	1.20 元/升
4. 石脑油	1.52 元/升
5. 溶剂油	1.52 元/升
6. 润滑油	1.52 元/升

续上表

税　　目	税　　率
7. 燃料油	1.20元/升
七、摩托车	
1. 气缸容量（排气量，下同）250毫升的	3%
2. 气缸容量在250毫升（不含）以上的	10%
八、小汽车	
1. 乘用车	
(1) 气缸容量（排气量，下同）在1.0升（含1.0升）以下的	1%
(2) 气缸容量在1.0升以上至1.5升（含1.5升）的	3%
(3) 气缸容量在1.5升以上至2.0升（含2.0升）的	5%
(4) 气缸容量在2.0升以上至2.5升（含2.5升）的	9%
(5) 气缸容量在2.5升以上至3.0升（含3.0升）的	12%
(6) 气缸容量在3.0升以上至4.0升（含4.0升）的	25%
(7) 气缸容量在4.0升以上的	40%
2. 中轻型商用客车	5%
九、高尔夫球及球具	10%
十、高档手表	20%
十一、游艇	10%
十二、木制一次性筷子	5%
十三、实木地板	5%
十四、电池	4%
十五、涂料	4%

10.5.3 消费税的应纳税额的计算

消费税的应纳税额的计算分为从价定率、从量定额及从价定率和从量定额复合计算。

1. 从价定率计算

应纳税额＝应税消费品的销售额×适用税率

应税消费品的销售额＝含增值税的销售额÷（1＋增值税税率或征收率）

【例 10-13】 扬子地板有限公司为增值税一般纳税人，2019 年 7 月 15 日向正阳饭店销售实木地板 500 平方米，开具增值税专用发票，取得含增值税销售额 140 120 元，增值税额 16 120 元。适用消费税税率 5%。见表 10-28、表 10-29。

表 10-28　　北京增值税专用发票

110017340　　（全国统一发票监制章 深圳 国家税务总局监制）　　№：**01092781**

发票联　　开票日期：2019 年 7 月 15 日

购货单位	名称：正阳饭店 统一社会信用代码：121101400321456 地址、电话：北京海淀区万方园 14 号 68790567 开户行及账号：北京工商银行万方园支行营业室 0200001909234216112				密码区	略	
货物或应税劳务名称	规格型号	单位	数量	单价	金额	税率（%）	税额
餐费		平方米	500	280.24	￥124 000	13%	￥16 120
价税合计（大写）	⊗壹拾肆万零壹佰贰拾元整					（小写）￥140 120	
销货单位	名称：扬子地板有限公司 统一社会信用代码：432134134971531 地址、电话：北京市怀柔区宁北路 115 号 010—87651213 开户行及账号：中行宁北路分理处 01111180360010721				备注	扬子地板有限公司 432134134971531 发票专用章	

收款人：张明　　复核：李琼　　开票人：陈旭　　销货单位：

①不含税销售额＝140 120÷（1＋13%）＝124 000（元）

②应缴纳的消费税额＝124 000×5%＝6 200（元）

表 10-29

中华人民共和国

税收通用完税证

注册类型　　　　填发日期：2019 年 8 月 5 日　　　　征收机关

纳税人代码		432134134971531		地址		
纳税人名称		扬子地板有限公司		税款所属时期		2017 年 7 月
税种	品目名称	课税数量	计税金额或销售收入	税率或单位税额	已缴或扣除额	实缴金额
消费税	实木地板	500 平方米	124 000	5%		6 200
金额合计	（大写）⊗陆仟贰佰元整					
××市地方税务局 征税专用章		委托代征单位（人）盖章	填票人（章）	备注		

2. 从量定额计算

应纳税额＝应税消费品的销售数量×单位税额

【例 10-14】 2019 年 8 月 1 日，绿地啤酒厂向正阳饭店销售啤酒 4 吨，每吨出厂价格 2 800 元。计算 8 月该啤酒厂应纳消费税税额。适用单位税额 220 元。

应纳税额＝销售数量×单位税额＝4×220＝880（元）

3. 从价定率和从量定额复合计算

目前，我国只对卷烟和白酒采用复合计征的方式。

应纳税额＝应税销售数量×定额税率＋应税销售额×比例税率

【例 10-15】 大连白酒厂为增值税一般纳税人。2019 年 8 月 1 日，销售粮食白酒 60 吨，取得不含增值税的销售额 134 500 元。计算白酒企业 8 月应缴纳的消费税额。白酒适用比例税率 20%，定额税率 500 克 0.5 元。

（1）从价定率应纳税额＝134 500×20%＝26 900（元）

（2）从量定额应纳税额＝60×2 000×0.5＝60 000（元）

（3）应纳税额＝26 900＋60 000＝86 900（元）

10.5.4 自产自用应税消费品的会计处理

纳税人自产自用的应税消费品，用于连续生产应税消费品，不纳税；凡用于其他方面的，于移送使用时，按照纳税人生产的同类消费品销售价格计算纳税，没有同类消费品销售价格，应按组成计税价格计算纳税，组成计税公式如下。

1. 实行从价定率办法

组成计税价格＝（成本＋利润）÷（1－比例税率）

应纳税额＝组成计税价格×消费税税率

2. 实行复合计税办法计征消费税的，其计算公式为：

组成计税价格＝(成本＋利润＋自产自用数量×定额税率）÷（1－比例税率)

应纳税额＝组成计税价格×比例税率＋自产自用数量×定额税率

平均成本利润率，见表10-30。

表10-30 平均成本利润率 单位:%

货物名称	利润率（%）	货物名称	利润率（%）
1. 甲类卷烟	10	10. 贵重首饰及珠宝玉石	6
2. 乙类卷烟	5	11. 摩托车	6
3. 雪茄烟	5	12. 高尔夫球及球具	10
4. 烟丝	5	13. 高档手表	20
5. 粮食白酒	10	14. 游艇	10
6. 薯类白酒	5	15. 木制一次性筷子	5
7. 其他酒	5	16. 实木地板	5
8. 化妆品	5	17. 乘用车	8
9. 鞭炮、焰火	5	18. 中轻型商用客车	5

【例10-16】大连白酒有限公司将2吨自产的薯类白酒作为中秋节福利发给职工。该批薯类白酒成本24 000元，该批薯类白酒无同类产品市场销售价格，但已知其成本利润率为10%，消费税税率为20%，定额税率为0.5元/500克。

①组成计税价格＝成本×（1＋成本利润率）÷（1－消费税税率）

组成计税价格＝[24 000×（1＋10%）＋2×2 000×0.5]÷（1－20%）

=（26 400+2 000）÷（1−20%）

=35 500（元）

②应纳消费税税额=35 500×20%+2×2 000×0.5=9 100（元）

10.5.5 委托加工收回的应税消费品会计处理

根据《消费税暂行条例》的规定，委托加工的应税消费品，按照受托方的同类消费品的 销售价格计算纳税；没有同类消费品销售价格的，按照组成计税价格计算纳税。计算公式如下。

1. 实行从价定率办法

组成计税价格=（材料成本+加工费）÷（1−比例税率）

应纳税额=组成计税价格×比例税率

2. 实行复合计税办法

组成计税价格=(材料成本+加工费+委托加工数量×定额税率）÷（1−比例税率）

应纳税额=组成计税价格×比例税率+委托加工数量×定额税率

【例 10-17】喜年达鞭炮有限公司 8 月受托加工一批鞭炮，该委托单位提供的原材料金额为 120 000 元，收到委托单位不含增值税的加工费 5 000 元。加工后直接出售。假若鞭炮企业当地无加工鞭炮的同类产品市场价格。鞭炮的适用税率 15%，增值税率 17%。

组成计税价格=（120 000+5 000）÷（1−15%）=147 058.82（元）

应代收代缴消费税=147 058.82×15%=22 058.82（元）

①发出材料。

借：委托加工物资　　120 000

　　贷：原材料　　120 000

②支付加工费和税费。

委托加工物资成本=120 000+5 000+22 058.82=147 058.82（元）

借：委托加工物资　　147 058.82

　　应交消费——应交增值税（进项税额）650（5 000×13%）

　　贷：银行存款　　147 708.82

10.5.6 进口环节应税消费品会计处理

纳税人出口应纳消费品，按照组成计税价格和规定的税率计算应纳税额。

1. 从价定率计征应纳税额的计算

组成计税价格＝（关税完税价格＋关税）÷（1－消费税税率）

应纳税额＝组成计税价格×消费税税率

2. 实行复合计税办法计征消费税的，其计算公式为：

组成计税价格＝(关税完税价格＋关税＋进口数量×消费税定额税率）÷（1－消费税比例税率）

应纳税额＝组成计税价格×消费税税率＋应税消费品数量×消费税单位税额

【例 10-18】 大华饭店 7 月从国外进口一批应税消费品，已知该批应税消费品的关税完税价格为 260 000 元，按规定应缴纳关税 10 000 元，假定进口的应税消费品的消费税税率为 10%。请计算该批消费品进口环节应缴纳的消费税税额。见 10-31。

①组成计税价格＝（260 000＋10 000）÷（1－10%）＝300 000（元）

②纳消费税税额＝300 000×10%＝30 000（元）

表 10-31

中华人民共和国

海关进口关税专用缴款书

收入系统：海关系统　　填发日期：2017 年 8 月 5 日　　No：0234543

收款单位	收入机关	中央金库			缴款单位（人）	名　称	大华饭店
	科　目	进口消费税	预算级次	中央		账　号	4512001909234264523
	收款国库	××人民银行金库				开户银行	深圳工商银行桃林街支行营业室

税号	货物名称	数量	单位	完税价格	价格税率	税款金额
NF455253－101	L 产品			300 000	10%	30 000

金额人民币（大写）⊗叁万元整				合计（小写）	30 000
申请单位编号	H35531KF	报关编号	5325Y63641	填制单位	收款国库
合同（批文）号		运输工具号		填制人 中华人民共和国海关	（银行）
交缴期限		提/装货单号		复核人 201708	业务公章
备注	一般贸易，照章征收			单位盖章 理专用章	

【例 10-19】北方进出口外贸公司 2018 年 1 月从国外进口卷烟 200 箱（每箱 250 条，每条 200 支），海关核定的每箱卷烟关税完税价格为 33 000 元。已知进口卷烟的关税税率为 25%，消费税比例税率为 56%，定额税额为 0.003 元/支。请计算卷烟在进口环节应缴纳的消费税。缴款书见表 10-32。

（1）应纳关税税额＝200×33 000×25%＝1 650 000（元）

（2）组成计税价格＝（200×33 000＋1 650 000＋200×250×200×0.003）÷（1－56%）

＝（8 250 000＋30 000）÷（1－56%）

＝18 818 181.82（元）

（3）应纳消费税税额＝18 818 181.82×56%＋200×250×200×0.003

＝10 538 181.82＋30 000＝10 568 181.82（元）

表 10-32

中华人民共和国

海关进口关税专用缴款书

收入系统：海关系统　　填发日期：2018 年 2 月 5 日　　No：0234543

<table>
<tr><td rowspan="3">收款单位</td><td>收入机关</td><td colspan="3">中央金库</td><td rowspan="3">缴款单位（人）</td><td>名　　称</td><td>北方进出口外贸公司</td></tr>
<tr><td>科　　目</td><td>进口消费税</td><td>预算级次</td><td>中央</td><td>账　　号</td><td>02000019092342161234</td></tr>
<tr><td>收款国库</td><td colspan="3">××省人民银行金库</td><td>开户银行</td><td>中行信交路支行</td></tr>
</table>

税号	货物名称	数量	单位	完税价格	价格税率	税款金额
NF573957－105	B卷烟	480	箱	18 818 181.82		10 568 181.82

<table>
<tr><td>金额人民币（大写）</td><td colspan="3">⊗壹仟零伍拾陆万捌仟壹佰捌拾壹元捌角贰分</td><td>合计（小写）</td><td></td></tr>
<tr><td>申请单位编号</td><td></td><td>报关编号</td><td></td><td rowspan="4">填制单位
填制人
复核人
单位盖章（略）</td><td rowspan="4">收款国库
（银行）
业务公章（略）</td></tr>
<tr><td>合同（批文）号</td><td></td><td>运输工具号</td><td></td></tr>
<tr><td>交缴期限</td><td></td><td>提/装货单号</td><td></td></tr>
<tr><td colspan="4"></td></tr>
</table>

10.6 城市维护建设税

2018年10月19日，财政部、国家税务总局起草《中华人民共和国城市维护建设税法（征求意见稿）》规定，在中华人民共和国境内缴纳增值税、消费税的单位和个人，为城市维护建设税的纳税人，应当依照本法规定缴纳城市维护建设税。

城市建设税采用地区差别比例税率，纳税人所在地区不同，适用税率的档次也不同。具体规定见表10-33。

表10-33　城市维护建设税税率

城建税纳税人所在地	税　　率
市区的	7%
不在市区的	5%

1. 计税依据

纳税人实际缴纳的增值税、消费税税额，以及出口货物、劳务或者跨境销售服务、无形资产增值税免抵税额。

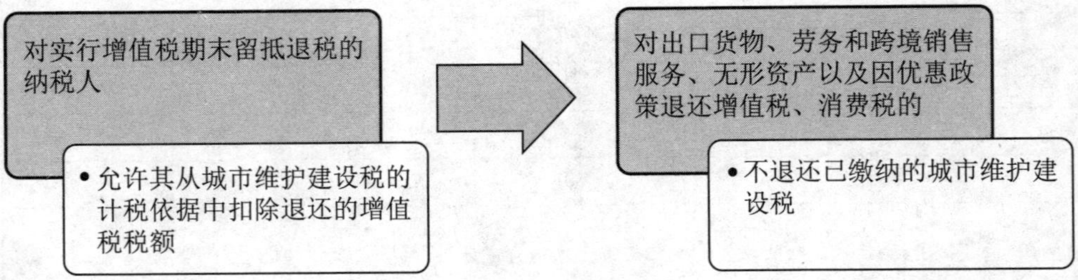

2. 城建税计算及会计处理

应纳税额＝（实际缴纳的增值税税额＋实际缴纳消费税税额）×适用税率

10.7 教育费附加

教育费附加是对缴纳增值税、消费税的单位和个人，就其实际缴纳的税额为计税依据征收的一种附加费。见表10-34。

表 10-34　　　　　　　　　　　　　　**教育费附加税率**

征收范围	征收比率	计税依据	计算公式
缴纳增值税、消费税的单位和个人	3%	实际缴纳的增值税、消费税税额为计税依据，与“两税”同时缴纳	纳教育费附加＝实际缴纳的“两税”税额×3%

（1）教育费附加出口不退，进口不征。

（2）对由于减免增值税、消费税和营业税而发生的退税，可同时退还已征收的教育费附加。

通过“应交税费——应交教育费附加”账户核算。企业按规定计算应缴的教育费附加时，借记“税金及附加”科目，贷记“应交税费——应交教育费附加”科目。

【例 10-20】大华饭店 2017 年 7 月份实际缴纳增值税 35 000 元，缴纳消费税 48 000 元。计算该企业应纳的城建税税额。城市维护建设税税率 7%，教育费附加 3%。见表 10-35。

表 10-35　　　　　　　　　　　　**××银行电子缴税付款凭证**

转账日期：2017 年 8 月 10 日　　　　　　　　　　　　凭证字号：0023095729371

付款人全称	大华饭店	征收机关名称	地方税务局
付款人账号	4512001909234264523	收款国库名称	中华人民共和国国家金库桃园支库
付款人开户银行	深圳工商银行桃林街支行营业室	小写（合计）金额	¥ 91 300
缴款书交易流水号	153642-834	大写（合计）金额	玖万壹仟叁佰元整
税（费）种名称	所属日期		实缴金额
增值税	2017 年 7 月 1 日至 2017 年 7 月 31 日		35 000
消费税	2017 年 7 月 1 日至 2017 年 7 月 31 日		48 000
城市维护建设税	2017 年 7 月 1 日至 2017 年 7 月 31 日		5 810
教育费附加	2017 年 7 月 1 日至 2017 年 7 月 31 日		2 490

应纳城建税税额＝（35 000＋48 000）×7%＝5 810（元）

应纳教育费附加＝（35 000＋48 000）×3%＝2 490（元）

(1) 计提城建税和教育费附加。

借：税金及附加　　8 300

　贷：应交税费——应交城市维护建设税　　5 810

　　　　　　——应交教育费附加　　2 490

(2) 缴纳税款。

借：应交税费——应交城市维护建设税　　5 810

　　　　　——应交教育费附加　　2 490

　　　　　——应交增值税　　35 000

　　　　　——应交消费税　　48 000

　贷：银行存款　　91 300

10.8 土地增值税

土地增值税是对有偿转让国有土地使用权及地上建筑物和其他附着物产权，并取得增值性收入的单位和个人所征收的一种税。

1. 纳税义务人

土地增值税的纳税义务人为转让国有土地使用权、地上的建筑及其附着物（以下简称转让房地产）并取得收入的单位和个人。

单位包括各类企业、事业单位、国家机关和社会团体及其他组织。个人包括个体经营者。

2. 税率

土地增值税实行四级超率累进税率，见表10-36。

表10-36　　土地增值税实行四级超率累进税率

级别	增值额与扣除项目金额的比率	税率	速算扣除系数（%）
1	增值额未超过扣除项目金额50%的部分	30%	0
2	增值额超过扣除项目金额50%、未超过扣除项目金额100%的部分	40%	5
3	增值额超过扣除项目金额100%、未超过扣除项目金额200%的部分	50%	15
4	增值额超过扣除项目金额200%的部分	60%	35

3. 应纳税额的计算

土地增值税应纳税额的计算，见表 10-37。

表 10-37　　土地增值税应纳税额的计算

<table>
<tr><th>计算步骤</th><th colspan="3">各项目核算内容</th></tr>
<tr><td>计算应税收入</td><td colspan="2">转让房地产取得的应税收入</td><td>货币收入
实物收入
其他收入</td></tr>
<tr><td rowspan="8">计算扣除项目金额</td><td rowspan="6">房地产开发企业</td><td>①取得土地使用权所支付的金额</td><td>◆以出让方式取得土地使用权的，为支付的土地出让金
◆以行政划拨方式取得土地使用权的，为转让土地使用权时按规定补缴的出让金
◆以转让方式取得土地使用权的，为支付的地价款</td></tr>
<tr><td colspan="2">②房地产开发成本</td></tr>
<tr><td rowspan="2">③房地产开发费用</td><td>能够按转让房地产项目计算分摊利息支出，并能提供金融机构的贷款证明
开发费用＝利息＋（①＋②）×5%以内</td></tr>
<tr><td>不能按转让房地产项目计算分摊利息支出或不能提供金融机构贷款证明的：
开发费用＝（①＋②）×10%以内</td></tr>
<tr><td>④与转让房地产有关的税金</td><td>城建税、教育费附加</td></tr>
<tr><td>⑤加计扣除</td><td>（①＋②）×20%以内</td></tr>
<tr><td>非房地产开发企业</td><td colspan="2">①取得土地使用权所支付的金额
②房地产开发成本
③房地产开发费用
与转让房地产有关的税金</td></tr>
<tr><td>转让旧房</td><td colspan="2">旧房及建筑物的评估价格
取得土地使用权所支付的金额
与转让房地产有关的税金</td></tr>
</table>

土地增值税计算的基本步骤：

①以出售房地产的总收入减除扣除项目金额，求得增值额；

增值额＝房地产转让收入－扣除项目金额

②再以增值额同扣除项目相比，其比值即为土地增值率；

增值率＝增值额÷扣除项目金额×100％

③根据土地增值率的高低确定适用税率，用增值额和适用税率相乘，求得应纳税额。

应纳税额＝增值额×适用税率－扣除项目金额×速算扣除系数

【例 10-21】绿嘉园酒店出售一幢写字楼，收入总额为 128 000 000 元。开发该写字楼有关支出为：支付地价款及各种费用 13 490 000 元；房地产开发成本 36 000 000 元；财务费用中的利息支出为 5 400 000 元（可按转让项目计算分摊并提供金融机构证明），但其中有 590 000 元属于加罚的利息；转让环节缴纳的有关税费共计为 4 430 000 元；该单位所在地政府规定的其他房地产开发费用计算扣除比例为 5％。试计算绿嘉园酒店应纳的土地增值税。

（1）取得土地使用权支付的地价款及有关费用为 13 490 000 元

（2）房地产开发成本为 36 000 000 元

（3）房地产开发费用＝5 400 000－590 000＋（13 490 000＋36 000 000）×5％

＝4 810 000＋2 474 500

＝7 284 500（元）

（4）允许扣除的税费为 4 430 000 元

（5）从事房地产开发的纳税人加计扣除 20％

加计扣除额＝（13 490 000＋36 000 000）×20％＝9 898 000（元）

（6）允许扣除的项目金额合计＝13 490 000＋36 000 000＋7 284 500＋4 430 000＋9 898 000＝71 102 500（元）

（7）增值额＝128 000 000－71 102 500＝56 897 500（元）

（8）增值率＝（56 897 500÷71 102 500）×100％＝80.02％

（9）应纳税额＝56 897 500×40％－71 102 500×5％

＝22 759 000－3 555 125

＝19 203 875（元）

10.9 房产税

房产税是以房屋为征税对象，以房屋的计税余值或租金收入为计税依据，向房屋产权所有人征收的一种财产税。

1. 征税范围

《房产税暂行条例》规定，房产税在城市、县城、建制镇和工矿区征收。

2. 房产税的纳税人

房产税以在征税范围内的房屋产权所有人为纳税人。

3. 适用税率

依据房产计税余值计税的，税率为1.2%；依据房产租金收入计税的，税率为12%。

2008年3月1日起，对个人出租住房，不区分用途，按4%的税率征收房产税。

对企事业单位、社会团体以及其他组织按市场价格向个人出租用于居住的住房，减按4%的税率征收房产税。

1 •产权属国家所有的，由经营管理单位纳税；产权属集体和个人所有的，由集体单位和个人纳税

2 •产权出典的，由承典人纳税

3 •产权所有人、承典人不在房屋所在地的由房产代管人或者使用人纳税

4 •产权未确定及租典纠纷未解决的，亦有房产代管人或者使用人纳税

5 •无租使用其他房产的问题。纳税单位和个人无租使用房产管理部门、免税单位及纳税单位的房产，应由使用人代为缴纳房产税

4. 应纳税额的计算

（1）对经营自用的房屋，以房产的计税余值作为计税依据。

所谓计税余值，是指依照税法规定按房产原值一次减除10%至30%的损耗价值以后的余额。

应纳税额＝应税房产原值×（1－原值减除比例）×1.2%

（2）对于出租的房屋，以租金收入为计税依据。

应纳税额＝租金收入×12%（或4%）

【例 10-22】丽都饭店的经营用房原值为 36 790 000 元，按照当地规定允许减除 30%后余值计税，适用税率为 1.2%。请计算其应纳房产税税额。

应纳税额＝36 790 000×（1－30%）×1.2%＝309 036（元）

借：税金及附加　　　　309 036

　　贷：应交税费——应交房产税　　　　309 036

登记会计凭证，见表 10-38。

表 10-38　　**记账凭证**

2017 年 1 月 5 日　　字第××号

摘　要	会计科目	借方金额										贷方金额										记账
		千	百	十	万	千	百	十	元	角	分	千	百	十	万	千	百	十	元	角	分	
计提房产税	税金及附加			3	0	9	0	3	6	0	0											
	应交税费——应交房产税													3	0	9	0	3	6	0	0	
合　计			¥	3	0	9	0	3	6	0	0		¥	3	0	9	0	3	6	0	0	

会计主管：旷果　　记账：沙芳芳　　审核：夏春雪　　制单：王欣

10.10　城镇土地使用税

城镇土地使用税是以开征范围的土地为征税对象，以实际占用的土地面积为计税标准，按规定税额对拥有土地使用权的单位和个人征收的一种税。

1. 征税范围

城镇土地使用税的征税范围为城市、县城、建制镇和工矿区。不论是属于国家所有的土地，还是集体所有的土地，都属于城镇土地使用税的征税范围。

（1）征税范围不包括农村的土地

（2）建立在城市、县城、建制镇和工矿区以外的工矿企业则不需要缴纳城镇土地使用税。

（3）自 2009 年 1 月 1 日起，公园、名胜古迹内的索道公司经营用地，应按规定缴纳城镇土地使用税。

2. 城镇土地使用税纳税人

凡在城市、县城、建制镇、工矿区范围内使用土地的单位和个人，为城镇土地使用税的纳税义务人。城镇土地使用税的纳税人通常包括以下几类。

1. 拥有土地使用权的单位或个人为纳税人
2. 拥有土地使用权的单位和个人不在土地所在地的，其土地的实际使用人和代管人为纳税人
3. 土地使用权未确定的或权属纠纷未解决的，其实际使用人为纳税人
4. 土地使用权共有的，共有多方都是纳税人，由共有各方分别纳税

3. 适用税额

城镇土地使用税采用定额税率，即采用有幅度的差别税额。

城镇土地使用税实行分级幅度税额。每平方米土地年税额规定如下：

1. 大城市1.5元至30元
2. 中等城市1.2元至24元
3. 小城市0.9元至18元
4. 县城、建制镇、工矿区0.6元至12元

（注：人口在50万以上的为大城市；人口在20万～50万之间为中等城市；人口在20万以下为小城市）

4. 计税依据

城镇土地使用税以纳税人实际占用的土地面积（平方米）为计税依据。

纳税人实际占用的土地面积，以房地产管理部门核发的土地使用证书与确认的土地面积为准；尚未核发土地使用证书的，应由纳税人据实申报土地面积，据以纳税，待核发土地使用证以后再作调整。

5. 应纳税额的计算

城镇土地使用税的应纳税额依据纳税人实际占用的土地面积和适用单位税额计算。

年应纳税额＝计税土地面积（平方米）×适用税额

【例 10-23】设在某城市的一家企业使用土地面积为 46 000 平方米，经税务机关核定，该土地为应税土地，每平方米年税额为 4.8 元。请计算其全年应纳的土地使用税税额。见表 10-39。

年应纳土地使用税税额＝46 000×4.8＝220 800（元）

借：税金及附加　　　　　　　　　　　　　　220 800

　　贷：应交税费——应交城镇土地使用税　　　　　220 800

表 10-39　　　　　　　　　　**记账凭证**

2017 年 1 月 5 日　　　　　　　　　　字第××号

摘　要	会计科目	借方金额										贷方金额										记账
		千	百	十	万	千	百	十	元	角	分	千	百	十	万	千	百	十	元	角	分	
计提城镇土地使用税	税金及附加			2	2	0	8	0	0	0	0											
	应交税费——应交城镇土地使用税													2	2	0	8	0	0	0	0	
合　计			¥	2	2	0	8	0	0	0	0		¥	2	2	0	8	0	0	0	0	

会计主管：赵晓芳　　　记账：陈力　　　审核：张可　　　制单：李丽

10.11　车辆购置税

《中华人民共和国车辆购置税法》已由中华人民共和国第十三届全国人民代表大会常务委员会第七次会议于 2018 年 12 月 29 日通过，自 2019 年 7 月 1 日起施行。

在中华人民共和国境内购置汽车、有轨电车、汽车挂车、排气量超过 150 毫升的摩托车（以下统称应税车辆）的单位和个人，为车辆购置税的纳税人。

1. 征收办法及税率

车辆购置税实行一次性征收。购置已征车辆购置税的车辆，不再征收车辆购置税。税率10%。

2. 应纳税额计算

车辆购置税的应纳税额按照应税车辆的计税价格乘以税率计算。

3. 计税价格

应税车辆的计税价格，按照下列规定确定：

（1）•纳税人购买自用应税车辆的计税价格，为纳税人实际支付给销售者的全部价款，不包括增值税税款

（2）•纳税人进口自用应税车辆的计税价格，为关税完税价格加上关税和消费税

（3）•纳税人自产自用应税车辆的计税价格，按照纳税人生产的同类应税车辆的销售价格确定，不包括增值税税款

（4）•纳税人以受赠、获奖或者其他方式取得自用应税车辆的计税价格，按照购置应税车辆时相关凭证载明的价格确定，不包括增值税税款

4. 税收优惠

下列车辆免征车辆购置税：

（1）•依照法律规定应当予以免税的外国驻华使馆、领事馆和国际组织驻华机构及其有关人员自用的车辆

（2）•中国人民解放军和中国人民武装警察部队列入装备订货计划的车辆

（3）•悬挂应急救援专用号牌的国家综合性消防救援车辆

（4）•设有固定装置的非运输专用作业车辆

（5）•城市公交企业购置的公共汽电车辆

【例 10-24】2019 年 4 月，绿洲饭店从国外进口 1 辆宝马公司生产的某型号小轿车。该公司报关进口这批小轿车时，经报关地海关对有关报关资料的审查，确定关税完税价格为 445 000 元，海关按关税政策规定征收关税 162 300 元，并按消费税、增值税有关规定代征每辆小轿车的进口消费税 26 700 元和增值税 87 345 元。根据以上资料，计算应纳车辆购置税。

（1）计税依据＝445 000＋162 300＋26 700＝634 000（元）

（2）应纳税额＝634 000×10％＝63 400（元）

借：税金及附加　　63 400

　　贷：应交税费——应交车辆购置税　　63 400

借：应交税费——应交车辆购置税　　63 400

　　贷：银行存款　　63 400

10.12 车船税

车船税是对在中华人民共和国境内车辆、船舶（以下简称车船）的所有人或者管理人征收的一种税。

1. 征税对象及范围

车船税的征税范围是指依法应当在车船管理部门登记的车辆和船舶。具体包括以下几个方面。

（1）依法应当在车船登记管理部门登记的机动车辆和船舶。

（2）依法不需要在车船登记管理部门登记的在单位内部行使或者作业的机动车辆和船舶。

2. 纳税人

在中华人民共和国境内属于本法所附《车船税税目税额表》规定的车辆、船舶（以下简称车船）的所有人或者管理人，为车船税的纳税人。

3. 适用税目与税率

车船税的税目分为 5 大类：

车船税的适用税额，依照条例所附的《车船税税目税额表》执行。

车船税采用定额税率，又称固定税额。根据《车船税法》的规定，对应税车船实行有幅度的定额。

1 • 乘用车。乘用车为核定载客人数9人（含）以下的车辆

2 • 商用车。商用车包括客车和货车

3 • 其他车辆。其他车辆包括专用作业车和轮式专用机械车等（不包括拖拉机）

4 • 摩托车

5 • 船舶。船舶包括机动船舶、非机动驳船、拖船和游艇

4. 车船税应纳税额的计算

（1）乘用车、客车和摩托车的应纳税额＝计税单位数量×适用年基准税额

（2）货车、专用作业车和轮式专用机械车的应纳税额＝整备质量吨位数×适用年基准税额

（3）机动船舶的应纳税额＝净吨位数×适用年基准税额

（4）拖船和非机动驳船的应纳税额＝净吨位数×适用年基准税额×50%

（5）游艇的应纳税额＝艇身长度×适用年基准税额

（6）购置的新车船，购置当年的应纳税额自纳税义务发生的当月起按月计算。计算公式为：

应纳税额＝（适用年基准税额÷12）×应纳税月份数

（7）保险机构代收代缴车船税和滞纳金的计算

每一年度欠税应加收的滞纳金＝欠税金额×滞纳天数×0.5‰

滞纳天数的计算自应购买“交强险”截止日期的次日起到纳税人购买交强险当日止。

【例 10-25】 某运输公司拥有载货汽车 20 辆（货车载重净吨位全部为 15 吨），乘人大客车 30 辆，小客车 20 辆。计算该公司应纳车船税。（载货汽车每吨年税额 100 元，乘人大客车每辆年税额 1 000 元，小客车每辆年税额 500 元）

（1）载货汽车应纳税额＝20×15×100＝30 000（元）

（2）乘人汽车应纳税额＝30×1 000＋20×500＝40 000（元）

（3）全年应纳车船税额＝30 000＋40 000＝70 000（元）

借：税金及附加　　　　　　　　　　　　　　　　70 000

　　贷：应交税费——应交车船税　　　　　　　　　　　70 000

借：应交税费——应交车船税　　　　　　　　　　　70 000

　　贷：银行存款　　　　　　　　　　　　　　　　　70 000

登记会计凭证，见表 10-40。

表 10-40　　　　　　　　　　**记账凭证**

2017 年 1 月 5 日　　　　　　　　　　字第××号

摘　要	会计科目	借方金额										贷方金额										记账
		千	百	十	万	千	百	十	元	角	分	千	百	十	万	千	百	十	元	角	分	
计提车船税	税金及附加				7	0	0	0	0	0	0											
	应交税费——应交车船税														7	0	0	0	0	0	0	
支付车船税	应交税费——应交车船税				7	0	0	0	0	0	0											
	银行存款														7	0	0	0	0	0	0	
合　计			¥	1	4	0	0	0	0	0	0		¥	1	4	0	0	0	0	0	0	

会计主管：韩明　　　　记账：田野　　　　审核：曹欣丽　　　　制单：王博

10.13　印花税

印花税是对经济活动和经济交往中书立、领受、使用的应税经济凭证的单位和个人所征收的一种税。因纳税人主要是通过在应税凭证上粘贴印花税票来完成纳税义务，故名印花税。

2018 年 11 月 1 日，财政部、国家税务总局起草《中华人民共和国印花税法（征求意见稿）》，明确印花税纳税人、计税依据、税率等。

1. 征税范围

现行印花税采取正列举的形式，只对《印花税暂行条例》列举的凭证征收，没有列举的凭证不征税。

具体征税范围，见表 10-41。

表 10-41　印花税征税范围

类型	具体内容
合同类	购销合同、加工承揽合同、建设工程勘察设计合同、建筑安装工程承包合同、财产租赁合同、货物运输合同、仓储保管合同、借款合同、财产保险合同、技术合同
产权转移书据	土地使用权出让合同、土地使用权转让合同、商品房销售合同
营业账簿	为营业账簿记载的实收资本（股本）、资本公积合计金额
权利、许可证照	房屋产权证、工商营业执照、商标注册证、专利证、土地使用证

2. 纳税人

凡在我国境内书立、领受、使用应税凭证的单位和个人，都是印花税的纳税人。包括各类企业、事业、机关、团体、部队，以及中外合资经营企业、合作经营企业、外资企业、外国公司企业和其他经济组织及其在华机构等单位和个人。

3. 计税依据

印花税根据不同征税项目，分别实行从价计征和从量计征两种征收方法。见表 10-42。

表 10-42　印花税的征收方法

计税依据	具体内容
应税合同	为合同列明的价款或者报酬，不包括增值税税款；合同中价款或者报酬与增值税税款未分开列明的，按照合计金额确定
应税产权转移书据	为产权转移书据列明的价款，不包括增值税税款；产权转移书据中价款与增值税税款未分开列明的，按照合计金额确定
应税营业账簿	为营业账簿记载的实收资本（股本）、资本公积合计金额
应税权利、许可证照	按件确定
证券交易	成交金额

4. 印花税税率

现行印花税采用比例税率和定额税率两种税率。

比例税率。按比例税率征收的项目包括：各种合同及具有合同性质的凭证、记载资金的账簿和产权转移书据等。

适用比例税率的合同，见表10-43。

表10-43 比例税率表

税目		税率	备注
合同	买卖合同	支付价款的万分之三	指动产买卖合同
	借款合同	借款金额的万分之零点五	指银行业金融机构和借款人（不包括银行同业拆借）订立的借款合同
	融资租赁合同	租金的万分之零点五	
	租赁合同	租金的千分之一	
	承揽合同	支付报酬的万分之三	
	建设工程合同	支付价款的万分之三	
	运输合同	运输费用的万分之三	指货运合同和多式联运合同（不包括管道运输合同）
	技术合同	支付价款、报酬或者使用费的万分之三	
	保管合同	保管费的千分之一	
	仓储合同	仓储费的千分之一	
	财产保险合同	保险费的千分之一	不包括再保险合同
产权转移书据	土地使用权出让和转让书据；房屋等建筑物、构筑物所有权、股权（不包括上市和挂牌公司股票）、商标专用权、著作权、专利权、专有技术使用权转让书据	支付价款的万分之五	

续上表

税目		税率	备注
权利、许可证照	不动产权证书、营业执照、商标注册证、专利证书	每件 5 元	
营业账簿		实收资本（股本）、资本公积合计金额的万分之二点五	
证券交易		成交金额的千分之一	对证券交易的出让方征收，不对证券交易的受让方征收

注意：各省市不定时调整印花税率。

5. 印花税应纳税额的计算

（1）按比例税率计算：

应纳税额＝应税凭证计税金额×适用税率

（2）按定额税率计算：

应纳税额＝应税凭证件数×定额税率

（3）营业账簿中记载资金的账簿，印花税应纳税额的计算公式：

应纳税额＝（实收资本＋资本公积）×0.25‰

【例 10-26】某企业 2019 年 2 月开业，领受房产权证、工商营业执照、土地使用证各一份，与其他企业订立转移专用技术使用权书据一份，所载金额 1 240 000元；订立产品购销合同两件，所载金额 2 580 000 元；订立借款合同一份，所载金额 569 000 元。此外，企业的营业账簿中，“实收资本”载有资金 11 000 000 元，其他营业账簿 20 本。2019 年 12 月该企业“实收资本”所载资金增加为 13 000 000 元。计算该企业 2019 年 2 月应纳的印花税和 12 月应补缴的印花税。

（1）企业领受权利许可证照应纳税额＝3×5＝15（元）

（2）企业订立产权转移书据应纳税额＝1 240 000×0.5‰＝620（元）

（3）企业订立购销合同应纳税额＝2 580 000×0.3‰＝774（元）

（4）企业订立借款合同应纳税额＝569 000×0.05‰＝28.45（元）

(5) 企业营业账簿中“实收资本”所载资金应纳税额＝11 000 000×0.25‰＝2 750（元）

(6) 2月份应纳印花税＝15＋620＋774＋28.45＋2 750＝4 187.45（元）

(7) 12月资金账簿应补印花税＝（13 000 000－11 000 000）×0.25‰＝500（元）

10.14 企业所得税

企业所得税，又称公司所得税或法人所得税，是国家对企业生产经营所得和其他所得征收的一种所得税。

10.14.1 企业所得税要素

企业所得税的纳税人又分别是哪些人呢，税法规定，在中华人民共和国境内，企业和其他取得收入的组织（以下统称企业）为企业所得税的纳税人，依照企业所得税法的规定缴纳企业所得税。但个人独资企业、合伙企业不交企业所得税。

企业所得税的纳税人分为居民企业和非居民企业，各自承担不同的纳税义务。

1. 企业所得税的税率

企业所得税的税率分为以下几种，见表10-44。

表10-44 企业所得税税率

税　率	适用范围
25%	·适用于居民企业取得的各项所得：非居民企业在中国境内设立机构、场所取得的来源于中国境内的所得，以及发生在中国境外但与其所设机构、场所有实际联系的所得
20%	·适用于非居民企业在中国境内未设立机构、场所的，或者虽设立机构、场所但取得与其所设机构、场所没有实际联系的所得。但企业所得税法实施条例中同时规定，就其来源于中国境内该所得实际征收过程中减按10%税率征收

续上表

税　　率	适用范围
20%	·符合条件的小型微利企业，减按20%的所得税率征收
15%	·国家需要重点扶持的高新技术企业，减按15%的所得税率征收

2. 企业所得税的应纳税所得额

企业所得税的计税依据是应纳税所得额，即指企业每一纳税年度的收入总额，减除不征税收入、免税收入、各项扣除以及允许弥补的以前年度亏损后的余额。如果计算出的数额小于零，为亏损。

10.14.2　收入的确定

1. 销售货物收入

除法律法规另有规定外，企业销售收入的确认，必须遵循权责发生制和实质重于形式原则。销售货物收入确认的时间，见表10-45。

表10-45　　销售货物收入时间的确认

销售方式	确认收入的时间
托收承付	办妥托收手续时确认收入
预收款	在发出商品时确认收入
销售商品需要安装和检验	在购买方接受商品以及安装和检验完毕时确认收入。如果安装程序比较简单，可在发出商品时确认收入
以支付手续费方式委托代销	在收到代销清单时确认收入
售后回购	销售的商品按售价确认收入，回购的商品作为购进商品处理
以旧换新	销售商品应当按照销售商品收入确认条件确认收入，回收的商品作为购进商品处理

续上表

销售方式	确认收入的时间
商业折扣	应当按照扣除商业折扣后的金额确定销售货物收入金额
销售折让	应当在发生时冲减当期销售货物收入
销售退回	应当在发生时冲减当期销售货物收入
有合同或协议价款的	购货方已收或应收的确定销售货物收入金额
现金折扣	应当按照扣除现金折扣前的金额确定销售货物收入金额。现金折扣在实际发生时计入当期损益

2. 提供劳务所得

提供劳务所得是指企业从事建筑安装、修理修配、交通运输、仓储租赁、金融保险、邮电通信、咨询经纪、文化体育、科学研究、技术服务、教育培训、餐饮住宿、中介代理、卫生保健、社区服务、旅游、娱乐、加工以及其他劳务服务活动取得的所得。

(1) 收入时间的确认。

(2) 提供劳务收入确认的方法，见表 10-46。

表 10-46　　劳务收入的确认

依　　据	劳务收入的确认
安装费	应根据安装完工进度确认收入。安装工作是商品销售附带条件的，安装费在确认商品销售实现时确认收入
宣传媒介的收费	应在相关广告或商业行为出现于公众面前时确认收入。广告的制作费，应根据制作广告的完工进度确认收入
软件费	为特定客户开发软件的收费，应根据开发的完工进度确认收入
服务费	包含在商品售价内可区分的服务费，在提供服务的期间分期确认收入
艺术表演、招待宴会和其他特殊活动	在相关活动发生时确认收入，收费涉及几项活动的，预收的款项应合理分配给每项活动，分别确认收入

续上表

依　据	劳务收入的确认
会员费	申请入会或加入会员，只允许取得会籍，所有其他服务或商品要另行收费的，在取得会员费时确认收入。申请入会或加入会员后，会员在会员期内不再付费就可得到各种服务或商品，或者以低于非会员的价格销售商品或提供服务的，该会员费应在整个受益期内分期确认收入
特许权费	属于提供设备和其他有形资产的特许权费，在交付资产或转移资产所有权时确认收入；属于提供初始及后续服务的特许权费，在提供服务时确认收入
劳务费	长期为客户提供重复的劳务收取的劳务费，在相关劳务活动发生时确认收入

（3）让渡资产使用权收入确认的方法，见表 10-47。

表 10-47　　让渡资产使用权收入的确定

依　据	确　认
转让财产收入	是指企业转让固定资产、投资性房地产、生物资产、无形资产、股权、债权等所取得的收入
股息、红利等权益性投资收益	指企业因权益性投资从被投资方取得的所得，除国务院财政、税务主管部门另有规定外，按照被投资方作出利润分配决定的日期确认收入的实现
利息收入	是指企业将资金提供他人使用但不构成权益性投资或因他人占用本企业资金所取得的利息收入，包括存款利息、贷款利息、债券利息、欠款利息等收入。 利息收入，按照合同约定的债务人应付利息的日期确认收入的实现
租金收入	是指企业提供固定资产、包装物或者其他资产的使用权取得的所得。 租金收入，按照合同约定的承租人应付租金的日期确认收入的实现
特许权使用费收入	是指企业提供专利权、非专利技术、商标权、著作权以及其他特许权的使用权取得的所得。特许权使用费收入，按照合同约定的特许权使用人应付特许权使用费的日期确认收入的实现
接受捐赠收入	是指企业接受的来自其他企业、组织或者个人无偿给予的货币性资产、非货币性资产。 接受捐赠收入，按照实际收到捐赠资产的日期确认收入的实现

续上表

依　　据	确　　认
其他收入	包括企业资产溢余收入、逾期未退包装物没收的押金、确实无法偿付的应付款项、企业已作坏账损失处理后又收回的应收账款、债务重组收入、补贴收入、教育费附加返还款、违约金收入、汇兑收益等

3. 不征税收入

不征税收入，是指从性质和根源上不属于企业营利性活动带来的经济利益、不负有纳税义务并不作为应税所得额组成部分的收入。见表 10-48。

表 10-48　　不征税收入

财政拨款	是指各级政府对纳入预算管理的事业单位、社会团体等组织拨付的财政资金，但国务院和国务院财政、税务主管部门另有规定的除外
行政事业性收费 政府性基金	依法收取并纳入财政管理的行政事业性收费和政府性基金

10.14.3　准予扣除的项目

1. 一般扣除项目

企业实际发生的与取得收入有关的、合理的支出，包括成本、费用、税金、损失和其他支出，准予在计算应纳税所得额时扣除。

税前扣除的确认原则：权责发生制原则；配比原则；相关性原则；确定性原则；合理性原则；资本性支出与收益性支出原则。见表 10-49。

表 10-49　　准予扣除的项目

合理支出	内　　容
成本	是指餐饮企业在生产经营活动中发生的成本、业务支出以及其他耗费
费用	是指企业在生产经营活动中发生的销售费用、管理费用和财务费用，已经计入成本的有关费用除外

续上表

合理支出	内　容
税金	是指企业发生的除企业所得税和允许抵扣的增值税以外的各项税金及其附加
损失	①企业发生的损失，减除责任人赔偿和保险赔款后的余额，依照国务院财政、税务主管部门的规定扣除。 ②企业已经作为损失处理的资产，在以后纳税年度又全部收回或者部分收回时，应当计入当期收入。
捐赠	①只有公益性捐赠才能在企业所得税前扣除 ②非公益性捐赠不能在企业所得税前扣除 企业当期实际发生的公益性捐赠支出在年度利润总额 12%以内（含）的，准予扣除
工资	①企业实际发生的合理的职工工资薪金，准予在税前扣除。包括基本工资、奖金、津贴、补贴、年终加薪、加班工资，以及与任职或者受雇有关的其他支出 ②企业按照国务院有关主管部门或省级人民政府规定的范围和标准为职工缴纳的基本医疗保险费、基本养老保险费、失业保险费、工伤保险费、生育保险费等基本社会保险费和住房公积金，准予税前扣除 ③企业提取的年金，在国务院财政、税务主管部门规定的标准范围内，准予扣除。 ④企业为其投资者或雇员个人向商业保险机构投保的人寿保险、财产保险等商业保险，不得扣除。 ⑤企业按国家规定为特殊工种职工支付的法定人身安全保险费，准予扣除
职工福利费	企业发生的满足职工共同需要的集体生活、文化、体育等方面的职工福利费支出，不超过工资薪金总额 14%的部分，准予扣除
工会经费	企业拨缴的工会经费，不超过工资薪金总额 2%的部分，准予扣除
教育费附加	除国务院财政、税务主管部门另有规定外，企业实际发生的职工教育经费支出，在职工工资总额 2.5%（含）以内的，准予据实扣除。超过部分，准予在以后纳税年度结转扣除
业务招待费	企业实际发生的与经营活动有关的业务招待费，按实际发生额的 60%扣除，但最高不得超过当年销售（营业）收入额的 0.5%
广告费和业务宣传费	企业每一纳税年度实际发生的符合条件的广告支出，不超过当年销售（营业）收入 15%（含）的部分准予扣除，超过部分准予在以后年度结转扣除

续上表

合理支出	内　　容
利息支出	①企业为购置、建造固定资产、无形资产和经过 12 个月以上的建造才能达到预定可销售状态的存货而发生的借款，在有关资产购建期间发生的借款费用，应作为资本性支出计入有关资产的成本；有关资产竣工结算并交付使用后或达到预定可销售状态后发生的借款费用，可在发生当期扣除 ②企业发生的不需要资本化的借款费用，符合税法和本条例对利息水平限定条件的，准予扣除
环保等专项基金及费用的扣除	①专项资金支出 ②两类特别保险支出

2. 税前不得扣除项目

税前不得扣除的项目如下。

1 • 向投资者支付的股息、红利等权益性投资收益款项

2 • 企业所得税税款

3 • 税收滞纳金

4 • 罚金、罚款和被没收财物的损失

5 • 不符合规定的捐赠支出

6 • 赞助支出

7 • 未经核定的准备金支出

8 • 与取得收入无关的其他支出

10.14.4　企业所得税的计算

我国计算企业所得税时，一般采用资产负债表债务法。利润表中的所得税费用由两部分组成：当期所得税和递延所得税费用（或收益）。

1. 当期所得税

当期所得税应当以适用的税收法规为基础计算确定。

应交所得税＝应纳税所得额×所得税税率

应纳税所得额＝会计利润＋纳税调整增加额－纳税调整减少额＋境外应税所得弥补境内亏损－弥补以前年度亏损

当期所得税＝当期应交所得税＝应纳税所得额×适用税额－减免税额－抵免税额

2. 居民企业应纳税额的计算

（1）直接计算法

应纳税所得额＝收入总额－不征税收入－免税收入－各项扣除金额－弥补亏损

（2）间接计算法

应纳税所得额＝会计利润总额±纳税调整项目金额

【例 10-27】山城餐饮有限公司为居民企业，2018 年发生经营业务如下。

（1）取得销售收入 42 800 000 元；

（2）发生销售成本 35 400 000 元；

（3）发生销售费用 8 140 000 元（其中广告费 7 800 000 元）；管理费用 1 850 000元（其中业务招待费 800 000 元）；财务费用 675 000 元；

（4）销售税金 1 760 000 元（含增值税 1 000 000 元）；

（5）营业外收入 690 000 元，营业外支出 420 000 元（含通过公益性社会团体向贫困山区捐款 280 000 元，支付税收滞纳金 74 000 元）；

（6）计入费用中的实发工资总额 2 400 000 元、拨缴职工工会经费 84 000 元、发生职工福利费 390 000 元、发生职工教育经费 65 000 元。

（7）固定资产账面价值 166 000 元，计税基础为 260 000 元，产生可抵扣暂时性差异 94 000 元。

根据以上业务，先计算企业会计利润总额，然后按照税法的要求，调增或调减各项费用。最后根据企业适用所得税税率，计算 2018 年度实际应纳的企业所得税。

①会计利润总额＝42 800 000＋690 000－35 400 000－8 140 000－1 850 000－675 000－（1 760 000－1 000 000）－420 000＝4 385 000（元）

②广告费和业务宣传费调增所得额＝7 800 000－42 800 000×15%＝

1 380 000（元）

③企业发生的与生产经营活动有关的业务招待费支出，按照发生额的60%扣除，但最高不得超过当年销售（营业）收入的0.5%。即42 800 000×0.5%=214 000元

业务招待费发生额为800 000元，即800 000×60%=480 000（元）

业务招待费调增所得额=800 000−214 000=586 000（元）

④工会经费应调增所得额=84 000−2 400 000×2%=36 000（元）

⑤职工福利费应调增所得额=390 000−2 400 000×14%=54 000（元）

⑥职工教育经费应调增所得额=65 000−2 400 000×2.5%=5 000（元）

⑦支付税收滞纳金74 000元不得扣除，应调增所得额。

⑧应纳税所得额=4 385 000+1 380 000+586 000+36 000+54 000+5 000+74 000=6 520 000（元）

⑨2018年应缴企业所得税=6 520 000×25%=1 630 000（元）

⑩固定资产递延所得税收益=94 000×25%=23 500（元）

确认所得税费用=1 630 000−23 500=1 606 500（元）

借：所得税费用　　1 606 500

　　递延所得税资产　　23 500

　　贷：应交税费——应交所得税　　1 630 000

根据上述业务，登记会计凭证，见表10-50。

表10-50

记账凭证

2018年12月25日　　字第　号

摘　要	会计科目	借方金额										贷方金额										记账
		千	百	十	万	千	百	十	元	角	分	千	百	十	万	千	百	十	元	角	分	
计提12月应交所得税	所得税费用		1	6	0	6	5	0	0	0	0											
	递延所得税资产				2	3	5	0	0	0	0											
	应交税费——应交所得税												1	6	3	0	0	0	0	0	0	
合　计		¥	1	6	3	0	0	0	0	0	0	¥	1	6	3	0	0	0	0	0	0	

会计主管：陈丽　　记账：董明纯　　审核：李汀　　制单：宋桐

10.15 个人所得税

2018 年 8 月 31 日，关于修改《中华人民共和国个人所得税法》的决定经十三届全国人大常委会第五次会议表决通过。起征点确定为每月 5 000 元。新《中华人民共和国个人所得税法》规定：居民个人的综合所得，以每一纳税年度的收入额减除费用 60 000 元以及基本扣除项目、专项附加扣除和依法确定的其他扣除后的余额，为应纳税所得额。

1. 个人所得税征收范围

征收范围的法律界定，如图 10-7 所示。

1	工资、薪金、奖金、年终加薪、劳动分红、津贴等个人所得
2	个体工商户的生产、经营所得（含个人独资企业和合伙企业）
3	对企事业单位的承包经营、承租经营的所得
4	劳务报酬所得
5	稿酬所得
6	特许权使用费所得
7	利息、股息、红利所得
8	财产租赁所得
9	财产转让所得
10	偶然所得--中奖、中彩等

图 10-7　个人所得税征收范围

2. 专项附加扣除项目

专项附加扣除项目见表 10-51。

表 10-51　专项附加扣除项目

项　目	条　件	扣除标准	限定范围
子女教育	纳税人的子女接受全日制学历教育的相关支出	每个子女 1 000 元	每月
继续教育	不能超过 48 个月	纳税人在中国境内接受学历（学位）继续教育的支出	每月 400 元

续上表

项　目	条　件	扣除标准	限定范围
继续教育	纳税人参加技能人员职业资格继续教育、专业技术人员职业资格继续教育	3 600 元	在取得相关证书的当年
大病医疗	纳税人发生的与基本医保相关的医药费用支出，扣除医保报销后个人负担（指医保目录范围内的自付部分）累计超过15 000元的部分	在 80 000 元限额内据实扣除	在一个纳税年度内
住房贷款利息	商贷或公积金贷款	按照每月 1 000 元的标准定额扣除，扣除期限最长不超过 240 个月	首套住房贷款利息支出
住房租金	直辖市、省会（首府）城市、计划单列市以及国务院确定的其他城市	1 500	每月
	市辖区户籍人口超过 100 万的城市	1 100	每月
	市辖区户籍人口不超过 100 万的城市	800	每月
赡养老人	纳税人为独生子女的	2000	每月
	纳税人为非独生子女的	每人分摊的额度不能超过每月 1 000 元	每月

工资、薪金所得，是指个人因任职或者受雇而取得的工资、薪金、奖金、年终加薪、劳动分红、津贴、补贴以及与任职或者受雇有关的其他所得。

工资、薪金所得七级超额累计税率，见表 10-52。

表 10-52　　工资、薪金所得个人所得税税率表

级数	每次应纳税所得额	税率（%）	速算扣除数
1	不超过 3 000 元部分	3	0
2	超过 3 000～12 000 元	10	210
3	超过 12 000～25 000 元	20	1 410

续上表

级数	每次应纳税所得额	税率（%）	速算扣除数
4	超过 25 000～35 000 元	25	2 660
5	超过 35 000～55 000 元	30	4 410
6	超过 55 000～80 000 元	35	7 160
7	超过 80 000 元部分元	45	15 160

个人所得税的征收方式可分为按月计征和按年计征。个体工商户的生产、经营所得，对企业事业单位的承包经营、承租经营所得，特定行业的工资、薪金所得，从中国境外取得的所得，实行按年计征应纳税额，其他所得应纳税额实行按月计征。

【例 10-28】赵媛就职于深圳某高新技术企业，月工资 24 500 元，“五险二金” 7 210 元，父母均健在，她是家里唯一的孩子。目前她有一女儿读幼儿园。

根据新个人所得税法的规定：应纳税所得额＝月收入－5 000 元（起征点）－基本扣除项目－专项附加扣除项目－依法确定的其他扣除

＝24 500－5 000－7 210－1 000－2 000＝9 290（元）

根据税率表可知，此挡税率为 10%，速算扣除算为 210 元，即应纳税额＝9 290×10%－210＝719（元）

CHAPTER

ELEVEN

第11章

餐饮企业融资业务的核算

本章介绍长短期借款、长期应付款、应付债券科目设置及账务处理。

11.1 短期借款

短期借款是指餐饮企业向银行或其他金融机构等借入的期限在一年以下（含一年）的各种借款。

11.1.1 短期借款科目的设置

企业应设置“短期借款”科目，该账户的贷方登记取得借款的本金数额，借方登记偿还借款的本金数额，余额在贷方，表示尚未偿还的借款本金数额。

进行短期借款核算，除了设置“短期借款”总账外，还应按债权人设置明细账，并根据借款种类进行明细核算。见表11-1。

表11-1　短期借款会计科目编码的设置

科目代码	总分类科目（一级科目）	明细分类科目		是否辅助核算	辅助核算项目
		二级明细科目	三级明细科目		
2001					
200101	短期借款	人民币	经营周转借款	是	贷款人
200102	短期借款	人民币	临时借款	是	贷款人
200103	短期借款	人民币	结算借款	是	贷款人
200104	短期借款	人民币	票据贴现借款	是	贷款人
200105	短期借款	人民币	卖方信贷	是	贷款人
200106	短期借款	人民币	预购定金借款	是	贷款人
200107	短期借款	人民币	专项储备借款	是	贷款人

续上表

科目代码	总分类科目（一级科目）	明细分类科目		是否辅助核算	辅助核算项目
		二级明细科目	三级明细科目		
200108	短期借款	外币	美元	是	贷款人
200109	短期借款	外币	欧元	是	贷款人
200110	短期借款	外币	其他	是	贷款人

11.1.2 短期借款的账务处理

借入各种短期借款时，借记“银行存款”账户，贷记“短期借款”账户；归还借款时，作相反的会计分录。发生的短期借款利息，借记“财务费用”账户，贷记“应付利息”“银行存款”等账户。

短期借款的财务处理见表 11-2。

表 11-2　短期借款的账务处理

财务情况		账务处理
短期借款取得	按取得金额入账	借：银行存款 　贷：短期借款
短期借款的利息	按照新准则的规定，不再进行预提，可直接根据利息通知单的数额计入当期损益	借：财务费用 　贷：银行存款
归还短期借款时	不论是按期支付利息，还是利息在借款到期时连同本金一起归还，账务处理是一样的	借：短期借款（按偿付的本金数额） 　财务费用（按支付的利息） 　贷：银行存款（按偿还的本息和）

【例 11-1】 大华饭店取得短期借款 240 000 元，年利率 6%，借款期限 6 个月。利息数额较少，不进行计提，一直到期还本付息。

6 个月的利息＝240 000×6%÷12×6＝7 200（元）

(1) 2017 年 1 月 1 日，取得借款时，见表 11-3。

借：银行存款　　　　　　　　　　　　240 000

　　贷：短期借款　　　　　　　　　　　　240 000

表 11-3 **中国工商银行流动资金借款收据**（回单）

2017 年 1 月 1 日

<table>
<tr><td>借款单位全称</td><td colspan="3">大华饭店</td><td colspan="5">存款账号</td><td colspan="5">4512001909234264523</td></tr>
<tr><td>贷款种类</td><td>短期借款</td><td>年利率</td><td>6%</td><td colspan="5">贷款户账号</td><td colspan="5">7124001909234217832</td></tr>
<tr><td rowspan="2">贷款金额</td><td colspan="3" rowspan="2">人民币（大写） 贰拾肆万元整</td><td>百</td><td>十</td><td>万</td><td>千</td><td>百</td><td>十</td><td>元</td><td>角</td><td>分</td><td></td></tr>
<tr><td>¥</td><td>2</td><td>4</td><td>0</td><td>0</td><td>0</td><td>0</td><td>0</td><td>0</td><td></td></tr>
<tr><td colspan="4">借款原因或用途：流动资金</td><td colspan="5">约定还款期限</td><td colspan="5">2017 年 6 月 30 日</td></tr>
<tr><td colspan="4">备注：</td><td colspan="10">上列贷款已转入你单位存款户</td></tr>
</table>

（2）2017 年 6 月 30 日，还本付息时，见表 11-4、表 11-5。

借：短期借款　　240 000

　　财务费用　　7 200

　　贷：银行存款　　247 200

表 11-4 **存（贷）款利息传票**

2017 年 6 月 30 日

<table>
<tr><td rowspan="2">借方</td><td>户名</td><td colspan="2">大华饭店</td><td rowspan="2">贷方</td><td>户名</td><td colspan="2">大华饭店</td></tr>
<tr><td>账号</td><td colspan="2">7124001909234217832</td><td>账号</td><td colspan="2">7124001909234217832</td></tr>
<tr><td rowspan="3">备注</td><td>起息日期</td><td colspan="2">止息日期</td><td colspan="2">积数</td><td>利率</td><td>利息</td></tr>
<tr><td>2017.01.01</td><td colspan="2">2017.06.30</td><td colspan="2"></td><td>6%</td><td>7 200</td></tr>
<tr><td colspan="3">调整利息：</td><td colspan="4">冲正利息：</td></tr>
<tr><td colspan="8">应收（付）利息合计：柒仟贰佰元整</td></tr>
</table>

表 11-5

中国工商银行 转账支票存根（深） IV V000123
科　目：
对方科目：
出票日期 2017 年 6 月 30 日
收款人：中国工商银行深圳宝安支行
金　额：247 200 元
用　途：短期借款

（支票存根）

单位主管　曲漫　　会计　沙芳

11.2 长期借款

长期借款是指一般纳税人企业向银行或其他经营机构借入的期限在一年以上（不含一年）的各种借款。为了核算借入的长期借款，一般纳税人企业应设置“长期借款”科目，该科目应按借款单位和借款种类设置明细账，分别以“本金”“利息调整”等进行明细核算。长期借款科目的具体结构如图 11-1 所示。

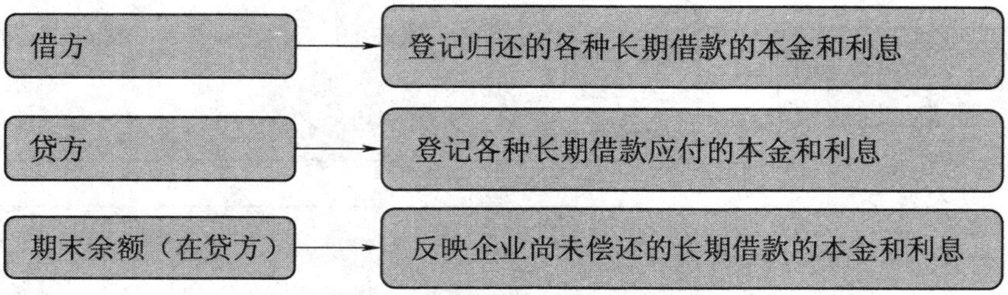

图 11-1　长期借款科目结构

11.2.1 长期借款科目的设置

企业应通过“长期借款”科目核算长期借款的取得和偿还情况，并分别设置“本金”“应计利息”“利息调整”等二级科目进行明细核算。本科目期末贷方余额，反映企业尚未偿还的长期借款的摊余成本。见表 11-6。

表 11-6　　长期借款会计科目编码的设置

科目代码	总分类科目（一级科目）	明细分类科目		是否辅助核算	辅助核算类别
		二级明细科目	三级明细科目		
2501	长期借款				
250101	长期借款	本金	贷款种类	是	贷款单位
250102	长期借款	利息调整	贷款种类	是	贷款单位
250103	长期借款	应计利息	贷款种类	是	贷款单位
250104	长期借款	交易费用	贷款种类	是	贷款单位
250105	长期借款	其他	贷款种类	是	贷款单位

11.2.2 长期借款的账务处理

长期借款的账务处理，如图 11-2 所示。

长期借款利息的计算有两种方式，即单利计算法和复利计算法两种。

单利计算法是指只按本金计算利息，其所生成利息不再加入本金重复计算利息。其计算公式为：

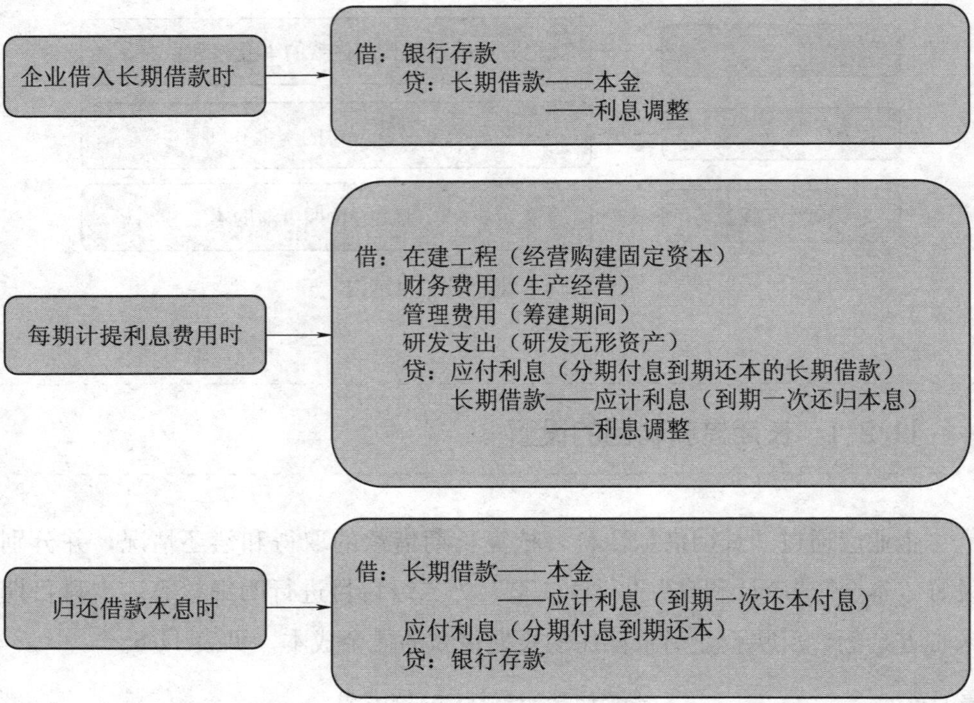

图 11-2　长期借款的账务处理

借款本利和＝本金＋本金×利率×期数

【例 11-2】大华饭店向银行借入一笔 2 000 000 元的借款，银行借款利率为 8%，借款期限为 4 年，采用单利方式计息。见表 11-17。则大华饭店每年应付的长期借款利息：

每年的利息＝本金×利率×期数＝2 000 000×8%×1＝160 000（元）

四年利息总额＝160 000×4＝640 000（元）

四年到期时，大华饭店需偿还银行的资金总额为：

本利和＝2 000 000＋640 000＝2 640 000（元）

表 11-7

中国银行　借款凭证

日期：2016 年 1 月 1 日

借款人：大华饭店	贷款账号：××××××
借款种类：一般企业流动性资金贷款	利率：8%
借款用途：材料款	
借款合同科目代码：No45653	
担保合同科目代码：No9436	
借款日期：2016 年 1 月 1 日	到期日：2019 年 12 月 31 日
金额：人民币贰佰万元整	存款账号××××××××
上述贷款已入借款人账户	中国人民银行深圳市支行 2016.11.01 业务办讫章

制单：　　　　　　　　复核：

2. 复利

是指不仅对借款的本金计算利息，其前期所发生的利息也要加入本金重复计算利息，也就是根据本金和前期利息之和计算各期利息，俗称“利滚利”。

其计算公式为：

$$本利和＝本金×（1＋利率）^{期数}$$
$$＝本金×〔（1＋利率）^{期数}－1〕$$

【例 11-3】大华饭店向银行借入一笔 2 000 000 元的借款，年利率为 10%，借款期限为 5 年，采用复利方式计息。见表 11-8。则大华饭店每年应付的长期借款利息为：

第一年的利息＝2 000 000×10%＝200 000（元）

第二年的利息＝（2 000 000＋200 000）×10%＝220 000（元）

第三年的利息＝（2 000 000＋200 000＋220 000）×10%＝242 000（元）

第四年的利息＝（2 000 000＋200 000＋220 000＋242 000）×10%＝266 200（元）

第五年的利息＝（2 000 000＋200 000＋220 000＋242 000＋266 200）×10%＝292 820（元）

表 11-8　　　　　　　　　　借款利息计提表

序　　号	贷款银行	借款金额	年利率	年利息金额
1	中国银行	2 000 000	10%	200 000
2			10%	220 000
3			10%	242 000
4			10%	266 200
5			10%	292 820
合计		2 000 000		1 221 020

审核　　　　　　　　制单

5 年到期时大华饭店需偿还银行的资金总额为：

本利和＝2 000 000×（1＋10%）^{5}＝2 000 000×1.610 51＝3 221 020（元）

五年利息总额＝3 221 020－2 000 000＝1 221 020（元）

还款付息凭证，见表 11-9。

表 11-9　　　　　　　　中国银行存（贷）款利息凭证

币种：人民币（本位币）　　　　　　年　月　日　　　　　　　　　　单位：元

<table>
<tr><td rowspan="2">付款人</td><td>户名</td><td>普通长期贷款利息收入</td><td rowspan="2">收款人</td><td>户名</td><td>大华饭店</td></tr>
<tr><td>账号</td><td>211565435678512546</td><td>账号</td><td>4512001909234264523</td></tr>
<tr><td colspan="2">金额</td><td>⊗贰佰万元整</td><td colspan="2">计息账号</td><td>4512001909234264523</td></tr>
<tr><td colspan="2">借据科目代码</td><td></td><td colspan="2">借据序号</td><td></td></tr>
<tr><td rowspan="4">备注</td><td>起息日</td><td>止息日</td><td>积数</td><td>利率</td><td>利息</td></tr>
<tr><td>2016 年
1 月 1 日</td><td>2020 年
12 月 31 日</td><td>5</td><td>10%</td><td>1 221 020</td></tr>
<tr><td></td><td></td><td></td><td></td><td></td></tr>
<tr><td colspan="3">调整利息：</td><td colspan="2">冲正利息：</td></tr>
</table>

银行章（略）　　　　　　　　　经办人××

11.3　长期应付款

长期应付款是企业除长期借款和应付债券以外的其他各种长期应付款项，包括应付融资租入固定资产的租赁费、以分期付款方式购入固定资产等发生的应付款项等。

11.3.1 长期应付款科目的具体运用

为了总括地反映和监督长期应付款的发生和归还情况，企业应设置“长期应付款”账户。该账户的贷方登记发生的长期应付款，借记登记归还的长期应付款，贷方余额表示企业尚未支付的各种长期应付款。该账户按长期应付的种类设置“补偿贸易引进设备应付款”“融资租入固定资产应付款”等账户，进行明细分类核算。

长期应付款科目的具体设置，见表 11-10。

表 11-10　长期应付款会计科目编码的设置

科目代码	总分类科目（一级科目）	明细分类科目		是否辅助核算	辅助核算类别
		二级明细科目	三级明细科目		
2701	长期应付款				
270101	长期应付款	人民币	融资租入固定资产	是	债权人
270102	长期应付款	人民币	分期付款购入固定资产	是	债权人
270103	长期应付款	外币	融资租入固定资产	是	债权人、
270104	长期应付款	外币	分期付款购入固定资产	是	债权人
270105	长期应付款	外币	补偿贸易	是	债权人

11.3.2 应付融资租赁款

1. 应付融资租赁款

应付融资租赁款是企业融资租入固定资产而发生的应付款，是在租赁开始承担人应向出租人支应的最低租赁付款额。账务处理如图 11-3 所示。

2. 具有融资性质的延期付款

企业购买资产有可能延期支付有关价款。如果延期支付的购买价款超过正常信用条件，实质上具有融资性质的，所购资产的成本应当以延期支付购买价款的现值为基础确定，以实际支付的价款作为长期应付款的入账价值，两者之间的差额作为未确认融资费用，应当在信用期间内采用实际利率法进行摊销。计入相关资产成本或当期损益。账务处理如图 11-4 所示。

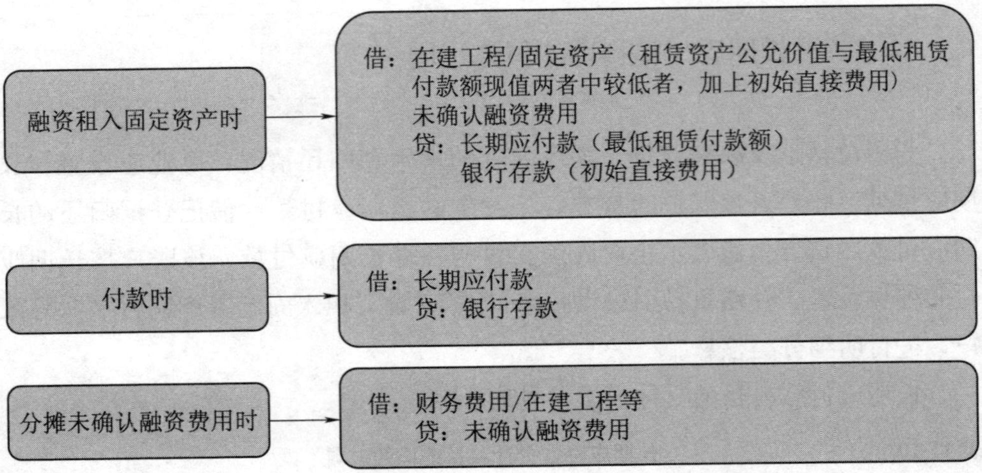

图 11-3 长期应付款的账务处理

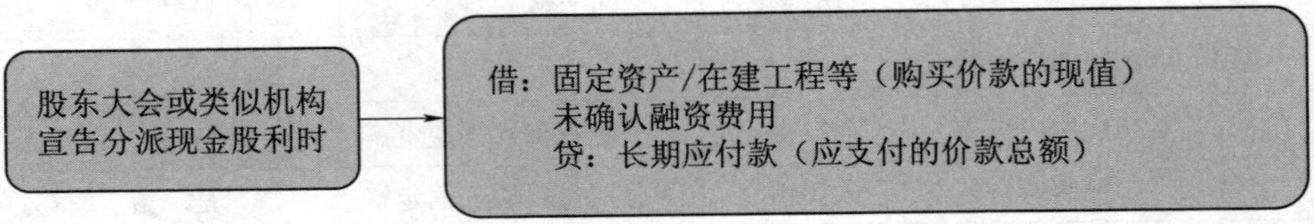

图 11-4 具有融资性质的延期付款的账务处理

【例 11-4】大华饭店从新雅租赁公司采用融资租赁方式租入一套不需安装的A设备，租赁期从2015年1月1日开始，租期3年，每年年末支付租金700 000元，到期归还该项租赁资产。合同约定的利率为6%，该资产的公允价值2 500 000元。该固定资产采用年限平均法计提折旧。

最低租赁付款额＝各期租金之和＋承租人担保的资产余值

＝700 000×3＋0＝2 100 000（元）

最低租赁付款额的现值＝700 000×（P/A，6%，3）

＝700 000×2.6730＝1 871 100（元）

根据租赁准则规定的孰低原则，租赁资产的入账价值应为其折现值1 871 100元。

未确认融资费用＝最低租赁付款额－最低租赁付款额现值

2 100 000－1 871 100＝228 900（元）

借：固定资产——A设备	1 871 100
未确认融资费用	228 900
贷：长期应付款——S租赁公司	2 100 000

在租赁期内采用实际利率法分摊未确认融资费用，见表11-11。

表 11-11 分摊未确认融资费用

日　期	租金	确认的融资费用	应付本金减少额	应付本金余额
	(a)	(b) =期初 (d) ×6%	(c) = (a) - (b)	(d) =期初 (d) - (c)
2015 年 1 月 1 日				1 871 100
2015 年 12 月 31 日	700 000	112 266	587 734	1 283 366
2016 年 12 月 31 日	700 000	77 001.96	622 998.04	660 367.96
2017 年 12 月 31 日	700 000	39 632.04	660 367.96	0
合计	2 100 000	228 900	1 871 100	—

(1) 2015 年 12 月 31 日。

借：长期应付款——应付融资租赁款　　700 000

　　贷：银行存款　　700 000

2015 年 12 月 31 日，每月分摊未确认融资费用时 112 266÷12=9 355.50

借：财务费用——融资费用　　9 355.50

　　贷：未确认融资费用　　9 355.50

2016 年 12 月 31 日，每月分摊未确认融资费用时，77 001.96÷12=6 416.83（元）

借：财务费用　　6 416.83

　　贷：未确认融资费用　　6 416.83

2017 年 12 月 31 日，每月分摊未确认融资费用时，39 632.04÷12=3 302.67（元）

借：财务费用　　3 302.67

　　贷：未确认融资费用　　3 302.67

2015 年 12 月 31 日至 2017 年 12 月 31 日，每月计提折旧时=1 871 100÷3÷12=51 975（元）

借：制造费用　　51 975

　　贷：累计折旧　　51 975

11.4 应付债券

应付债券是企业为筹集（长期）资金而发行的债券。债券发行有面值发行、溢价发行和折价发行三种情况。

11.4.1 应付债券科目的设置

企业应设置“应付债券”科目，并在该科目下设置“面值”“利息调整”“应计利息”等明细科目，核算应付债券发行、计提利息、还本付息等情况。见表 11-12。

表 11-12 **应付债券会计科目编码的设置**

科目代码	总分类科目（一级科目）	明细分类科目		是否辅助核算	辅助核算类别
		二级明细科目	三级明细科目		
2502	应付债券				
250201	应付债券	面值	种类	是	单位名称
250202	应付债券	利息调整	种类	是	单位名称
250203	应付债券	应计利息	种类	是	单位名称
250204	应付债券	其他	种类	是	单位名称

11.4.2 应付债券的核算

应付债券的账务处理，如图 11-5 所示。

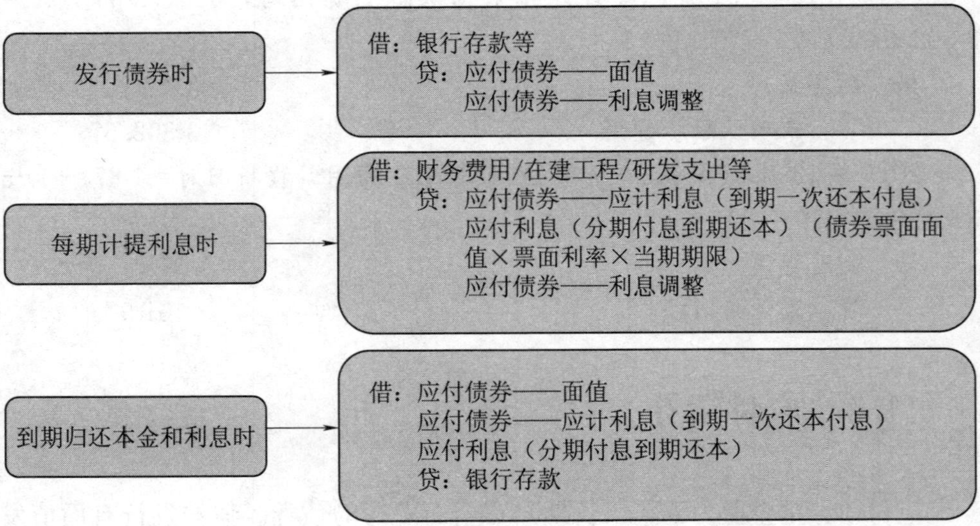

图 11-5　应付债券的账务处理

【**例 11-5**】2017 年 1 月 1 日，大华饭店发行 5 年期债券，面值 4 000 000 元，票面利率为 12%，假定市场利率为 10%。债券利息每年 12 月 31 日支付。证券发行结算清单见表 11-13、表 11-14。

大华饭店发行该批债券的实际发行价格＝4 000 000×（P/S，10%，5）＋4 000 000×12%×（P/A，10%，5）＝4 000 000×0.620 9＋480 000×3.790 8＝2 483 600＋1 819 584＝4 303 184（元）

表 11-13 **证券发行结算清单**

2017 年 1 月 1 日

企业名称		大华饭店
发行债券	面值	100
	数量	40 000
	总价	4 000 000
发行费用		—
发行净额		4 000 000

表 11-14 **中国工商银行特种转账传票**（贷方凭证）

签发日期：2017 年 1 月 10 日　　第 0078 号

<table>
<tr><td rowspan="3">收款人</td><td>全　称</td><td colspan="3">光大证券有限责任公司</td><td rowspan="3">付款人</td><td>全　称</td><td colspan="3">大华饭店</td></tr>
<tr><td>账　号</td><td colspan="3">5643001909234289432</td><td>账　号</td><td colspan="3">3427001909234216590</td></tr>
<tr><td>开户银行</td><td>工行</td><td>行号</td><td>12</td><td>开户银行</td><td>工商银行深圳北安支行</td><td>行号</td><td>32</td></tr>
<tr><td colspan="2">汇票金额</td><td colspan="4">人民币
（大写）⊗肆佰万元整</td><td colspan="4">千 百 十 万 千 百 十 元 角 分
¥ 4 0 0 0 0 0 0 0 0</td></tr>
<tr><td colspan="2">原凭证金额</td><td colspan="2"></td><td>赔偿金</td><td></td><td colspan="4" rowspan="2">科目（　　）________
对方科目（　　）________</td></tr>
<tr><td colspan="2">原凭证名称</td><td colspan="2"></td><td>号码</td><td></td></tr>
<tr><td colspan="2">转账原因</td><td colspan="4">债券款
工商银行深圳北安支行 2017.1.10 转讫 银行盖章</td><td colspan="4">复核员　记账</td></tr>
</table>

根据上述资料，大华饭店采用实际利率法和摊余成本计算确定的利息费用，见表 11-15。

表 11-15　　　　　　　　　　**应付债券核算表**

日　期	现金流出（a）	实际利息费用（b）＝期初（d）×10%	已偿还的本金（c）＝（a）－（b）	摊余成本余额（d）＝期初（d）－（c）
2017年1月1日				4 303 184
2017年12月31日	480 000	430 318.4	49 681.6	4 253 502.4
2018年12月31日	480 000	425 350.24	54 649.76	4 198 852.64
2019年12月31日	480 000	419 885.26	60 114.74	4 138 737.90
2020年12月31日	480 000	413 873.79	66 126.21	4 072 611.69
2021年12月31日	480 000	407 388.31 *	72 611.69 *	4 000 000
小计	2 400 000	2 096 816	303 184	4 000 000
2021年12月31日	4 000 000	—	4 000 000	0
合计	6 400 000	2 096 816	4 303 184	—

账务处理如下。

(1) 2017年1月1日，发行债券。

借：银行存款　　　　4 303 184

　贷：应付债券——面值　　　　4 000 000

　　　　　　——利息调整　　　　303 184

(2) 2017年12月31日，计提利息费用。

借：财务费用（或在建工程）　　　　430 318.4

　应付债券——利息调整　　　　49 681.6

　贷：应付利息　　　　480 000

(3) 2018年1月10日，支付利息。

借：应付利息　　　　480 000

　贷：银行存款　　　　480 000

2018年、2019年、2020年、2021年确认利息费用的会计分录与2017年相同，金额与利息费用与表中的对应金额一致。在此不再赘述。

(4) 2021年12月31日，归还债券本金及最后一期利息费用。

借：财务费用（在建工程）　　　　407 388.31

　应付债券——面值　　　　4 000 000

　　　　——利息调整　　　　72 611.69

　贷：银行存款　　　　4 480 000

CHAPTER TWELVE

第12章 餐饮企业费用的核算

期间费用是企业日常活动发生的不能计入特定核算对象的成本，而应计入发生当期损益的费用。

期间费用包含以下两种情况：

(1) 企业发生的支出不产生经济利益，或者即使产生经济利益但不符合或者不再符合资产确认条件的，应当在发生时确认为费用，计入当期损益。

(2) 企业发生的交易或者事项导致其承担了一项负债，而又不确认为一项资产的，应当在发生时确认为费用计入当期损益。

期间费用包括销售费用、管理费用和财务费用。

12.1 销售费用

销售费用是餐饮企业采购商品和食材、提供劳务的过程中发生的各种费用，包括采购人员工资、保险费、包装费、运输费、装卸费等。

本科目可按费用项目进行明细核算。期末，应将本科目余额转入“本年利润”科目，结转后本科目无余额。见表12-1。

表12-1 销售费用会计科目编码的设置

编号	总分类科目（一级科目）	明细分类科目			辅助核算类别
		二级明细科目	三级明细科目	四级明细科目	
6601	销售费用				
660101	销售费用	职工薪酬			
66010101	销售费用	职工薪酬	基本工资		部门
66010102	销售费用	职工薪酬	劳务费		部门
66010103	销售费用	职工薪酬	工会经费		部门
66010104	销售费用	职工薪酬	职工教育经费		部门
6601010501	销售费用	职工薪酬	社会保险费		部门
6601010502	销售费用	职工薪酬	社会保险费	养老保险	部门
6601010503	销售费用	职工薪酬	社会保险费	工伤保险	部门
6601010504	销售费用	职工薪酬	社会保险费	失业保险	部门
6601010505	销售费用	职工薪酬	社会保险费	医疗保险	部门
6601010506	销售费用	职工薪酬	社会保险费	计划生育保险	部门
66010106	销售费用	职工薪酬	住房公积金		部门
66010107	销售费用	职工薪酬	职工福利		部门
66010108	销售费用	职工薪酬	辞退费用		部门

续上表

科目代码	总分类科目（一级科目）	明细分类科目			辅助核算类别
		二级明细科目	三级明细科目	四级明细科目	
660102	销售费用	办公费用			部门
66010201	销售费用	办公费用	电费		部门
66010202	销售费用	办公费用	燃料费用		部门
66010203	销售费用	办公费用	水费		部门
660103	销售费用	车辆费用			
66010301	销售费用	车辆费用	修理费		部门
66010302	销售费用	车辆费用	燃油费		部门
66010303	销售费用	车辆费用	保险费		部门
66010304	销售费用	车辆费用	其他		部门
660104	销售费用	会议费			部门
660105	销售费用	接待费			部门
660106	销售费用	广告宣传费			部门
660107	销售费用	包装费			部门
660108	销售费用	差旅费			部门
660109	销售费用	培训费			部门
660110	销售费用	快递费			部门

企业应通过“销售费用”科目，核算销售费用的发生和结转情况。账务处理如图 12-1 所示。

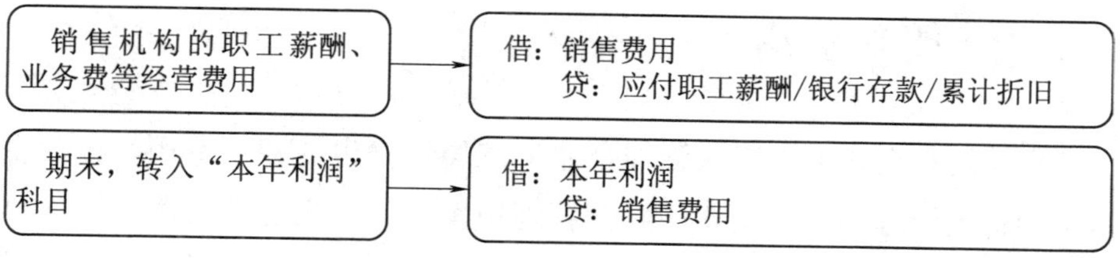

图 12-1　销售费用的账务处理

【例 12-1】2017 年 12 月 18 日，大华饭店支付商品的运杂费，以银行存款 13 520 元支付，做会计分录如下。

借：销售费用　　13 520

贷：银行存款　　　　　　　　　　　　　　　　　　　　13 520

根据上述业务，登记会计凭证，见表 12-2。

表 12-2

记账凭证

2017 年 1 月 18 日　　　　　　　　字第　号

摘　要	会计科目	借方金额										贷方金额										记账
		千	百	十	万	千	百	十	元	角	分	千	百	十	万	千	百	十	元	角	分	
以银行存款支付运杂费，金额 13 520 元	销售费用				1	3	5	2	0	0	0											
	银行存款														1	3	5	2	0	0	0	
合　计				¥	1	3	5	2	0	0	0			¥	1	3	5	2	0	0	0	

会计主管：兰香　　　　记账：李莺　　　　审核：杨扬　　　　制单：尹玉

期末结转销售费用时，公司所做会计处理如下。

借：本年利润　　　　　　　　　　　　　　　　　　13 520

　　贷：销售费用　　　　　　　　　　　　　　　　　　13 520

登记会计凭证，见表 12-3。

表 12-3

记账凭证

2017 年 12 月 31 日　　　　　　　　字第　号

摘　要	会计科目	借方金额										贷方金额										记账
		千	百	十	万	千	百	十	元	角	分	千	百	十	万	千	百	十	元	角	分	
结转本年利润	本年利润				1	3	5	2	0	0	0											
	销售费用														1	3	5	2	0	0	0	
合　计				¥	1	3	5	2	0	0	0			¥	1	3	5	2	0	0	0	

会计主管：兰香　　　　记账：李莺　　　　审核：杨扬　　　　制单：尹玉

12.2 管理费用

管理费用是企业为组织和管理企业生产经营发生的各种费用，包括企业董事会和行政管理部门在企业的经营管理中发生的，或者应由企业统一负担的公司经费（包括行政管理部门职工工资、修理费、物料消耗、低值易耗品摊销、办公费和差旅费等）、工会经费、待业保险费、劳动保险费、董事会会费（包括董事会成员津贴、会议费和差旅费等）、聘请中介机构费、咨询费（含顾问费）、诉讼费、业务招待费、技术转让费、矿产资源补偿费、研究费用、排污费以及除企业生产车间外的生产部门和行政管理部门发生的固定资产日常修理费用等。

本科目可按费用项目进行明细核算。期末，应将本科目的余额转入“本年利润”科目，结转后本科目无余额。见表 12-4。

表 12-4　　管理费用会计科目编码的设置

科目代码	总分类科目（一级科目）	明细分类科目		是否辅助核算	辅助核算类别
		二级明细科目	三级明细科目		
6602	管理费用				
660201	管理费用	职工薪酬			
66020101	管理费用	职工薪酬	基本工资	是	部门
66020102	管理费用	职工薪酬	劳务费	是	部门
66020103	管理费用	职工薪酬	工会经费	是	部门
66020104	管理费用	职工薪酬	职工教育经费	是	部门
66020105	管理费用	职工薪酬	社会保险费	是	部门
66020106	管理费用	职工薪酬	养老保险	是	部门
66020107	管理费用	职工薪酬	工伤保险	是	部门
66020108	管理费用	职工薪酬	失业保险	是	部门
66020109	管理费用	职工薪酬	医疗保险	是	部门
66020110	管理费用	职工薪酬	计划生育保险	是	部门
66020111	管理费用	职工薪酬	住房公积金	是	部门
66020112	管理费用	职工薪酬	职工福利	是	部门
66020113	管理费用	职工薪酬	辞退费用	是	部门
660202	管理费用	折旧费		是	部门
660203	管理费用	长期待摊费用		是	部门
660204	管理费用	无形资产摊销		是	部门
660205	管理费用	费用摊销		是	部门
660206	管理费用	办公费用		是	
66020601	管理费用	办公费用	电费	是	部门
66020602	管理费用	办公费用	燃料费用	是	部门
66020603	管理费用	办公费用	水费	是	部门
660207	管理费用	车辆费用		是	
66020701	管理费用	车辆费用	修理费	是	部门
66020702	管理费用	车辆费用	燃油费	是	部门

续上表

编　　号	总分类科目（一级科目）	明细分类科目		是否辅助核算	辅助核算类别
		二级明细科目	三级明细科目		
66020703	管理费用	车辆费用	保险费	是	部门
66020704	管理费用	车辆费用	其他	是	部门
660208	管理费用	董事会费		是	部门
660209	管理费用	邮政费		是	部门
660210	管理费用	业务招待费		是	部门
660211	管理费用	会议费		是	部门
660212	管理费用	接待费		是	部门
660213	管理费用	劳动保护费		是	部门
660214	管理费用	广告宣传费		是	部门
660215	管理费用	业务推广费		是	部门
660216	管理费用	包装费		是	部门
660217	管理费用	差旅费		是	部门
660218	管理费用	培训费		是	部门

企业应通过“管理费用”科目，核算管理费用的发生和结转情况。该科目借方登记企业发生的各项管理费用，贷方登记期末转入“本年利润”科目的管理费用，结转后该科目应无余额。该科目按管理费用的费用项目进行明细核算。账务处理如图 12-2 所示。

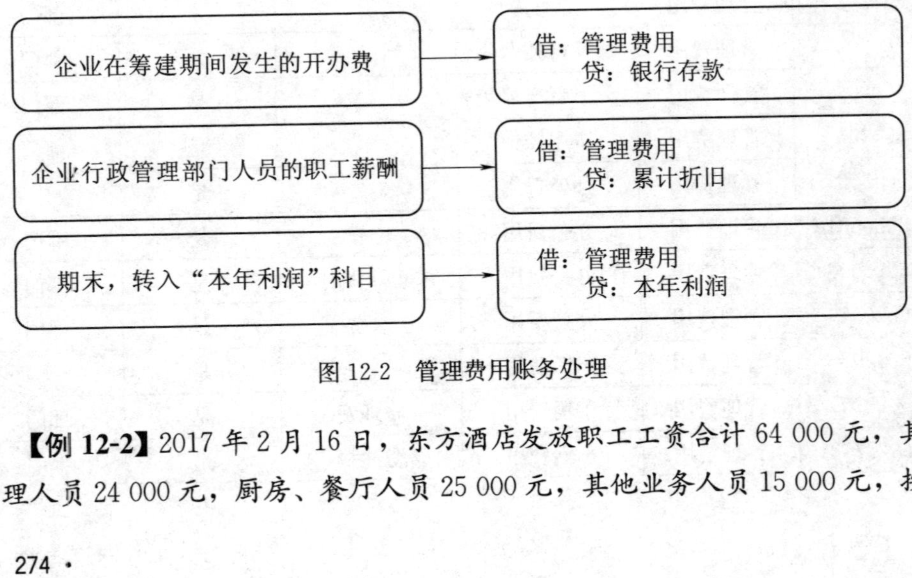

图 12-2　管理费用账务处理

【例 12-2】2017 年 2 月 16 日，东方酒店发放职工工资合计 64 000 元，其中管理人员 24 000 元，厨房、餐厅人员 25 000 元，其他业务人员 15 000 元，按工资总额的14%提福利费。另本月发生印花税345元，低值易耗品摊销3 800元，计提固定资产折旧1 850元，按1%计提待业保险。支付汽车队事故赔偿费3 230元。上述费用支出根据“工资汇总表”和有关付款凭证，作会计分录如下。

（1）分配职工工资时。

借：管理费用——工资　　24 000

　　销售费用——工资　　40 000

　　贷：应付职工薪酬——工资　　64 000

（2）提取福利费（按工资总额的14%）时。

借：管理费用——福利费　　3 360

　　销售费用——福利费　　5 600

　　贷：应付职工薪酬——福利费　　8 960

（3）支付印花税时。

借：税金及附加——印花税　　345

　　贷：银行存款　　345

（4）摊销低值易耗品时。

借：管理费用　　3 800

　　贷：低值易耗品——低值易耗品摊销　　3 800

（5）计提固定资产折旧。

借：管理费用——折旧　　1 850

　　贷：累计折旧　　1 850

（6）计提待业保险（按工资总额1%）时。

借：管理费用——待业保险　　640

　　贷：其他应付款——保险公司　　640

（7）支付汽车队事故赔偿费。

借：管理费用　　3 230

　　贷：银行存款　　3 230

（8）月末将管理费用结转时。

借：本年利润　　36 880

　　贷：管理费用　　36 880

12.3 财务费用

财务费用是企业为筹集生产经营所需资金等而发生的筹资费用，包括利息支出（减利息收入）、汇兑损益以及相关的手续费、企业发生或收到的现金折扣等。利息资本化的支出除外（利息资本化的支出计入在建工程）。

企业发生财务费用时，借记“财务费用”账户，贷记“应付利息”等账户；发生冲减财务费用的利息收入、汇兑损益等，借记“银行存款”等账户，贷记“财务费用”账户；期末将账户余额转入“本年利润”账户，结转后账户无余额。见表 12-5。

表 12-5 财务费用会计科目编码的设置

科目代码	总分类科目（一级科目）	明细分类科目	
		二级明细科目	三级明细科目
6603			
660301	财务费用	利息收入	项目
660302	财务费用	汇兑损失	项目
660303	财务费用	汇兑收益	项目
660304	财务费用	手续费	项目
660305	财务费用	利息支出	项目
660306	财务费用	往来折现	项目
660307	财务费用	其他	项目

企业应通过“财务费用”科目，核算财务费用的发生和结转情况。如图 12-3 所示。

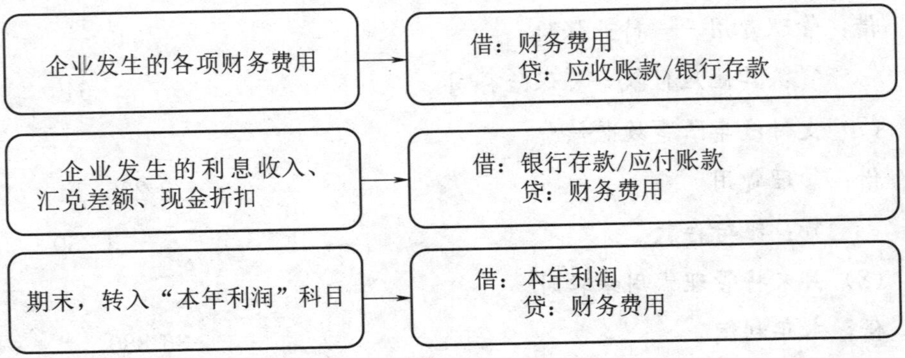

图 12-3 财务费用账务处理

【例 12-3】2017 年 2 月，蓝迪公司发生财务费用如下：以银行存款购买支票簿 100 元；发行 3 年期债券，发生手续费 21 000 元，计提本月借款利息 145 600 元，收到银行通知存款利息 66 250 元入账。新星公司根据有关原始凭证，账务处理如下。

①购买支票簿时：

借：财务费用　　100

　　贷：银行存款　　100

②支付发行债券手续费时：

借：财务费用　　21 000

　　贷：银行存款　　21 000

③计提当月借款利息时：

借：财务费用　　145 600

　　贷：应付利息　　145 600

④收到存款利息时：

借：银行存款　　66 250

　　贷：财务费用　　66 250

⑤结转财务费用：

借：本年利润　　232 950

　　贷：财务费用　　232 950

12.4 营业外支出的核算

营业外支出是指餐饮企业发生的与其经营活动没有直接关系的各项支出。主要包括：固定资产盘亏、处置固定资产净损失、出售无形资产净损失、非常损失、罚款支出等。营业外收支虽然与企业生产经营活动没有直接的关系，但从企业主体来考虑，同样带来收入或形成企业的支出，也是增加或减少利润的因素，对企业的利润总额及净利润产生较大的影响。

12.4.1 营业外支出科目的设置

营业外支出账户应按营业外支出项目进行明细核算。见表 12-6。

表 12-6 营业外支出会计科目编码的设置

科目代码	总分类科目（一级科目）	明细分类科目	
		二级明细科目	三级明细科目
6711	营业外支出		
67110101	营业外支出	处置非流动资产损失	固定资产处置损失
67110102	营业外支出	处置非流动资产损失	无形资产出售损失
671102	营业外支出	债务重组损失	
671103	营业外支出	盘亏损失	
671104	营业外支出	捐赠支出	
67110401	营业外支出	捐赠支出	货币性资产捐赠
67110402	营业外支出	捐赠支出	非货币性资产捐赠
671105	营业外支出	非常损失	
671106	营业外支出	罚没支出	
671107	营业外支出	违约金	
671108	营业外支出	滞纳金	
671109	营业外支出	维修费	
671110	营业外支出	赔偿费	
671111	营业外支出	其他支出	

12.4.2 营业外支出的账务处理

餐饮企业应当设置“营业外支出”账户核算所发生的营业外支出的增减变动情况。该账户属损益类账户，贷方登记实际发生的营业外收入金额，借方登记期末结转至“本年利润”账户的金额，结转后该账户无余额。账务处理见表 12-7。

表 12-7 营业外支出的账务处理

财务情况	账务处理
企业发生营业外支出时	借：营业外支出 贷：固定资产清理/待处理财产损溢/库存现金/银行存款等
期末，应将“营业外支出”科目余额转入“本年利润”科目	借：本年利润 贷：营业外支出

【例 12-4】 2017 年 7 月 20 日，福源餐饮公司从外地购入一批干货，价值 8 000元。款项以银行存款结算完毕。途中经过桦木镇，发生特大暴雨，使购买的货物全部受到损失。

（1）采购货物时。

借：在途物资——干货　　8 000

　　贷：银行存款　　8 000

（2）发生损失时。

借：营业外支出——非常损失　　8 000

　　贷：在途物资　　8 000

需要注意的是，营业外收入和营业外支出应当分别核算。在具体核算时，不得以营业外支出直接冲减营业外收入，也不得以营业外收入冲减营业外支出，即企业在会计核算时，应当区别营业外收入和营业外支出进行核算。

CHAPTER THIRTEEN

第13章 餐饮企业收入的核算

餐饮业（包括酒楼和餐馆）是从事加工烹饪、出售饮食制品并提供设备和场所、为客人服务的行业，其经营范围以烹饪、加工饮食制品为主，兼有劳务服务、商品销售等多种功能。饮食业的主营业务收入包括：

（1）餐费收入，包括酒楼和餐馆所取得的各种正餐收入、早点收入、夜宵收入、宴会收入等

（2）饮品收入，是指酒楼和餐馆所取得的各种饮料及酒水收入

（3）服务费收入，是指酒楼和餐馆为客人消费的一定比例收取的服务费收入

（4）小卖部收入，是指酒楼和餐馆为客人提供各种商品如香烟、纸张等所取得的收入

（5）其他收入，是指酒楼和餐厅为客人提供上述服务以外的各种杂项收入，如场租费，开瓶器等。

13.1 主营业务收入

饮食业供应的食品种类繁多。从销售方式看，有服务到桌销售，即顾客选好座位，服务员到餐桌前为客人点餐，而后将饮食送到餐桌；也有自助式销售，即顾客自己选购饮食品，端到餐桌食用。

从收款方式看，有先消费后付款，也有先付款后消费。具体方法有：

1. 现款销售

这种收款方式即“一手交钱，一手交货”，服务员出售饭菜的同时收取款项。

2. 开票收款

记账收款是指顾客在服务员的引导下，选好座位，点菜后有服务员直接开票收款。

3. 售票（牌）收款

采用这种方式，顾客先到柜台交款买票（牌），然后将票（牌）自行或由服务员送到厨房加工制作食品；加工制作完毕后，叫号凭票自行领取或由服务员相应按票把饭菜送到餐桌。

4. 记账收款

记账收款又称为转账结算。转账结算一般对所有往来关系的单位或个人使用；信用卡结算是指客人凭信用卡用餐。

13.1.1 主营业务收入科目设置

为了核算和监督企业实现的收入以及因销售食品而与购买单位之间发生的货款结算业务，应设置“主营业务收入”账户，其贷方登记企业实现的主营业务收入；借方登记期末转入“本年利润”账户的主营业务收入；结转后该账户期末无余额。“主营业务收入”账户应按照产品的种类设置明细账，进行明细分类核算。

主营业务收入一般不设置二级明细科目。如果设置二级明细科目，可以根据自己单位核算需要来设置，二级科目设置没有规定要求。期末，应将本科目的余额转入“本年利润”科目，结转后本科目应无余额。具体设置见表 13-1。

表 13-1　　主营业务收入会计科目编码的设置

科目代码	总分类科目（一级科目）	明细分类科目		是否辅助核算	辅助核算类别
		二级明细科目	三级明细科目		
6001	主营业务收入				
600101	主营业务收入	餐费收入	类别	是	客户
600102	主营业务收入	饮品收入	类别	是	客户
600103	主营业务收入	服务费收入	类别	是	客户
600104	主营业务收入	小卖部收入	类别	是	客户
600105	主营业务收入	其他收入	类别	是	客户

13.1.2　日常收入的账务处理

餐饮企业在当天营业结束后，由收款员根据收款核对表、收款登记表和产销核对表等凭证，汇总编制“营业收入日报表”与所收现金一并交财会部门。销售收入的所得现金，不得用于列支其他开支，如有长短款，应在“营业收入日报表”中分别填列。餐饮企业的具体账务处理，见表 13-2。

表 13-2　　主营业务收入的账务处理

财务情况		账务处理
餐饮企业日常收入的会计分录		借：库存现金/银行存款/应收账款/应收票据等 　贷：主营业务收入 　　应交税费——应交增值税（销项税额）
采用现金折扣收款方式	在折扣期内付款	借：应收账款 　贷：主营业务收入 　　应交税费——应交增值税（销项税额） 借：银行存款 　财务费用 　贷：应收账款

续上表

财务情况		账务处理
采用现金折扣收款方式	超过折扣期付款	借：应收账款 　贷：主营业务收入 　　应交税费——应交增值税（销项税额） 借：银行存款/库存现金 　贷：应收账款

1. 一般收入的账务处理

【例 13-1】2017 年 8 月 15 日，华侨大酒店餐饮营业部报送的“营业收入日报表”，列明应收金额 30 290 元，实收库存现金 30 295 元，库存现金已存银行，溢余现金 5 元，原因待查。见表 13-3。

表 13-3　营业收入日报表项目

项目	应收金额（元）	实收金额（元）	溢款（+）备注	缺款（-）（元）	备注
菜品收入	15 750	15 750	0	0	
酒水收入	14 540	14 545	5	0	
合计	30 290	30 295	5		

（1）根据营业收入日报表，作会计分录如下。

借：库存现金　　30 295

　贷：主营业务收入——菜品收入　　14 858.49

　　　　　　　　——酒水收入　　13 716.98

　　应交税费——应交增值税（销项税额）　　1 714.53

　　待处理财产损溢——待处理流动资产损溢　　5

（2）根据存款单回单联，做会计分录如下。

借：银行存款　　30 295

　贷：库存现金　　30 295

（3）现查明溢余 5 元，为收款员误操作收款机造成，经研究决定，做营业外收入处理。

借：待处理财产损溢——待处理流动资产损溢　　5

　贷：营业外收入　　5

2. 采用现金折扣方式收入的处理

现金折扣是债权人为鼓励债务人在规定的期限内付款而向债务人提供的债务扣除。现金折扣一般用符号"折扣率/付款期限"表示。

例如，"2/10，1/20，n/30"表示为销货方允许客户最长的付款期限为30天，如果客户在10天内付款，销货方可按商品售价给予客户2%的折扣，如果客户在20天内付款，销货方可按商品售价给予客户1%的折扣，如果客户在21天至30天内付款，将不能享受现金折扣。

现金折扣发生在企业销售商品之后，现金折扣在销售时按总价（即按照扣除现金折扣前的金额）入账。在收款时，要区分是否在折扣期限内收到款项。如果在折扣期限内收到款项，少收的部分要记入财务费用。即现金折扣在实际发生时计入当期财务费用。

【例 13-2】大华饭店为一般纳税人企业，是芝芙食品公司招待客户的指定饭店。为此，双方经过协商确定，以一个月为结算时间，大华饭店给予现金折扣条件为：2/10，1/20，n/30。当月不含税收入总额为24 800元。

（1）销售实现时，按销售总价确认收入。

借：应收账款　　26 288

　　贷：主营业务收入　　24 800

　　　　应交税费——应交增值税（销项税额）　　1 488

（2）如果芝芙食品公司月结的第10天付款，则按销售总价24 800元的2%享受现金折扣496（24 800×2%）元，实际付款25 792（26 288－496）元。

借：银行存款　　25 792

　　财务费用　　496

　　贷：应收账款　　26 288

（3）如果芝芙食品公司月结的第20天付款，则按销售总价24 800元的1%享受现金折扣248（24 800×1%）元，实际付款26 040（26 288－248）元。

借：银行存款　　26 040

　　财务费用　　248

　　贷：应收账款　　26 288

(4) 如果芝芙食品公司在超过月结的第21天付款，则按全额付款。

借：银行存款　　26 288

　贷：应收账款　　26 288

13.2 其他业务收入的核算

其他业务收入是指企业从事主营业务以外的其他业务活动所取得的收入，包括无形资产转让收入、材料物资销售收入、废品回收收入及商业用房经营收入等。

13.2.1 其他业务收入科目的设置

为了核算企业的其他业务收支，应设置“其他业务收入”账户。其他业务收入账户应按照其他业务的种类，设置“中介代销手续费收入”“物资销售收入”“废品回收收入”“商业用房经营收入”等明细科目进行明细核算。见表13-4。

表 13-4　其他业务收入会计科目编码的设置

科目代码	总分类科目（一级科目）	明细分类科目		是否辅助核算	辅助核算类别
		二级明细科目	三级明细科目		
6051	其他业务收入				
605101	其他业务收入	材料及包装物的销售	项目	是	部门
605102	其他业务收入	代销商品款	项目	是	部门
605103	其他业务收入	包装物出租	项目	是	部门
605104	其他业务收入	无形资产转让	项目	是	部门
605105	其他业务收入	固定资产出租	项目	是	部门
605106	其他业务收入	其他	项目	是	部门

13.2.2 其他业务收入账务处理

“其他业务收入”账户贷方登记企业取得的各项其他业务收入；借方登记期末结转的本期其他业务收入；结转后，期末应无余额。

其他业务收入的账务处理，见表13-5。

表13-5　　其他业务收入的账务处理

财务情况	账务处理
企业取得的各项其他业务收入	借：银行存款/应收账款 　贷：其他业务收入
月末结转时	借：其他业务收入 　贷：本年利润

【例13-3】 小兰餐饮配送公司准备将塑料打包袋换为可降解打包盒，现将库存4 500元打包袋出售给另一小型餐馆。出售价格为4 600元，款项以现金结算。

（1）出售打包袋。

借：库存现金　　4 600

　贷：其他业务收入　　4 600

（2）结转打包袋成本。

借：其他业务成本　　4 500

　贷：库存材料——打包袋　　4 500

13.3　营业外收入的核算

营业外收入是指企业发生的与经营业务无直接关系的各项收入。主要包括固定资产盘盈、处置固定资产净收益、出售无形资产净收益、出纳长款收入、罚款净收入、教育费附加返还款和其他营业外收入等。

13.3.1　营业外收入科目的设置

“营业外收入”科目属于损益类科目，按照营业外收入项目进行明细核算。“营业外收入”科目可设置下列明细科目：处置非流动资产利得、非货币性资产交换利得、债务重组利得、罚没利得、政府补助利得、确实无法支付的应付款项等。为了对企业发生的各项营业外收入，主要包括非流动资产处置利得、非货币性资产交换利得、债务重组利得、政府补助、盘盈利得、捐赠利得等营业外收入进行核算与管理，企业应设置“营业外收入”账户，在该账户下按收入项目设明细账户，进行明细核算。见表13-6。

表 13-6　　营业外收入会计科目编码的设置

科目代码	总分类科目（一级科目）	明细分类科目	
		二级明细科目	三级明细科目
6301	营业外收入		
630101	营业外收入	处置非流动资产收益	固定资产处置利得
63010101	营业外收入	处置非流动资产收益	无形资产处置利得
63010102	营业外收入	处置非流动资产收益	其他
630102	营业外收入	债务重组收益	项目
630103	营业外收入	捐赠收入	项目
630104	营业外收入	物资盘盈	项目
630105	营业外收入	非货币性资产交换利得	项目

13.3.2 营业外收入的账务处理

企业应通过“营业外收入”科目，核算营业外收入的取得及结转情况。该科目贷方登记企业确认的各项营业外收入，借方登记期末结转入本年利润的营业外收入。结转后该科目应无余额。账务处理见表13-7。

表 13-7　　营业外收入的账务处理

财务情况	账务处理
企业确认营业外收入	借：固定资产清理/银行存款/待处理财产损溢等 　贷：营业外收入
期末，应将“营业外收入”科目余额转入“本年利润”科目	借：营业外收入 　贷：本年利润

【例 13-4】2017年1月30日，新星酒店在财产清查中，已查明固定资产盘盈13 490元，经批准转为营业外收入。作会计分录如下：

借：待处理财产损溢——待处理固定资产损溢　　13 490

　贷：营业外收入　　13 490

CHAPTER FOURTEEN

第14章 餐饮企业成本的核算

餐饮行业由于经营的特殊性：品种多、数量小、进出频繁、原料使用随意等等，因此，成本核算比较复杂。

14.1 餐饮企业食材成本核算

餐饮制品的营业成本为直接过程的原材料成本，不包括生产过程中的其他一切费用。原材料以外的各种费用，一般另列项目，计入销售费用。

原材料成本包括餐饮产品的主料、配料、调料和这些原料的合理损耗。在价值构成上，包括原材料的买价、运杂费、仓储费用以及相关税金。

主料、配料是构成餐饮产品成本的主体，所以核算产品成本，必须首先从核算主料、配料成本做起。

未加工处理的原料称为毛料；加工处理后的原料称为净料。菜谱主料、配料的标准、投料量，通常都以净料量计算，所以计算产品成本的第一点是计算各种净料的成本。因此，餐饮产品的原材料单位成本就是所用主料、配料的净料成本及调料成本的总和。

14.1.1 食材发出的成本计量

餐饮企业发出原材料时，借记“主营业务成本”科目；贷记“原材料”科目。

由于各种材料一般都是多批购进，每批购进的单价常会因季节、调价等原因而各不相同，因此，在发出原材料时应先确定其单价。通常发出原材料的计价方法有个别计价法、加权平均法、先进先出法等。

1. 先进先出法

先进先出法是以先购入的存货应先发出（销售或耗用）这样一种存货实物流转假设为前提，对发出存货进行计价。采用这种方法，先购入的存货成本在后购入存货成本之前转出，据此确定发出存货和期末存货的成本。

【例 14-1】大华饭店 2017 年 6 月 1 日购入高筋面粉 50 kg，单价为 3 元；6 月 4 日购入高筋面粉 60 kg，单价 4 元；6 月 6 日领用高筋面粉 80 kg；6 月 15 日购入高筋面粉 40 kg，单价 4.2 元；6 月 28 日领用高筋面粉 60 kg。按先进先出法核算，填制存货明细账见表 14-1。

表 14-1 **存货明细账**

存货名称：高筋面粉 计量单位：件

2017 年		摘要	收入			支出			结存		
月	日		数量	单价	金额	数量	单价	金额	数量	单价	金额
6	1	购入	50	3	150				50	3	150
6	4	购入	60	4	240				60	4	240
6	6	领用				50	3	150			
						30	4	120	30	4	120
6	15	购入	40	4.2	168				40	4.2	168
									30	4	120
6	28	领用				30	4	120			
						30	4.2	126	10	4.2	42

6 月 6 日，编制会计分录。

借：主营业务成本 270

　　贷：原材料——高筋面粉 270

6 月 28 日领用时，编制会计分录。

借：主营业务成本 246

　　贷：原材料——高筋面粉 246

2. 月末一次加权平均法

月末一次加权平均法，是指以当月全部进货数量加上月初存货数量作为权数，去除当月全部进货成本加上月初存货成本，计算出存货的加权平均单位成本，以此为基础计算当月发出存货的成本和期末存货成本的一种方法。

$$存货加权平均单价=\frac{期初库存存货的实际成本+本期进货的实际成本}{期初库存存货数量+本期进货数量}$$

$$本月发出存货成本=本月发货数量\times存货加权平均单价$$

$$期末结存存货成本=期末结存存货数量\times加权平均单价$$

$$本期发出存货成本=期初结存存货成本+本期收入存货成本-期末结存存货成本$$

【例 14-2】大华饭店 2017 年 6 月初库存高筋面粉 10 kg，单价 7 元；6 月 1 日购入高筋面粉 50 kg，单价为 8 元；6 月 4 日购入高筋面粉 60 kg，单价 6.5 元；6 月 6 日领用高筋面粉 80 kg；6 月 15 日购入高筋面粉 40 kg，单价 6.8 元；6 月 28 日领用高筋面粉 60 kg。假设领用 A 产品全部为生产成本，按月末一次加权平均法核算，填制存货明细账见表 14-2。

表 14-2 **存货明细账**

存货名称：高筋面粉　　　　计量单位：件

2017 年		摘　要	收　入			支　出			结　存		
月	日		数量	单价	金额	数量	单价	金额	数量	单价	金额
本月月初									10	7	70
6	1	购入	50	8	400						
6	4	购入	60	6.5	390						
6	6	领用				80					
6	15	购入	40	6.8	272						
6	28	领用				60					
本月月末						140	7.075	990.50	20	7.075	141.5

根据公式，高筋面粉加权平均单价=(70+400+390+272) /(10+50+60+40)=7.075（元/千克）

借：主营业务成本　　990.50

　贷：原材料——高筋面粉　　990.50

3. 移动加权平均法

移动加权平均法，是指以每次进货的成本加上原有库存存货的成本，除以每次进货数量与原有库存存货的数量之和，据以计算加权平均单位成本，作为在下次进货前计算各次发出存货成本的依据。计算公式如下：

$$存货移动平均单价=\frac{原有库存存货的实际成本+本次进货的实际成本}{原有库存存货数量+本次进货数量}$$

$$本次发出存货成本=本次发货数量\times存货移动平均单价$$

【例 14-3】大华饭店 2017 年 6 月初库存干木耳 10 kg，单价 68 元；6 月 1 日购入干木耳 50 kg，单价为 70 元；6 月 4 日购入干木耳 60 件，单价 65 元；6 月 6 日领用干木耳 80 kg；6 月 15 日购入干木耳 40 kg，单价 68 元；6 月 28 日领用干木耳 60 kg。假设领用 A 产品全部为生产成本，按移动加权平均法核算，填制存货明细账，见表 14-3。

表 14-3　　　　存货明细账

存货名称：黑木耳　　　　计量单位：件

2017 年		摘　要	收　入			支　出			结　存		
月	日		数量	单价	金额	数量	单价	金额	数量	单价	金额
		本月月初							10	68	680
6	1	购入	50	70	3 500				60	69.67	4 180
6	4	购入	60	65	3 900				120	67.33	8 080
6	6	领用				80	67.33	5 386	40	67.33	2 694
6	15	购入	40	68	2 720				80	67.68	5 414
6	28	领用				60	67.68	4 061	20	67.68	1 353

6 月 6 日领用时，编制会计分录。

借：主营业务成本　　　　5 386

　　贷：原材料——干木耳　　　　5 386

6 月 28 日领用时，编制会计分录。

借：主营业务成本　　　　4 061

　　贷：原材料——干木耳　　　　4 061

4. 个别计价法

个别计价法，亦称个别认定法、具体辨认法、分批实际法，即逐一辨认各批发出存货和期末存货所属的购进批别或生产批别，分别按其购入或生产时所确定的单位成本计算各批发出存货和期末存货的成本。对于不能替代使用的存货、为特定项目专门购入或制造的存货以及提供的劳务，通常采用个别计价法确定发出存货的成本。在实际工作中，越来越多的企业采用计算机信息系统进行会计处理，个别计价法可以广泛应用于发出存货的计价，并且该方法确定的存货成本最为准确。

【例 14-4】大华饭店 9 月 1 日购入珍珠米 100 吨，其中有 40 吨，单价 2 200元，有 60 吨，单价为 2 250 元。9 月 9 日领用珍珠米 83 吨，其中单价为 2 200 元的 30 吨，单价为 2 250 元的 53 吨。假设大华饭店使用个别计价法核算，存货明细账见表 14-4。

表 14-4　　存货明细账

存货名称：珍珠米　　计量单位：吨

日期		收入			支出			结存		
月	日	数量	单价	金额	数量	单价	金额	数量	单价	金额
9	1	40	2 200	88 000				40	2 200	88 000
		60	2 250	135 000				60	2 250	135 000
9	9				30	2 200	66 000	10	2 200	22 000
					53	2 250	119 250	7	2 250	15 750

9 月 9 日，编制会计分录。

借：主营业务成本（66 000+119 250）　　185 250

　　贷：原材料——珍珠米　　185 250

14.1.2　食材内部调拨的成本计量

企业内部不独立核算的单位之间原材料的调拨是原材料的内部移库，在核算上原材料总账的金额不发生增减变动，仅在明细账上反映为此增彼减的会计分录。

（1）内部仓库之间的调拨。内部仓库之间的调拨，调整原材料保管部门的明细账户。

【例 14-5】2017 年 6 月 1 日，大华饭店由中餐厅库房调拨给西餐厅库房一批食材，计价 8 430 元。根据内部调拨单，会计分录如下。

借：原材料——西餐厅库房　　8 430

　　贷：原材料——中餐厅库房　　8 430

（2）厨房之间的调拨。因厨房的原材料已从“原材料”账户转入“主营业务成本”账户，因此对“原材料”账户所属明细账户不做调整，仅调整“主营业务成本”账户所属明细账。

【例 14-6】2017 年 6 月 3 日，大华饭店由快餐厨房拨给外卖厨房一批副食品，总计 65 000 元。会计分录如下。

借：主营业务成本——外卖厨房　　　　65 000

　　贷：主营业务成本——快餐厨房　　　　65 000

14.1.3 净料成本的核算

净料是指加工处理后的原材料，净料成本也称为生料成本、半制成品成本。

1. 生料成本核算

生料是指仅经过拣洗、宰杀、拆卸等加工处理，而没有经过任何半制或热处理的各种原料。例如将活鱼洗净后切成鱼片、蔬菜去皮切丁等。

生料成本核算用如下公式：

生料单位成本＝（毛料总值－下脚料总值－废料总值）/净料重量

2. 半制成品成本核算

半制成品是经过热处理，但还没有完全加工成制成品的净料。餐饮业大部分原料在烹调前要经过半制。所以，半制成品的核算是主配料核算的重要步骤。

无味半制成品的成本计算公式如下：

无味半制成品成本＝（毛料总值－下脚料总值－废料总值）/无味半制成品重量

调味半制成品的成本计算公式如下：

调味半制成品成本＝(毛料总值－下脚料总值－废料总值＋调味品总值）/调味半制成品重量

成本的具体计算方法，有一料一档的计算方法和一料多档的计算方法。其中：

（1）一料一档的计算方法。

一料一档是指原材料经初始加工后，只有一种半制成品，一料一档的下脚料分为两种：一种是不可作价利用的；另一种则是可作价利用的。

下脚料不可作价利用的半制成品单位成本等于购进原材料的总成本除以

加工后半制成品的重量。其计算公式如下：

单位半制成品成本＝购进原材料总成本/加工后半制成品总重量

【例 14-7】 广州大饭店中餐厅购进鲈鱼 10 千克，每千克单价为 60 元，总计 600 元，经加工后得净鱼 8 千克。

净鱼单位成本＝600/8＝75（元/千克）

若有可作价利用的下脚料，则其半成品的单位成本计算公式如下：

单位半制成品成本＝（购进原材料总成本－下脚料金额）/
加工后半制成品重量

【例 14-8】 广州大饭店中餐厅厨房购进冻鸡肉 100 千克，每千克购进价为 20 元，总计 2 000 元，经加工后得净鸡肉 80 千克，鸡肫 15 千克，损耗 5 千克。鸡肫作价为每千克 5.80 元，计 87 元。求净鸡肉的单位成本。

净鸡肉单位成本＝（2 000－87）/80＝23.91（元/千克）

（2）一料多档的计算方法。

原材料经初加工后，产生几种半成品，即称为一料多档，需分别计算各半成品的价格。各半成品价格的总和应等于加工前原材料购进的总价。其中质量好的成本较高，质量较差的成本略低。其计算公式如下：

某未定价半成品单位成本＝（原材料购进总值－其他半成品价值之和）/
该项半成品重量

比如，火腿一只重 6 千克，每千克 45 元，经处理得：脚爪和脚圈 1 千克，每千克 10 元；下方 1.8 千克，每千克 19 元；中方 1.5 千克，每千克 44 元，求上方的单位成本。

上方单位成本＝（6×45－10×1－1.8×19－1.5×44）/（6－1－1.8－1.5）＝94（元/千克）

14.2 原材料消耗的计算方法

由于饮食制品品种繁多、数量零星、现做现卖、生产和销售紧密相连，一般不能按食品逐次逐件进行成本计算，所以产品成本的计算方法应与生产特点和管理要求相适应。有两种核算方法来计算饮食制品的原材料消耗。

14.2.1 永续盘存制

永续盘存制适用于实行领料制的餐饮企业，因为如原材料的耗用实行领料制，则所领用的原材料月末不一定全部被耗用，还会有一些在制品和未出售的制成品；同样，月初还会有已领未用的原材料、在制品及尚未出售的制成品。若不考虑这些因素，则会影响成本的准确计算。因此，应对未耗用的原材料、在制品、未出售的制成品进行盘点，并编制厨房原材料、在制品、制成品盘存表，并以此作为退料的依据来计算实际耗用额凭以结转成本。

其计算公式如下：

耗用原材料成本＝厨房月初结存额＋本月领用额－厨房月末盘存额

【例 14-9】大华饭店月末剩余原材料、半成品和待售产成品盘存情况，见表 14-6。

厨房月初结存额和本月领用额，可以从“原材料”或“主营业务成本”账户的有关项目中求得；厨房月末盘存额按盘存表计算。对在制品、制成品，有的要按配料定额和账面价值折合计算。

财会部门将“月末剩余半成品和待售产成品盘存表”代替“退料单”，不移动厨房实物，作假退料处理。

表 14-5 **月末盘点表**

编表部门：厨房　　2017 年 6 月 30 日　　金额单位：元

原材料名称	单位	单价	剩余数量	半成品及未出售的制成品						合计	
				甲半成品			乙产成品			材料数量	金额
				数量	消耗定额	定额消耗量	数量	消耗定额	定额消耗量		
		(1)	(2)	(3)	(4)	(3)×(4)	(5)	(6)	(5)×(6)	(7)	(7)×(1)
猪肉	千克	22.00	29							29	638
面粉	千克	5.60		44	7	308				308	1 724.8
鸡蛋	千克	7.20					140	4	560	560	4 032
合计											6 394.80

【例 14-10】大华饭店采用领料制核算成本，2017 年 4 月，原材料发出汇总，见表 14-6。

表 14-6　**4 月份原材料发出汇总表**

品名	数量（千克）	单价（元/千克）	金额（元）	备　　注
五常大米	4 200	6.00	25 200.00	
古船面粉	2 000	4.90	9 800.00	
调和油	600	11.00	6 600.00	
鸡蛋	960	9.80	9 408.00	
袋装木耳	850	24.00	20 400.00	
四川腊肉	300	40.80	12 240.00	
合计			83 648.00	

根据原材料发出汇总表编制领用原材料会计分录：

借：主营业务成本　　83 648.00

　　贷：原材料　　83 648.00

月末，对操作间实地盘点编制的原材料盘存表，见表 14-7。

表 14-7　**原材料盘存表**

品名	数量（千克）	单价（元/千克）	金额（元）	备　　注
五常大米	2 400	6.00	14 400.00	
古船面粉	1 150	4.90	5 635.00	
调和油	300	11.00	3 300.00	
鸡蛋	540	9.80	5 292.00	
袋装木耳	400	24.00	9 600.00	
四川腊肉	200	40.80	8 160.00	
合计			46 387.00	

根据上表编制原材料的假退料会计分录：

借：原材料　　46 387

　　贷：主营业务成本　　46 387

下月初，将假退料冲回，会计处理如下：

借：主营业务成本　　46 387

　　贷：原材料　　46 387

为了简化核算手续，月末也可不办理假退料手续，按以下公式计算本月耗用原材料总成本。

本月耗用原材料总成本＝操作间月初原材料结存额＋本月原材料领用额－操作间月末原材料盘存额

对月末盘存的在制品和未售出的成品中所含原材料数量，可按配料定额折合计算。

领料制核算法的优缺点：核算手续完备，各环节责任明确，但日常核算手续烦琐、工作量大，月末要组织人员盘点。

14.2.2　实地盘存制

实地盘存制适用于没有条件实行领料制的餐饮部门。在平时领用原材料时，不填写领料单，不进行账务处理，月末将厨房剩余材料、在制品、制成品的盘点金额加上库存原材料的盘存金额，倒挤出耗用的原材料成本。计算公式如下：

本月耗用原材料成本＝原材料月初仓库和厨房结存额＋本月购进总额－月末仓库和厨房盘存总额

月末根据倒挤出的原材料总成本，借“主营业务成本”，贷记“原材料”。

此法优缺点：平时核算工作量小，但不利于管理，只适用于规模小的餐饮业。

【例 14-11】广州大饭店店中餐厅“原材料”账户的月初余额为 8 300 元，本月购入材料总额为 161 000 元，月末根据盘存表计算仓库和厨房结存总额 7 700元。采用盘存计耗法计算耗用的原材料成本。

耗用材料成本＝8 300＋161 000－7 700＝161 600（元）

根据计算结果，作会计分录如下：

借：主营业务成本　　161 600

　　贷：原材料　　161 600

采用实地盘存制，虽手续简便但因平时材料出库无据可查，会将一些材料的丢失、浪费、贪污计入主营业务成本，不利于加强企业管理、降低成本和维护消费者利益。相比之下，采用“永续盘存制”计算产品成本，虽然手续烦琐，却因材料出库有据可查，对耗费材料的成本计算就能比较准确，从而有利于加强企业管理、降低产品成本。

14.3 调味品成本的核算

调味品是餐饮制品不可缺少的部分，它的成本是产品成本的一部分。虽然在单个产品中，调味品用量极少、调味品成本所占的比重不高，其管理和核算容易被忽视；但是，从整体情况来看，对调味品的正确核算也是降低成本的很重要的途径。

1. 调味品的分类

调味品分为单一调味品和复合调味品，前者是只有一种味道的调味品，后者是把某些单一调味品按比例配合，加工合成具有多种味道的调味品。其单位成本的计算公式如下：

复合调味品单位成本=（调味品 1 成本+调味品 2 成本+…）/复合调味品总重量

2. 调味品的生产方式

餐饮产品的生产方式有两种类型，即单件生产和成批生产。而餐饮产品里的调味品则依其生产方式的不同而不同。

如果为单件生产。它是指单件制作产品的调味品成本，核算时先要把各种惯用的调味品的用量估计下来，然后根据其进价，分别计算出各调料品的成本，并逐一相加。其计算公式如下：

单件调味成本=用料 1 用量×单价+用料 2 用量×单价+…

如果为成批生产。它是指某些菜肴的调味品可以先配制一批，以节约时间，提高劳动效率。其计算公式如下：

单个菜肴应分摊的调味品成本=成批生产调味品成本/制成菜肴数量

14.4 菜肴成本的核算

在分清了菜肴主料、配料及调味品成本核算之后，菜肴制品的成本就是制作这道菜肴所需的主料、配料和调味品的成本之和。其计算公式如下：

单位产品原料成本＝主料成本＋配料成本＋调味品成本

这里计算出来的单位产品成本，是一个菜肴的用料成本，并未包括人工费用。因此，在核算菜肴制成品成本时，还需将与制成这道菜肴有直接关系的人员人工成本计入其中。因为厨房内员工分工不同，即使同一厨师也要制作不同种类和价格的菜肴。因此，其人工成本只能采用估计的方法。具体估计方法如下：

（1）将制作菜肴相关人员的工资薪酬支出除以一定时期制作菜肴的总数，计算平均每盘菜肴应分摊的人工费用。其计算公式如下：

单位菜肴应分摊的人工成本＝相关人员工资薪酬/菜肴总数

（2）将制作菜肴相关人员工资支出按菜肴用量成本多少估计。菜肴成本高、花费时间也多，因此，应更多地分担人工成本。其计算公式如下：

单位菜肴应分摊的人工成本＝相关人员工资×（某菜肴用料成本/各种菜肴用料成本）÷该种菜肴的份数

（3）将与制作菜肴相关人员的工资支出，按菜肴制作时间的多少进行估计。菜肴制作的时间长，花费的人工就会长。因此，应分摊更多的人工成本。其计算公式如下：

单位菜肴应分摊的人工成本＝相关人员工资×（某菜肴平均制作时间/各菜肴平均制作时间之和）÷该种菜肴的份数

餐饮业务在进行人工成本核算时，可以选择其中一种分摊人工费用的估计方法。在计算人工成本之后，就可以进行单个菜肴制品的成本核算。其计算公式如下：

单位产品成本＝单位产品用料成本＋单位产品人工成本

【例 14-12】 广州大饭店水煮鱼主料成本为 45 元，辅料成本为 19 元，调料成本为 11 元，按菜肴制作时间分摊菜肴人工成本计算为 8 元，则这道菜肴的单位成本为：

一盆水煮鱼成本＝45＋19＋11＋8＝83（元）

14.5 筵席成本的核算

筵席是由冷盘、热菜、大菜、汤、点心等各种菜点，按一定规格组成。计算成本时，只需将组成筵席的各种菜肴成本相加，其总值即为该筵席的成本。

在计算筵席成本时，还有另一种做法。筵席往往是由顾客预订的，如顾客预订一桌 1 800 元的筵席，餐饮企业即可根据筵席的标准和成本率，先核算出筵席的成本总值，再依据各种组合菜点所占筵席或成本总值的比重，核算出各种菜点的成本。具体可以按以下步骤进行策划：

①顾客订桌费用假设 1 800 元。

②根据餐饮部门的销售毛利率计算成本。如果为 30%，则这桌菜肴的成本计算如下：

$$1\,800\times(1-30\%)=1\,260\text{（元）}$$

③根据每桌菜肴种类占总包桌筵席成本的比重计算成本。如果每桌提供 15 道菜，其中 6 样菜平均成本为 40 元，4 样菜平均成本 60 元。另 5 样菜平均成本 80 元，则总成本为：

$$\text{每桌菜肴总成本：}6\times40+4\times60+80\times5=880\text{（元）}$$

$$\text{比预算节约：}1\,260-880=380\text{（元）}$$

④企业还有 380 元的活动空间，可以考虑为顾客加大菜量，或免费赠送一些酒水、果盘或其他礼品。

如果计算的成本高于 1 260 元，则要考虑在什么方面可以有效地降低成本。或将销售毛利率降低，让利给顾客。

14.6 餐饮制品售价的制定

餐饮企业定价方法有销售毛利率法、成本毛利率法。

1. 销售毛利率法

销售毛利率法是以售价为基数，先确定各种饮食制品的毛利率（毛利额占售价的百分比），再用倒扣方式确定饮食制品的售价。其计算公式如下：

$$\text{售价}=\text{原材料成本}/(1-\text{销售毛利率})$$

【例 14-13】 大华饭店西餐厅规定煎牛肉每份配料价 36.90 元，规定毛利率 40%，求每份煎牛肉售价。

$$\text{每份煎牛肉售价}=36.90/(1-40\%)=61.5\text{（元）}$$

2. 成本毛利率法

成本毛利率法亦称外加毛利率法。它是一种以饮食制品的成本价格为基数，按确定的成本毛利额加成本计算出销售价格的方法。成本毛利率的计算公式如下：

成本毛利率＝毛利额/成本价×100％

【例 14-14】 大华饭店西餐厅出售新奥尔良烤肉匹萨一个成本为 30 元，如核定其外加毛利率是 50％，求其单价。

新奥尔良烤肉匹萨单价＝30×（1＋50％）＝45.00（元）

3. 销售毛利率与成本毛利率的换算

采用销售毛利率法计算餐饮制品的售价，有利于核算管理，但计算较为麻烦；采用成本毛利率法计算饮食制品的售价，其核算较为简便，但不能满足管理上的需要。为了既满足管理上的需要，又简化计算手续，可采用换算的方法将销售毛利率计算为成本毛利率，其计算公式如下：

成本毛利率＝销售毛利率/（1－销售毛利率）

比如，销售毛利率为 45％，将其换算为成本毛利率。

成本毛利率＝45％/（1－45％）＝82％（小数四舍五入）

CHAPTER

FIFTEEN

第15章

餐饮企业所有者权益

所有者权益，是指企业资产扣除负债后，由所有者享有的剩余权益。股份公司的所有者权益又称为股东权益。

所有者权益的来源包括：①所有者投入的资本；②直接计入所有者权益的利得和损失；③留存收益等，通常由股本（实收资本）、资本公积（含股本溢价或资本溢价、其他资本公积）、盈余公积和未分配利润等构成。

15.1 实收资本

实收资本是企业按照章程规定或合同、协议约定，接受投资者投入企业的资本。实收资本的构成比例或股东的股权比例，是确定所有者在企业所有者权益中份额的基础，也是企业进行利润或股利分配的主要依据。

15.1.1 实收资本的科目设置

一般企业应设置“实收资本”科目，核算投资者投入资本的增减变动情况。股份有限公司应设置“股本”科目核算公司实际发行股票的面值总额。

该科目的贷方登记实收资本的增加数额，借方登记实收资本的减少数额，期末贷方余额反映企业期末实收资本实有数额。

实际投入企业的资本明细科目应按照出资人名称设置，实收资本科目代码为 4001，见表 15-1。

表 15-1 实收资本会计科目编码的设置

科目代码	总分类科目（一级科目）	明细分类科目	
		二级明细科目	三级明细科目
4001	实收资本		
400101	实收资本	国家资本	按股东名称设置
400102	实收资本	法人资本	按股东名称设置

续上表

科目代码	总分类科目（一级科目）	明细分类科目	
		二级明细科目	三级明细科目
400103	实收资本	集体资本	按股东名称设置
400104	实收资本	个人资本	按股东名称设置

15.1.2 实收资本的账务处理

1. 接受现金资产投资

接受现金资产投资的账务处理，如图 15-1 所示。

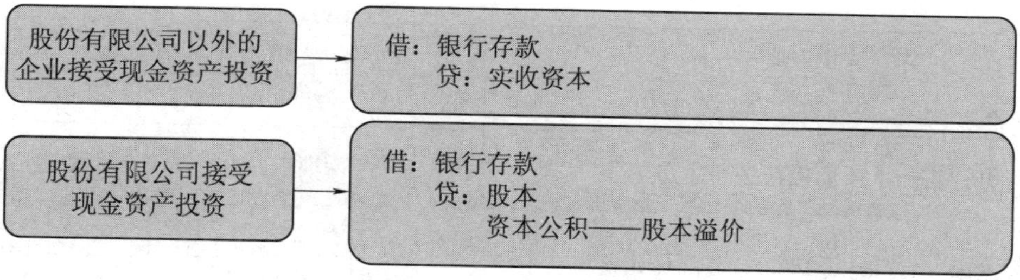

图 15-1　接受现金资产投资的账务处理

【例 15-1】大华饭店注册资本为 2 000 000 元，为了扩大经营，先后接受洁丽雅有限公司的货币投资 986 000 元；接受泛亚餐具有限公司作为联营投资资金 900 000 元，见表 15-2、表 15-3。

2. 接受非现金资产投资

企业接受固定资产、无形资产等非现金资产投资时，应按投资合同或协议约定的价值（不公允的除外）作为固定资产、无形资产的入账价值，按投资合同或协议约定的投资者在企业注册资本或股本中所占份额的部分作为实收资本或股本入账，投资合同或协议约定的价值（不公允的除外）超过投资者在企业注册资本或股本中所占份额的部分，计入资本公积。如图 15-2 所示。

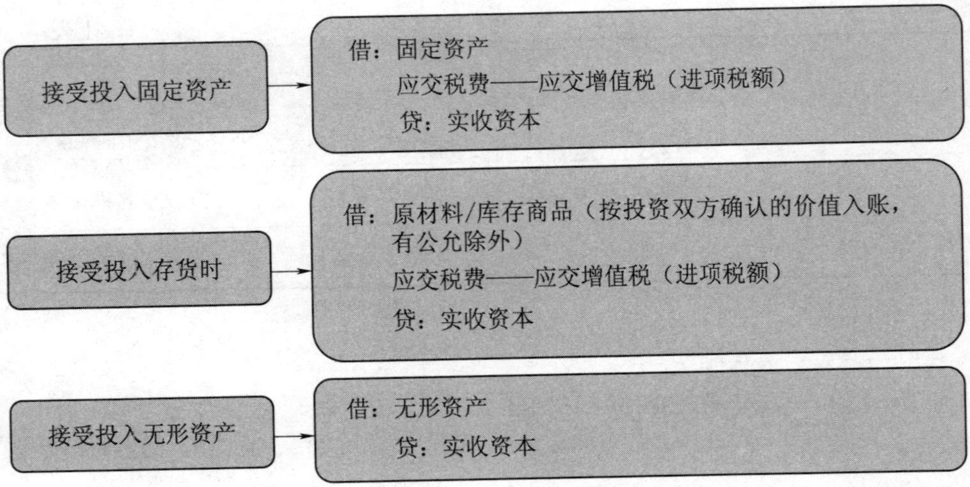

图 15-2 接受非现金资产投资账务处理

表 15-2

中国银行进账单（回单或收账通知）

进账日期：2017 年 3 月 11 日　　　　第××号

收款人	全　称	大华饭店	付款人	全　称	洁丽雅有限公司
	账　号	4512001909234264523		账　号	6200004309234216654
	开户银行	工商银行深圳北安支行		开户银行	深圳工商银行福田支行营业室
人民币（大写）：⊗玖拾捌万陆仟元整					千 百 十 万 千 百 十 元 角 分 ¥ 9 8 6 0 0 0 0 0
票据种类	1		工行深圳龙华支行 2017-02-02		
票据张数	转账支票				
主管　会计　复核　记账			收款人开户银行盖章		

此联给收款人的收账通知

(1) 2017 年 3 月 11 日，收到洁丽雅有限公司 986 000 元。

借：银行存款　　986 000

　　贷：实收资本——洁丽雅有限公司　　986 000

(2) 2017 年 3 月 20 日，收到泛亚餐具有限公司作为联营投资资金 900 000 元，存入银行。见表 15-3。

借：银行存款　　900 000

　　贷：实收资本——泛亚餐具有限公司　　900 000

表 15-3

投资协议书（摘要）

投资单位：泛亚餐具有限公司

被投资单位：大华饭店

经双方协商，大华饭店接受泛亚餐具有限公司以货币资金投资，投资额为 900 000 元，享有大华饭店 10%的股权，每年可分配大华饭店的净利润。

投资人：杨平　　　　被投资人：丛军

2017 年 3 月 20 日　　　　2017 年 3 月 20 日

3. 实收资本（或股本）变动

一般企业增加投资主要有三个途径，接受投资者追加投资、资本公积转增资本和盈余公积转增资本。

（1）实收资本或股本增加时，如图 15-3 所示。

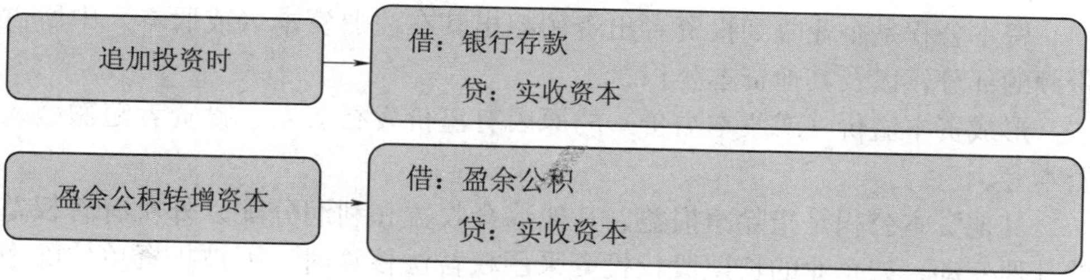

图 15-3　实收资本或股本增加的账务处理

（2）实收资本或股本减少，如图 15-4 所示。

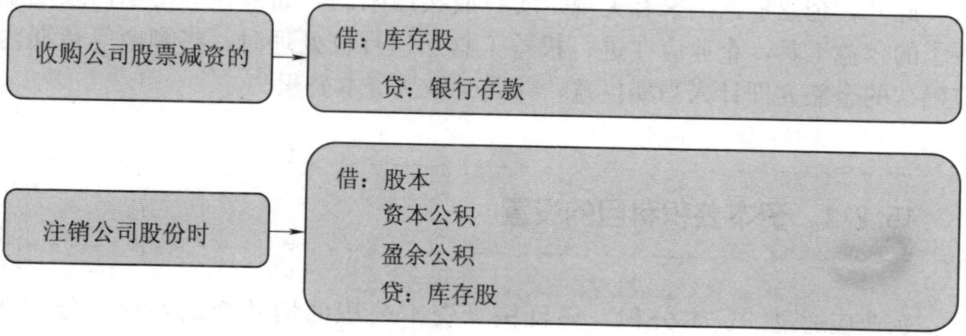

图 15-4　实收资本或股本减少的账务处理

如果购回股票支付的价款低于面值总额的，应按股票面值总额，借记“股本”科目，按所注销的库存股账面余额，贷记“库存股”科目，按其差额，贷记“资本公积——股本溢价”科目。

【例 15-2】荣世汇餐饮集团股份有限公司截至 2016 年 12 月 31 日共发行股票 7 600 000 股，股票面值为 1 元，盈余公积 2 800 000 元。经股东大会批准，公司以现金回购本公司股票 4 200 000 股并注销。假定荣世汇餐饮集团股份有限公司按照每股 5 元回购股票，不考虑其他因素。编制相关会计分录为：

库存股的成本＝4 200 000×5＝21 000 000（元）

借：库存股　　21 000 000

　　贷：银行存款　　21 000 000

借：股本　　4 200 000

　　资本公积——股本溢价　　14 000 000

　　盈余公积　　2 800 000

　　贷：库存股　　21 000 000

15.2 资本公积

资本公积是企业收到投资者出资额超出其在注册资本（或股本）中所占份额的部分，以及其他资本公积。

形成资本溢价（或股本溢价）的原因有溢价发行股票、投资者超额缴入资本等。

其他资本公积是指除净损益、其他综合收益和利润分配以外所有者权益的其他变动。如企业的长期股权投资采用权益法核算时，因被投资单位除净损益、其他综合收益和利润分配以外所有者权益的其他变动，投资企业按应享有份额而增加或减少的资本公积。

此外，企业根据国家有关规定实行股权激励的，如果在等待期内取消了授予的权益工具，企业应在进行权益工具加速行权处理时，将剩余等待期内应确认的金额立即计入当期损益，并同时确认资本公积。

15.2.1 资本公积科目的设置

企业应通过“资本公积”科目核算资本公积的增减变动情况，分别在“资本溢价（股本溢价）”“其他资本公积”两个二级科目进行明细核算。

股份公司设置的两个二级科目为“股本溢价”“其他资本公积”；除股份公司外的其他公司设“资本溢价”“其他资本公积”两个二级科目。

资本公积科目代码为 4002，见表 15-4。

表 15-4 资本公积会计科目编码的设置

科目代码	总分类科目（一级科目）	明细分类科目	
		二级明细科目	三级明细科目
4002	资本公积		
400201	资本公积	资本溢价	
400202	资本公积	股本溢价	
400203	资本公积	其他资本公积	接受捐赠
400204	资本公积	资产评估增值	

15.2.2 资本公积的账务处理

1. 资本溢价

除股份公司外的其他类型的企业，投资者缴付的出资额大于注册资本产生的差额计入资本公积，账务处理如图 15-5 所示。

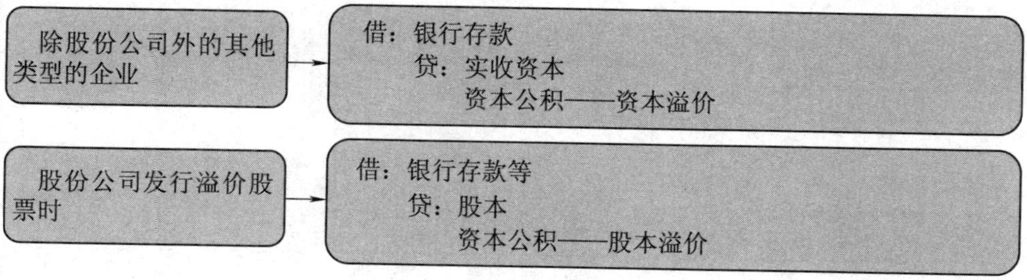

图 15-5 资本溢价的账务处理

2. 其他资本公积

以因被投资单位除净损益、其他综合收益和利润分配以外的所有者权益的其他变动相关的资本公积核算，如图 15-6 所示。

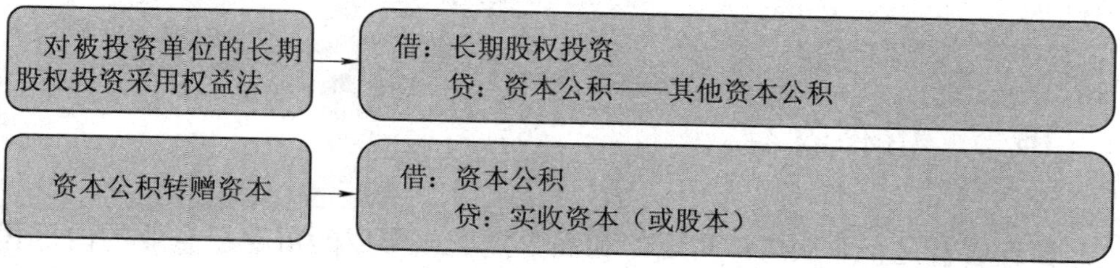

图 15-6 其他资本公积的账务处理

【例 15-3】大华饭店向甲公司投资转出一套防盗设备，账面原值 98 000 元，累计折旧 21 000 元，重新评估确认的价值 84 000 元。企业转出固定资产时应编制如下会计分录。

借：长期股权投资——其他投资　　84 000

　　累计折旧　　21 000

　　贷：固定资产——防盗设备　　98 000

　　　　资本公积——法定资产重估增值　　7 000

根据上述业务，登记会计凭证，见表 15-5。

表 15-5　　**记账凭证**（回单或收账通知）

2017 年 1 月 31 日　　字第　　号

摘　　要	会计科目	借方金额										贷方金额										记账
		千	百	十	万	千	百	十	元	角	分	千	百	十	万	千	百	十	元	角	分	
以防盗设备投资甲公司，作价 84 000 元，转出固定资产	长期股权投资——其他投资				8	4	0	0	0	0	0											
	累计折旧				2	1	0	0	0	0	0											
	固定资产——防盗设备														9	8	0	0	0	0	0	
	资本公积——法定资产重估增值															7	0	0	0	0	0	
合　　计			¥	1	0	5	0	0	0	0	0		¥	1	0	5	0	0	0	0	0	

会计主管：艾明　　记账：陈染　　审核：林兰兰　　制单：王一行

15.3　留存收益

留存收益是企业从历年实现的利润中提取或形成的留存于企业的内部积累，包括盈余公积和未分配利润两类。

1. 留存收益的组成

留存收益的内容包含：盈余公积和未分配利润。因盈余公积包括法定盈余公积和任意盈余公积，因此留存收益的内容也即是由法定盈余公积、任意盈余公积和未分配利润组成。主要内容见表 15-6。

表 15-6　　留存收益的组成

盈余公积	法定盈余公积	是企业按照规定的比例从净利润中提取的盈余公积
	任意盈余公积	任意盈余公积是企业按照股东会或股东大会决议提取的盈余公积，企业提取的盈余公积可用于弥补亏损、扩大生产经营、转增资本或派送新股、分配股利等
未分配利润	是企业未作分配的利润	

2. 留存收益的账务处理

（1）利润分配。

利润分配是企业根据国家有关规定和企业章程、投资者协议等，对企业当年可供分配的利润所进行的分配。

可供分配的利润＝企业当年实现的净利润（或净亏损）＋年初未分配利润（或一年初未弥补亏损）＋其他转入

可供分配的利润，按下列顺序分配：①提取法定盈余公积；②提取任意盈余公积；③向投资者分配利润，如图 15-7 所示。

（2）盈余公积。

盈余公积科目的设置，见表 15-7。

企业应通过“盈余公积”科目，核算盈余公积提取、使用等情况，并分别“法定盈余公积”“任意盈余公积”进行明细核算，如图 15-8 所示。

年度终了，企业应将全年实现的净利润或发生的净亏损，自“本年利润”科目转入“利润分配——未分配利润”科目，并将“利润分配”科目所属其他明细科目的余额，转入“未分配利润”明细科目。结转后，“利润分配——未分配利润”科目如为贷方余额，表示累积未分配的利润数额；如为借方余额，则表示累积未弥补的亏损数额。

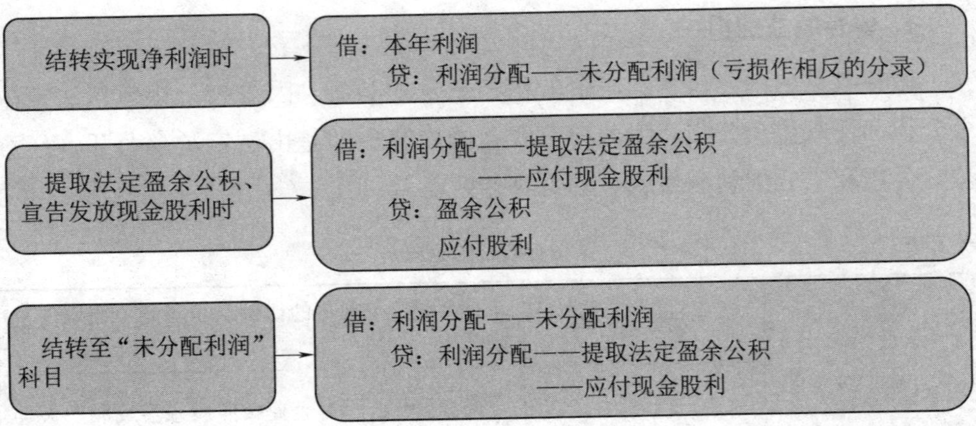

图 15-7　利润分配的账务处理

表 15-7　　**盈余公积会计科目编码的设置**

科目代码	总分类科目（一级科目）	明细分类科目	
		二级明细科目	三级明细科目
4101	盈余公积		
410101	盈余公积	法定公积金	弥补亏损
410102	盈余公积	任意公积金	转增资本
410103	盈余公积	任意公积金	归还利润
410104	盈余公积	任意公积金	分配股利

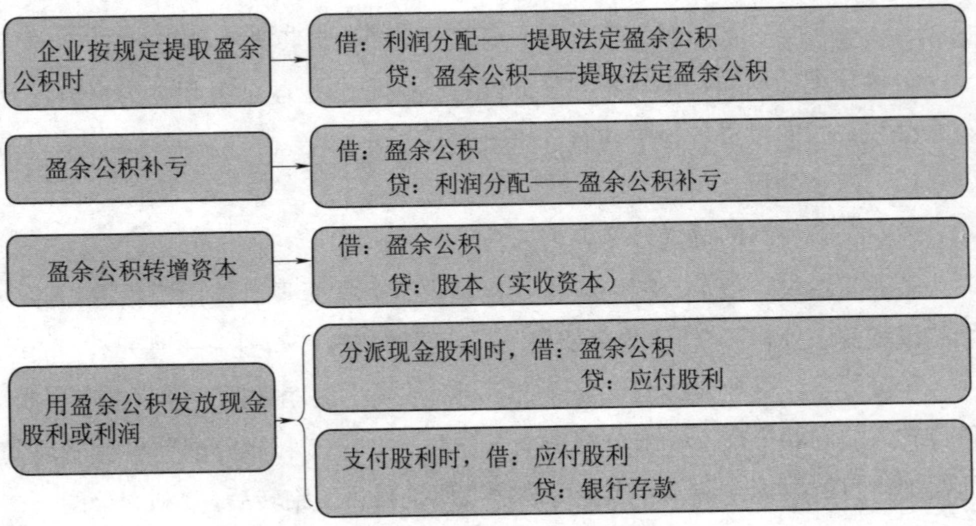

图 15-8　盈余公积的账务处理

【例 15-4】 某一般纳税人企业 2016 年度的税后利润为 7 000 000 元，按规定10%的比率提取法定公积金，并根据股东大会决议按2%的比率提取任意公积金。分录如下：

借：利润分配——提取公积金　　840 000
　　贷：盈余公积——法定公积金　　700 000
　　　　　　　　——任意盈余公积　　140 000

15.4 利润结转与分配

利润是企业在一定会计期间的经营成果。利润包括收入减去费用后的净额、直接计入当期利润的利得和损失等。

未计入当期利润的利得和损失扣除所得税影响后的净额计入其他综合收益项目。净利润与其他综合收益的合计金额为综合收益总额。

15.4.1 本年利润科目的设置

企业期（月）末结转利润时，应将各损益类科目的金额转入本年利润，结平各损益类科目。结转后本科目的贷方余额为当期实现的净利润；借方余额为当期发生的净亏损。本年利润科目的具体设置，见表15-8。

表15-8　本年利润会计科目编码的设置

科目代码	总分类科目（一级科目）	明细分类科目	
		二级明细科目	三级明细科目
4103	本年利润		
410301	本年利润	主营业务收入	项目
410302	本年利润	其他业务收入	项目
410303	本年利润	主营业务成本	项目
410304	本年利润	其他业务成本	项目
410305	本年利润	税金及附加	项目
410306	本年利润	销售费用	项目
410307	本年利润	管理费用	项目
410308	本年利润	财务费用	项目
410309	本年利润	资产减值损失	项目
410310	本年利润	公允价值变动收益	项目
410311	本年利润	投资收益	项目

续上表

科目代码	总分类科目（一级科目）	明细分类科目	
		二级明细科目	三级明细科目
410312	本年利润	营业外收入	项目
410313	本年利润	营业外支出	项目
410314	本年利润	所得税费用	项目

15.4.2 本年利润的账务处理

期末本年利润的结转，本年利润的会计分录有四个步骤，相关会计分录如图 15-9 所示。

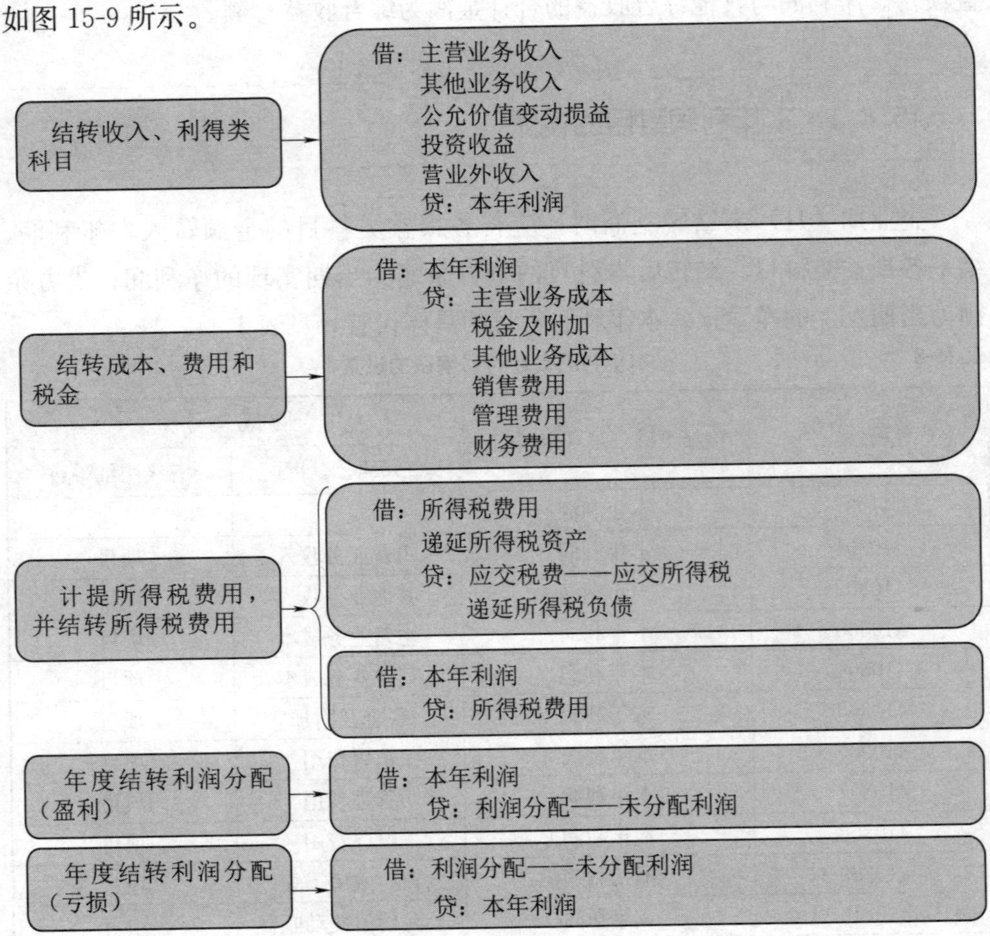

图 15-9　期末本年利润结转的会计处理

【例 15-5】2016 年 12 月 31 日，各损益类账户余额见表 15-9。

表 15-9

损益类账户余额表

科目名称	余额方向	期末余额
主营业务收入	贷	1 630 000
主营业务成本	借	874 100
税金及附加	借	21 730
销售费用	借	22 530
管理费用	借	34 760
财务费用	借	15 190

（1）结转收入。

借：主营业务收入　　1 630 000

　贷：本年利润　　1 630 000

（2）结转成本费用。

借：本年利润　　968 310

　贷：主营业务成本　　874 100

　　税金及附加　　21 730

　　销售费用　　22 530

　　管理费用　　34 760

　　财务费用　　15 190

（3）转入利润分配。

借：本年利润　　661 690

　贷：利润分配——未分配利润　　661 690

（4）按 10%提取法定盈余公积

借：利润分配——提取法定盈余公积　　66 169

　贷：盈余公积——法定盈余公积　　66 169

（5）转“未分配利润”账户

借：利润分配——未分配利润　　66 169

　贷：利润分配——提取法定盈余公积　　66 169

CHAPTER SIXTEEN

第16章 餐饮企业财务报表的编制

财务报告是企业对外提供的反映企业某一特定日期的财务状况和某一会计期间的经营成果、现金流量等会计信息的文件。财务报告包括财务报表和其他应当在财务报告中披露的相关信息和资料。

一套完整的财务报表至少应当包括资产负债表、利润表、现金流量表、所有者权益（或股东权益）变动表以及附注。资产负债表、利润表和现金流量表分别从不同角度反映企业的财务状况、经营成果和现金流量。

16.1 资产负债表

为了尽快与国际财务报告准则一致，财政部于 2018 年 6 月 15 日发布了《关于修订印发 2018 年度一般企业财务报表格式的通知》（财会〔2018〕15 号，以下简称《通知》），公布两种财务报表格式：一种是适用于尚未执行新金融准则和新收入准则的企业；另一种是适用于已执行新金融准则或新收入准则的企业。

16.1.1 资产负债表概述

通过资产负债表，可以反映企业在某一特定日期所拥有或控制的经济资源、所承担的现时义务和所有者对净资产的所有权，帮助财务报表使用者全面了解企业的财务状况、分析企业的偿债能力等情况，从而为其作出经济决策提供依据。

资产负债表主要反映三个方面的内容，见表 16-1。

表 16-1 资产负债表项目

项目		内容
资产	流动资产	包括货币资金、交易性金融资产、应收票据、应收账款、预付款项、应收利息、应收股利、其他应收款、存货和一年内到期的非流动资产等
	非流动资产	包括长期股权投资、固定资产、在建工程、工程物资、固定资产清理、无形资产、开发支出、长期待摊费用以及其他非流动资产等
负债	流动负债	包括短期借款、应付票据、应付账款、预收款项、应付职工薪酬、应交税费、应付利息、应付股利、其他应付款、一年内到期的非流动负债等

续上表

项目		内　容
负债	非流动负债	包括长期借款、应付债券和其他非流动负债等
所有者权益		一般按照实收资本、资本公积、其他综合收益、盈余公积和未分配利润分项列示

1. 资产负债表结构

我国企业的资产负债表采用账户式结构。账户式资产负债表中的资产各项目的合计等于负债和所有者权益各项目的合计，即资产负债表左方和右方平衡。因此，通过账户式资产负债表，可以反映资产、负债、所有者权益之间的内在关系，即“资产＝负债＋所有者权益”。

适用于未执行新金融准则和新收入准则的企业资产负债表格式，见表 16-2。

表 16-2　　资产负债表

编制单位：　　　　年　月　日　　　　单位：元

资　产	期末余额	年初余额	负债和所有者权益（或股东权益）	期末余额	年初余额
流动资产：			流动负债：		
货币资金			短期借款		
以公允价值计量且其变动计入当期损益的金融资产			以公允价值计量且其变动计入当期损益的金融负债		
应收票据及应收账款			应付票据及应付账款		
预付款项			预收款项		
其他应收款			应付职工薪酬		
存货			应交税费		
一年内到期的非流动资产			其他应付款		
其他流动资产			一年内到期的非流动负债		
流动资产合计			其他流动负债		

续上表

资产	期末余额	年初余额	负债和所有者权益（或股东权益）	期末余额	年初余额
非流动资产：			长期借款		
可供出售金融资产			应付债券		
持有至到期投资			长期应付款		
长期应收款			预计负债		
长期股权投资			递延收益		
投资性房地产			递延所得税负债		
固定资产			其他非流动负债		
在建工程			非流动负债合计		
工程物资			负债合计		
固定资产清理			所有者权益（或股东权益）：		
生产性生物资产			实收资本（或股本）		
油气资产			其他权益工具		
无形资产			其中：优先股		
开发支出			求续债		
商誉			资本公积		
长期待摊费用			减：库存股		
递延所得税资产			其他综合收益		
其他非流动资产			盈余公积		
非流动资产合计			未分配利润		
资产总计			所有者权益（或股东权益）合计		
流动负债合计			负债和所有者权益（或股东权益）总计		
非流动负债：					

16.1.2 资产负债表的编制方法

资产负债表的各项目均需填列“年初余额”和“期末余额”两栏。

资产负债表“年初余额”栏内各项数字，应根据上年年末资产负债表的“期末余额”栏内所列数字填列。如果上年度资产负债表规定的各个项目的名称和内容与本年度不一致，应对上年年末资产负债表各项目的名称和数字按照本年度的规定进行调整，填入本表“年初余额”栏内。

资产负债表的“期末余额”栏内各项数字，其填列方法如下。

1. 根据总账科目的余额填列

资产负债表中的有些项目，可直接根据有关总账科目的余额填列，如“交易性金融资产”“短期借款”“应付票据”“应付职工薪酬”等项目；有些项目，则需根据几个总账科目的余额计算填列，如“货币资金”项目，需根据“库存现金”“银行存款”“其他货币资金”三个总账科目余额合计填列。

【例 16-1】 大华饭店 2018 年 12 月 31 日，科目余额表见表 16-3。

表 16-3 **科目余额表**

账户名称	期末借方余额（元）	账户名称	期末贷方余额（元）
库存现金	8 400	存货跌价准备	24 000
银行存款	6 500 000	累计折旧	168 000
其他货币资金	120 000	固定资产减值准备	32 000
原材料	450 000	累计摊销	42 000
周转材料	20 000	利润分配	150 000
固定资产	6 400 000	本年利润	3 400 000
无形资产	200 000		

根据表中资料，计算资产负债表时，期末余额栏按下列数值填列。

货币资金＝8 400＋6 500 000＋120 000＝6 628 400（元）

存货＝450 000＋20 000－24 000＝446 000（元）

固定资产＝6 400 000－168 000－32 000＝6 200 000（元）

无形资产＝200 000－42 000＝158 000（元）

未分配利润＝150 000＋3 400 000＝3 550 000（元）

2. 根据有关明细科目的余额计算填列

资产负债表中的有些项目，需要根据明细科目余额填列，如“应付账款”

项目，需要分别根据“应付账款”和“预付账款”两科目所属明细科目的期末贷方余额计算填列。

【例 16-2】大华饭店 2018 年 12 月 31 日有关余额所属明细余额，见表 16-4。

表 16-4

明细账户余额表

账户名称	明细账户	借方余额（元）	贷方余额（元）
应收账款			
	捷立厨具厂	1 200 000	
	汇成文具有限公司	3 500 000	
	明珠旅行网		180 000
预付账款			
	山城食品有限公司	580 000	
	悠远食品加工厂	210 000	
应付账款			
	蓝盾农贸公司	436 000	
	爱河农产品公司		789 000
预收账款			
	雨花食用油有限公司		740 000
坏账准备			
	应收账款		32 000
	其他应收款		12 000

2018 年 12 月末资产负债表中相关项目金额：

“应收账款”项目金额＝1 200 000＋3 500 000－32 000＝4 668 000（元）

“预收账款”项目金额＝180 000＋740 000＝920 000（元）

“预付账款”项目金额＝210 000＋580 000＋436 000＝1 226 000（元）

“应付账款”项目金额＝789 000（元）

3. 根据总账科目和明细账科目的余额分析计算填列

资产负债表的有些项目，需要依据总账科目和明细科目两者的余额分析填列，如“长期借款”项目，应根据“长期借款”总账科目余额扣除“长期借款”科目所属的明细科目中将在资产负债表日起一年内到期，且企业不能自主地将清偿义务展期的长期借款后的金额填列。

4. 根据有关科目余额减去其备抵科目余额后的净额填列

如资产负债表中的“应收账款”“长期股权投资”等项目，应根据“应收账款”“长期股权投资”等科目的期末余额减去“坏账准备”“长期股权投资减值准备”等科目余额后的净额填列；“固定资产”项目，应根据“固定资产”科目期末余额减去“累计折旧”“固定资产减值准备”科目余额后的净额填列；“无形资产”项目，应根据“无形资产”科目期末余额减去“累计摊销”“无形资产减值准备”科目余额后的净额填列。

5. 综合运用上述填列方法分析填列

如资产负债表中的“存货”项目，需根据“原材料”“库存商品”“委托加工物资”“周转材料”“材料采购”“在途物资”“发出商品”“材料成本差异”等总账科目期末余额的分析汇总数，再减去“存货跌价准备”备抵科目余额后的金额填列。

(1)“长期待摊费用”项目需要根据“长期待摊费用”总账科目余额扣除将在一年内摊销完毕的长期待摊费用后的金额计算填列。

(2) 关于“未分配利润”项目，如果是在年末应该根据“利润分配——未分配利润”科目余额填列；如果是在非年末，则要根据“利润分配——未分配利润”和“本年利润”科目余额计算填列。

16.1.3 资产负债表的编制说明

1. 资产项目的填列说明，见表 16-5。

表 16-5 资产项目的填列说明

项目	填列说明
货币资金	本项目应根据“库存现金”“银行存款”“其他货币资金”科目期末余额的合计数填列
以公允价值计量且变动计入当期损益的金融资产	本项目应当根据“交易性金融资产”科目和在初始确认时指定为以公允价值计量且其变动计入当期损益的金融资产科目的期末余额填列
应收票据及应收账款	本项目应根据“应收票据”和“应收账款”科目的期末余额，减去“坏账准备”科目中有关坏账准备期末余额后的金额填列

续上表

项目	填列说明
预付款项	本项目应根据“预付账款”和“应付账款”科目所属各明细科目的期末借方余额合计数，减去“坏账准备”科目中有关预付款项计提的坏账准备期末余额后的净额填列。如“预付账款”科目所属各明细科目期末有贷方余额的，应在资产负债表“应付账款”项目内填列
其他应收款	本项目应根据“应收利息”“应收股利”“其他应收款”科目的期末余额合计数，减去“坏账准备”科目中有关坏账准备期末余额后的金额填列
存货	本项目应根据“材料采购”“原材料”“低值易耗品”“库存商品”“周转材料”“委托加工物资”“委托代销商品”“生产成本”等科目的期末余额合计，减去“代销商品款”“存货跌价准备”科目期末余额后的净额填列。材料采用计划成本核算，以及库存商品采用计划成本核算或售价核算的企业，还应按加或减材料成本差异、商品进销差价后的金额填列
一年内到期的非流动资产	本项目应根据有关科目的期末余额分析填列
长期股权投资	本项目应根据“长期股权投资”科目的期末余额，减去“长期股权投资减值准备”科目的期末余额后的净额填列
固定资产	本项目应根据“固定资产”科目的期末余额，减去“累计折旧”和“固定资产减值准备”科目期末余额后的净额填列
在建工程	本项目应根据“在建工程”科目的期末余额，减去“在建工程减值准备”科目期末余额后的净额填列
工程物资	本项目应根据“工程物资”科目的期末余额填列
固定资产清理	本项目应根据“固定资产清理”科目的期末借方余额填列，如“固定资产清理”科目期末为贷方余额，以“－”号填列
无形资产	本项目应根据“无形资产”的期末余额，减去“累计摊销”和“无形资产减值准备”科目期末余额后的金额填列
开发支出	本项目应当根据“研发支出”科目中所属的“资本化支出”明细科目期末余额填列
长期待摊费用	本项目应根据“长期待摊费用”科目的期末余额减去将于一年内（含一年）摊销的数额后的金额分析填列
其他非流动资产	本项目应根据有关科目的期末余额填列

2. 负债项目的填列说明

（1）“短期借款”项目，反映企业向银行或其他金融机构等借入的期限在1年以下（含1年）的各种借款。本项目应根据“短期借款”科目的期末余额填列。

（2）“应付票据及应付账款”项目，反映企业购买材料、商品和接受劳务供应等而开出、承兑的商业汇票，包括银行承兑汇票和商业承兑汇票。本项目应根据“应付票据”科目的期末余额以及“应付账款”和“预付账款”科目贷方余额合计数填列。

（3）“预收款项”项目，反映企业按照销货合同规定预收供应单位的款项。本项目应根据“预收账款”和“应收账款”科目所属各明细科目的期末贷方余额合计数填列。如“预收账款”科目所属各明细科目期末有借方余额，应在资产负债表“应收账款”项目内填列。

（4）“应付职工薪酬”项目，反映企业根据有关规定应付给职工的工资、职工福利、社会保险费、住房公积金、工会经费、职工教育经费、非货币性福利、辞退福利等各种薪酬。外商投资企业按规定从净利润中提取的职工奖励及福利基金，也在本项目列示。

（5）“应交税费”项目，反映企业按照税法规定计算应交纳的各种税费，包括增值税、消费税、所得税、资源税、土地增值税、城市维护建设税、房产税、土地使用税、车船税、教育费附加、矿产资源补偿费等。企业代扣代缴的个人所得税，也通过本项目列示。本项目应根据“应交税费”科目的期末贷方余额填列；如“应交税费”科目期末为借方余额，应以“－”号填列。

（6）“其他应付款”项目，反映企业除应付票据、应付账款、预收款项、应付职工薪酬、应交税费等经营活动以外的其他各项应付、暂收的款项。本项目应根据“应收利息”“应收股利”“其他应付款”科目的期末分计数填列。

（7）“一年内到期的非流动负债”项目，反映企业非流动负债中将于资产负债表日后一年内到期部分的金额，如将于一年内偿还的长期借款。本项目应根据有关科目的期末余额分析填列。

（8）“长期借款”项目，反映企业向银行或其他金融机构借入的期限在1年以上（不含1年）的各项借款。本项目应根据“长期借款”科目的期末余额填列。

(9)“应付债券”项目，反映企业为筹集长期资金而发行的债券本金（和利息）。本项目应根据“应付债券”科目的期末余额填列。

(10)“其他非流动负债”项目，反映企业除长期借款、应付债券等项目以外的其他非流动负债。本项目应根据有关科目的期末余额填列。其他非流动负债项目应根据有关科目期末余额减去将于1年内（含1年）到期偿还数后的余额分析填列。非流动负债各项目中将于1年内（含1年）到期的非流动负债，应在“一年内到期的非流动负债”项目内反映。

3. 所有者权益项目的填列说明

(1)“实收资本（或股本）”项目，反映企业各投资者实际投入的资本（或股本）总额。本项目应根据“实收资本”（或“股本”）科目的期末余额填列。

(2)“资本公积”项目，反映企业资本公积的期末余额。本项目应根据“资本公积”科目的期末余额填列。

(3)“盈余公积”项目，反映企业盈余公积的期末余额。本项目应根据“盈余公积”科目的期末余额填列。

(4)“未分配利润”项目，反映企业尚未分配的利润。本项目应根据“本年利润”科目和“利润分配”科目的余额计算填列。未弥补的亏损在本项目内以“—”号填列。

【例16-3】大华饭店2018年12月31日总账及明细余额，见表16-6。

表16-6　　总账及明细账期末余额表

资产账户	总账及明细账期末余额		负债及权益账户	总账及明细账期末余额	
	借方余额	贷方余额		借方余额	贷方余额
库存现金	6 400		短期借款		3 600 000
银行存款	4 736 000		应付票据		1 580 000
工商银行	3 450 000		应付账款		353 000
中国银行	1 286 000		蓝盾农贸公司	436 000	
其他货币资金	1 790 000		爱河农产品公司		789 000
银行汇票	540 000		预收账款		740 000
信用证存款	1 250 000		雨花食用油有限公司		740 000

续上表

资产账户	总账及明细账期末余额		负债及权益账户	总账及明细账期末余额	
	借方余额	贷方余额		借方余额	贷方余额
应收票据	320 000		应付职工薪酬		2 185 000
应收账款	4 520 000		应交税费		1 849 000
捷立厨具厂	1 200 000		长期借款		3 260 000
汇成文具有限公司	3 500 000				
明珠旅行网		180 000	实收资本		10 000 000
预付账款	790 000		盈余公积		2 984 500
山城食品有限公司	580 000		利润分配		8 329 700
悠远食品加工厂	210 000				
坏账准备		32 000			
其他应收款 蓝天公司 绿地公司	11 800				
	23 800				
		12 000			
原材料	942 300				
库存商品					
周转材料	245 800				
固定资产	9 246 190				
累计折旧		3 295 000			
在建工程	15 330 978				
无形资产	15 330 978				
累计摊销		217 800			

（1）分析计算填列的项目如下：

“货币资金”项目期末金额＝6 400＋4 736 000＋1 790 000＝6 532 400（元）

“存货”项目期末金额＝942 300＋245 800＝1 188 100（元）

“固定资产”项目期末金额＝9 246 190－3 295 000＝5 951 190（元）

“无形资产”项目期末金额＝486 532－217 800＝268 732（元）

“应收账款”项目金额＝1 200 000＋3 500 000－32 000＝4 668 000（元）

"应收票据及应收账款"项目金额＝320 000＋4 668 000＝4 988 000（元）

"预收账款"项目金额＝180 000＋740 000＝920 000（元）

"预付账款"项目金额＝210 000＋580 000＋436 000＝1 226 000（元）

"应付账款"项目金额＝789 000（元）

"应付票据及应付账款"项目金额＝1 580 000＋789 000＝2 369 000（元）

"其他应收款"项目期末金额＝23 800－12 000＝11 800（元）

（2）其他项目根据总账余额直接填列。

根据上述资料，编制资产负债表。见表16-7。

表16-7 **资产负债表**

编制单位：大华饭店　　2018年12月31日　　单位：元

资产	期末余额	年初余额	负债和所有者权益（或股东权益）	期末余额	年初余额
流动资产：			流动负债：		
货币资金	6 532 400	543 000	短期借款	3 600 000	4 000 000
以公允价值计量且其变动计入当期损益的金融资产			以公允价值计量且其变动计入当期损益的金融负债		
应收票据及应收账款	4 988 000	5 600 000	应付票据及应付账款	2 369 000	2 328 300
预付款项	1 226 000	1 172 000	预收款项	920 000	1 020 000
其他应收款	11 800	123 000	应付职工薪酬	2 185 000	3 126 000
存货	1 188 100	4 237 900	应交税费	1 849 000	1 235 890
一年内到期的非流动资产			其他应付款		
其他流动资产			一年内到期的非流动负债		
流动资产合计	13 946 300	11 675 900	其他流动负债		
非流动资产：			流动负债合计	10 923 000	11 710 190
可供出售金融资产			非流动负债：		

续上表

资产	期末余额	年初余额	负债和所有者权益（或股东权益）	期末余额	年初余额
持有至到期投资			长期借款	3 260 000	2 430 000
长期应收款			应付债券		
长期股权投资			长期应付款		
投资性房地产			预计负债		
固定资产	5 951 190	6 240 000	递延收益		
在建工程	15 330 978	9 386 201	递延所得税负债		
生产性生物资产			其他非流动负债		
油气资产			非流动负债合计	3 260 000	2 430 000
			负债合计	14 183 800	14 140 190
无形资产	268 732	324 500	所有者权益（或股东权益）：		
			实收资本（或股本）	10 000 000	10 000 000
			资本公积		
长期待摊费用			减：库存股		
递延所得税资产			其他综合收益		
其他非流动资产			盈余公积	2 984 500	1 250 000
非流动资产合计	21 550 900	15 950 701	未分配利润	8 329 700	2 236 411
			所有者权益（或股东权益）合计	21 314 200	13 486 411
资产总计	35 497 200	27 626 601	负债和所有者权益（或股东权益）总计	35 497 200	27 626 601

16.2 利润表

利润表是反映企业在一定会计期间的经营成果的报表。

16.2.1 利润表概述

根据财会〔2018〕15号规定，利润表主要是分拆项目，并对部分项目的先后顺序进行调整。

1. 利润表的结构

我国企业的利润表采用多步式格式，分以下几个步骤编制。

第一步，以营业收入为基础，减去营业成本、税金及附加、销售费用、管理费用、财务费用、资产减值损失，加上公允价值变动收益（减去公允价值变动损失）和投资收益（减去投资损失），计算出营业利润。

第二步，以营业利润为基础，加上营业外收入，减去营业外支出，计算出利润总额。

第三步，以利润总额为基础，减去所得税费用，计算出净利润（或净亏损）。

我国企业利润表格式，见表16-8。

表16-8 **利润表**

编制单位： 年 月 单位：元

项 目	本期金额	上期金额
一、营业收入		
减：营业成本		
税金及附加		
销售费用		
管理费用		
研发费用		
财务费用		
其中：利息费用		
利息收入		
资产减值损失		
加：其他收益		
投资收益（损失以“—”号填列）		

续上表

项　目	本期金额	上期金额
其中：对联营企业和合营企业的投资收益		
公允价值变动收益（损失以“—”号填列）		
资产处置收益（损失以“—”号填列）		
二、营业利润（亏损以“—”号填列）		
加：营业外收入		
减：营业外支出		
三、利润总额（亏损总额以“—”号填列）		
减：所得税费用		
四、净利润（净亏损以“—”号填列）		
五、其他综合收益的税后净额		
（一）不能重分类进损益的其他综合收益		
1. 重新计量设定受益计划变动额		
2. 权益法下不能转损益的其他综合收益		
……		
（二）将重分类进损益的其他综合收益		
1. 权益法下可转损益的其他综合收益		
2. 可供出售金融资产公允价值变动损益		
3. 持有至到期投资重分类为可供出售金融资产损益		
4. 现金流量套期损益的有效部分		
5. 外币财务报表折算差额		
……		
六、综合收益总额		
七、每股收益		
（一）基本每股收益		
（二）稀释每股收益		

2. 利润表的编制

利润表各项目均需填列“本期金额”和“上期金额”两栏。利润表“本期金额”“上期金额”栏内各项数字，应当按照相关科目的发生额分析填列。

利润表项目的填列说明，见表16-9。

表 16-9　　利润表项目填列说明

营业收入	本项目应根据“主营业务收入”和“其他业务收入”科目的发生额分析填列
营业成本	本项目应根据“主营业务成本”和“其他业务成本”科目的发生额分析填列
税金及附加	本项目应根据“税金及附加”科目的发生额分析填列
销售费用	本项目应根据“销售费用”科目的发生额分析填列
管理费用	本项目应根据“管理费用”科目的发生额分析填列
财务费用	本项目应根据“财务费用”科目的发生额分析填列
资产减值损失	本项目应根据“资产减值损失”科目发生额分析填列
公允价值变动收益	本项目应根据“公允价值变动损益”科目的发生额分析填列，如为净损失，本项目以“－”号填列
投资收益	本项目应根据“投资收益”科目的发生额分析填列。如为投资损失，本项目用“－”号填列
营业利润	反映企业实现的营业利润。如为亏损，本项目以“－”号填列
营业外收入	本项目应根据“营业外收入”科目的发生额分析填列
营业外支出	本项目应根据“营业外支出”科目的发生额分析填列
利润总额	反映企业实现的利润。如为亏损，本项目以“－”号填列
所得税费用	本项目应根据“所得税费用”科目的发生额分析填列
净利润	反映企业实现的净利润。如为亏损，本项目以“－”号填列
每股收益	包括基本每股收益和稀释每股收益两项指标，反映普通股或潜在普通股已公开交易的企业，以及正在公开发行普通股或潜在普通股过程中的企业的每股收益信息
其他综合收益	反映企业根据企业会计准则规定未在损益中确认的各项利得和损失扣除所得税影响后的净额
综合收益总额	反映企业净利润与其他综合收益的合计金额

16.2.2 利润表编制案例

【例 16-4】 大华饭店 2018 年 12 月 31 日损益类账户发生额，见表 16-10。

表 16-10

账户发生额

账户名称	借方发生额（元）	贷方发生额（元）
主营业务收入		74 500 000
主营业务成本	41 280 000	
其他业务收入		2 540 000
其他业务成本	1 260 000	
税金及附加	74 580	
管理费用	869 320	
财务费用	125 600	
营业外收入		32 800
营业外支出	26 540	
资产减值损失	44 000	
所得税费用	8 028 212.50	

根据上述资料，编制 2018 年 12 月利润表，见表 16-11。

表 16-11

利润表

编制单位：大华饭店　　2018 年 12 月　　单位：元

项　　目	本期金额	上期金额
一、营业收入	74 500 000	
减：营业成本	41 280 000	
税金及附加	74 580	
销售费用		
管理费用	869 320	
研发费用		
财务费用	125 600	
其中：利息费用		
利息收入		

续上表

项　目	本期金额	上期金额
资产减值损失		
加：其他收益		
投资收益（损失以“—”号填列）		
其中：对联营企业和合营企业的投资收益		
公允价值变动收益（损失以“—”号填列）		
资产处置收益收益（损失以“—”号填列）		
二、营业利润（亏损以“—”号填列）	32 106 500	
加：营业外收入	32 800	
减：营业外支出	26 540	
三、利润总额（亏损总额以“—”号填列）	32 112 760	
减：所得税费用	8 028 212.50	
四、净利润（净亏损以“—”号填列）	24 084 557.50	
五、其他综合收益的税后净额		
（一）不能重分类进损益的其他综合收益		
1. 重新计量设定受益计划变动额		
2. 权益法下不能进损益的其他综合收益		
……		
（二）将重分类进损益的其他综合收益		
1. 权益法下可损益的其他综合收益		
2. 可供出售金融资产公允价值变动损益		
3. 持有至到期投资重分类为可供出售金融资产损益		
4. 现金流量套期损益的有效部分		
5. 外币财务报表折算差额		
……		
六、综合收益总额		
七、每股收益		
（一）基本每股收益		
（二）稀释每股收益		

16.3 现金流量表

现金流量表是反映企业在一定会计期间现金和现金等价物流入和流出的报表。

16.3.1 现金流量表概述

1. 现金流量表含义

现金流量是一定会计期间内企业现金和现金等价物的流入和流出。企业从银行提取现金、用现金购买短期到期的国库券等现金和现金等价物之间的转换不属于现金流量。

现金是指企业库存现金以及可以随时用于支付的存款，包括库存现金、银行存款和其他货币资金（如外埠存款、银行汇票存款、银行本票存款）等。不能随时用于支付的存款不属于现金。

现金等价物是企业持有的期限短、流动性强、易于转换为已知金额现金、价值变动风险很小的投资。期限短，一般是指从购买日起三个月内到期。现金等价物通常包括三个月内到期的债券投资等。权益性投资变现的金额通常不确定，因而不属于现金等价物。企业应当根据具体情况，确定现金等价物的范围，一经确定不得随意变更。

企业产生的现金流量分为三类，主要内容见表 16-12。

表 16-12　　企业产生的三类现金流量

经营活动产生的现金流量	经营活动是企业投资活动和筹资活动以外的所有交易和事项。经营活动主要包括销售商品或提供劳务、购买商品、接受劳务、支付工资和交纳税款等流入和流出现金及现金等价物的活动或事项
投资活动产生的现金流量	投资活动是企业长期资产的购建和不包括在现金等价物范围内的投资及其处置活动。投资活动主要包括购建固定资产、处置子公司及其他营业单位等流入和流出现金及现金等价物的活动或事项

续上表

筹资活动产生的现金流量	筹资活动是导致企业资本及债务规模和构成发生变化的活动。筹资活动主要包括吸收投资、发行股票、分配利润、发行债券、偿还债务等流入和流出现金及现金等价物的活动或事项。偿付应付账款、应付票据等商业应付款等属于经营活动，不属于筹资活动

2. 现金流量表的结构

我国企业现金流量表采用报告式结构，分类反映经营活动产生的现金流量、投资活动产生的现金流量和筹资活动产生的现金流量，最后汇总反映企业某一期间现金及现金等价物的净增加额。我国企业现金流量表的格式，见表 16-13。

表 16-13 现金流量表

编制单位： 年 月 单位：元

项 目	本期金额	上期金额
一、经营活动产生的现金流量		
销售商品、提供劳务收到的现金		
收到的税费返还		
收到其他与经营活动有关的现金		
经营活动现金流入小计		
购买商品、接受劳务支付的现金		
支付给职工以及为职工支付的现金		
支付的各项税费		
支付其他与经营活动有关的现金		
经营活动现金流出小计 经营活动产生的现金流量净额		
二、投资活动产生的现金流量		
收回投资收到的现金		
取得投资收益收到的现金		
处置固定资产、无形资产和其他长期资产收回的现金净额		
处置子公司及其他营业单位收到的现金净额		

续上表

项　　目	本期金额	上期金额
收到其他与投资活动有关的现金		
投资活动现金流入小计		
购建固定资产、无形资产和其他长期资产支付的现金		
投资支付的现金		
取得子公司及其他营业单位支付的现金净额		
支付其他与投资活动有关的现金		
投资活动现金流出小计		
投资活动产生的现金流量净额		
三、筹资活动产生的现金流量		
吸收投资收到的现金		
取得借款收到的现金		
收到其他与筹资活动有关的现金		
筹资活动现金流入小计		
偿还债务支付的现金		
分配股利、利润或偿付利息支付的现金		
支付其他与筹资活动有关的现金		
筹资活动现金流出小计		
筹资活动产生的现金流量净额		
四、汇率变动对现金及现金等价物的影响		
五、现金及现金等价物净增加额		
加：期初现金及现金等价物余额		
六、期末现金及现金等价物余额		

16.3.2　现金流量表各项目计算方法

1. 经营活动产生的现金流量净额计算

经营活动产生的现金流量净额计算。经营活动产生的现金流量净额的各个子项目计算方法具体见表16-14。

表16-14　　　　经营活动产生的现金流量净额计算

项　　目	计 算 公 式
销售商品、提供劳务收到的现金	利润表中主营业务收入×（1＋适用税率）＋利润表中其他业务收入＋（应收票据期初余额－应收票据期末余额）＋（应收账款期初余额－应收账款期末余额）＋（预收账款期末余额－预收账款期初余额）－计提的应收账款坏账准备期末余额
收到的税费返还	（应收补贴款期初余额－应收补贴款期末余额）＋补贴收入＋所得税本期贷方发生额累计数
收到的其他与经营活动有关的现金	营业外收入相关明细本期贷方发生额＋其他业务收入相关明细本期贷方发生额＋其他应收账款相关明细本期贷方发生额＋其他应付账款相关明细本期贷方发生额＋银行存款利息收入
购买商品、接受劳务支付的现金	〔利润表中主营业务成本＋（存货期末余额－存货期初余额）〕×（1＋适用税率）＋（应付票据期初余额－应付票据期末余额）＋（应付账款期初余额－应付账款期末余额）＋（预付账款期末余额－预付账款期初余额）
支付给职工以及为职工支付的现金	“应付职工薪酬”科目本期借方发生额累计数＋管理费用中“非货币性职工薪酬”
支付的各项税费	“应交税费”各明细账户本期借方发生额累计数＋“其他应交款”各明细账户借方数
支付的其他与经营活动有关的现金	营业外支出（剔除固定资产处置损失）＋管理费用（剔除工资、福利费、劳动保险金、待业保险金、住房公积金、养老保险、医疗保险、折旧、坏账准备或坏账损失等）＋销售费用（剔除工资、福利费、劳动保险金、待业保险金、住房公积金、养老保险、医疗保险等）＋其他应收款本期借方发生额＋其他应付款本期借方发生额＋银行手续费

（1）销售商品、提供劳务收到的现金。

【例16-5】大华饭店2018年12月，增值税专用发票上注明的含税金额为1 180 000元，租金收入240 000元，应收票据期初余额为320 000元，期末余额为210 000元；应收账款期初余额为8 950 000元，期末余额为4 359 000元；本月核销坏账损失为32 000元。

本期销售商品提供劳务收到的现金	1 420 000（1180 000＋240 000）
加：本期收到前期的应收票据 本期收到前期的应收账款	110 000（320 000－210 000） 4 559 000（8 950 000－4 359 000－32 000）
本期销售商品、提供劳务收到的现金	6 089 000

（2）收到的税费返回。

“收到的税费返还”项目，反映企业收到返还的各种税费，如收到的增值税、所得税、消费税、关税和教育费附加返还款等。本项目可以根据有关科目的记录分析填列。

【例 16-6】 2018 年 12 月，大华饭店扣缴所得税 8 028 212.5 元，本月应交所得税款 6 324 390 元，月末收到所得税返还款 1 703 822.5，已存入银行。

本期收到的税费返还 1 703 822.5

（3）收到的其他与经营有关的现金。

“收到的其他与经营活动有关的现金”项目，反映企业除上述各项目外，收到的其他与经营活动有关的现金，如罚款收入、经营租赁固定资产收到的现金、投资性房地产收到的租金收入、流动资产损失中由个人赔偿的现金收入、除税费返还外的其他政府补助收入等。其他现金流入如价值较大的，应单列项目反映。

本项目可以根据“现金”“银行存款”“营业外收入”“管理费用”“销售费用”等科目的记录分析填列。

【例 16-7】 大华饭店收到出租设备收入 53 400 元。

收到的其他与经营活动有关的现金为 53 400 元。

（4）购买商品、接受劳务支付的现金

“购买商品、接受劳务支付的现金”项目，反映企业购买材料、商品、接受劳务实际支付的现金，包括支付的货款以及与货款同时支付的增值税进项税额，具体包括：本期购买商品、接受劳务支付的现金，以及本期支付前期购买商品、接受劳务的未付款项和本期预付款项，减去本期发生的购货退回收到的现金。为购置存货而发生的借款利息资本化部分，应在“分配股利、利润或偿付利息支付的现金”项目中反映。企业购买材料和代购代销业务支付的现金，也在本项目反映。

本项目可以根据“库存现金”“银行存款”“应付票据”“应付账款”“预付账款”“主营业务成本”等科目的记录分析填列。

【例 16-8】大华饭店本期购买食材，收到的专用发票上注明价款为1 250 000元；应付账款月初余额为 640 000 元，月末余额为 780 000 元；应付票据月初余额为 380 000 元，月末余额为 450 000 元；预付账款期初余额为269 000元，期末余额为 378 000 元；购买工程用物资 230 000 元，货款已通过银行转账支付。

本期购买商品、接受劳务支付的现金计算如下：

本期购买食材支付的价款	1 250 000
加：本期支付的前期应付账款 本期支付的前期应付票据 本期预付货款	－140 000（640 000－780 000） －70 000（ 380 000－450 000） 109 000（378 000－269 000）
本期购买商品、接受劳务支付的现金	1 149 000

（5）支付给职工以及为职工支付的现金。

“支付给职工以及为职工支付的现金”项目，反映企业实际支付给职工的现金以及为职工支付的现金，包括企业为获得职工提供的服务，本期实际给予各种形式的报酬以及其他相关支出，如支付给职工的工资、奖金、各种津贴和补贴，为职工支付的医疗、养老、失业、工伤、生育等社会保险基金、补充养老保险、住房公积金，为职工交纳的商业保险金，因解除与职工劳动关系给予的补偿，现金结算的股份支付，以及支付给职工或为职工支付的其他福利费用等，不包括支付给在建工程人员的工资。支付的在建工程人员的工资，在“购建固定资产、无形资产和其他长期资产所支付的现金”项目中反映。应根据职工的工作性质和服务对象，分别在“购建固定资产、无形资产和其他长期资产所支付的现金”和“支付给职工以及为职工支付的现金”项目中反映。

本项目可以根据“库存现金”“银行存款”“应付职工薪酬”等科目的记录分析填列。

【例 16-9】大华饭店本期实际支付工资 840 000 元，其中餐厅人员工资 350 000 元，管理人员工资 450 000 元。本公司职工宿舍楼施工人员工资 40 000 元；按工资总额的 10%缴纳保险费；按照工资总额 1%支付误餐费。

支付给职工的工资	800 000（350 000+450 000）
加：支付的保险费 支付的误餐费用	（800 000×10%）　80 000 （800 000×1%）　8 000
支付给职工以及为职工支付的现金	888 000

（6）支付的各项税费。

“支付的各项税费”项目，反映企业按规定支付的各项税费，包括本期发生并支付的税费，以及本期支付以前各期发生的税费和预交的税金，如支付的增值税、消费税、所得税、教育费附加、印花税、房产税、土地增值税、车船使用税等。不包括本期退回的增值税、所得税。本期退回的增值税、所得税等，在“收到的税费返还”项目中反映。本项目可以根据“应交税费”“库存现金”“银行存款”等科目的记录分析填列。

【例 16-10】 大华饭店 12 月，支付的增值税、城建税、教育费附加、所得税、印花税、车船税等税款共计 423 400 元，本期向税务机关缴纳上月补缴所得税76 000元。

本期支付的各项税费计算如下：

本期发生并缴纳的税款	423 400
加：前期发生本期补缴的所得税额	76 000
本期支付的各项税费	499 400

2. 投资活动产生的现金流量项目计算

投资活动产生的现金流量净额计算。投资活动产生的现金流量净额各个子项目计算方法，具体见表 16-15。

表 16-15　　投资活动产生的现金流量净额计算

项　目	计 算 公 式
收回投资所收到的现金	（短期投资期初数－短期投资期末数）＋（长期股权投资期初数－长期股权投资期末数）＋（长期债权投资期初数－长期债权投资期末数）
取得投资收益所收到的现金	利润表投资收益－（应收利息期末数－应收利息期初数）－（应收股利期末数－应收股利期初数）

续上表

项　目	计 算 公 式
处置固定资产、无形资产和其他长期资产所收回的现金净额	"固定资产清理"的贷方余额+（无形资产期末数－无形资产期初数）+（其他长期资产期末数－其他长期资产期初数）
收到的其他与投资活动有关的现金	如收回融资租赁设备本金等
购建固定资产、无形资产和其他长期资产所支付的现金	（在建工程期末数－在建工程期初数）（剔除利息）+（固定资产期末数－固定资产期初数）+（无形资产期末数－无形资产期初数）+（其他长期资产期末数－其他长期资产期初数）
投资所支付的现金	（短期投资期末数－短期投资期初数）+（长期股权投资期末数－长期股权投资期初数）（剔除投资收益或损失）+（长期债权投资期末数－长期债权投资期初数）（剔除投资收益或损失）
支付的其他与投资活动有关的现金	如投资未按期到位罚款

（1）"收回投资收到的现金"项目。

"收回投资收到的现金"反映企业出售、转让或到期收回除现金等价物以外的交易性金融资产、持有至到期投资、可供出售金融资产、长期股权投资等而收到的现金。不包括债权性投资收回的利息、收回的非现金资产，以及处置子公司及其他营业单位收到的现金净额。债权性投资收回的本金，在本项目反映，债权性投资收回的利息，不在本项目中反映，而在"取得投资收益所收到的现金"项目中反映。处置子公司及其他营业单位收到的现金净额单设项目反映。

本项目可以根据"交易性金融资产""持有至到期投资""可供出售金融资产""长期股权投资""库存现金""银行存款"等科目的记录分析填列。

【例 16-11】大华饭店出售明珠公司的股票，收到的金额为 126 800 元；出售用过的碎石机，收到价款 43 200 元。

本期收回投资所收到的现金 126 800

（2）取得投资收益收到的现金。

"取得投资收益收到的现金"项目，反映企业因股权性投资而分得的现金股利，因债权性投资而取得的现金利息收入。

本项目可以根据“应收股利”“应收利息”“投资收益”“库存现金”“银行存款”等科目的记录分析填列。

(3)“处置固定资产、无形资产和其他长期资产收回的现金净额”项目，反映企业出售固定资产、无形资产和其他长期资产（如投资性房地产）所取得的现金，减去为处置这些资产而支付的有关税费用后的净额。

本项目可以根据“固定资产清理”“现金”“银行存款”等科目的记录分析填列。

(4) 购建固定资产、无形资产和其他长期资产支付的现金。

“购建固定资产、无形资产和其他长期资产支付的现金”项目，反映企业购买、建造固定资产，取得无形资产和其他长期资产（如投资性房地产）支付的现金（含增值税款），以及用现金支付的应由在建工程和无形资产负担的职工薪酬。

本项目可以根据“固定资产”“在建工程”“无形资产”“库存现金”“银行存款”等科目的记录分析填列。

【例 16-12】 2018 年 12 月，购入 5 台小货车，价款共计 1 500 000 元，货款已付。购买工程物资 450 000 元；在建工程工人工资 53 400 元。

本期购建固定资产、无形资产和其他长期资产支付的现金计算如下：

购买挖掘机支付的现金	1 500 000
加：为在建工程购买材料支付的现金 在建工程人员工资及费用	450 000 53 400
本期购建固定资产、无形资产和其他长期资产支付的现金	2 003 400

(5) 投资支付的现金。

“投资支付的现金”项目，反映企业进行权益性投资和债权性投资所支付的现金，包括企业取得的除现金等价物以外的交易性金融资产、持有至到期投资、可供出售金融资产而支付的现金，以及支付的佣金、手续费等交易费用。

本项目可根据“交易性金融资产”“持有至到期投资”“可供出售金融资产”“投资性房地产”“长期股权投资”“库存现金”“银行存款”等科目的记录分析填列。

（6）支付的其他与投资活动有关的现金。

“支付的其他与投资活动有关的现金”项目，反映企业除上述各项目外，支付的其他与投资活动有关的现金流出。其他与投资活动有关的现金，如果价值较大的，应单列项目反映。

3. 筹资活动产生的现金流量有关项目的计算

目筹资活动产生的现金流量净额计算。目筹资活动产生的现金流量净额各个子项目计算方法具体见表16-16。

表16-16 目筹资活动产生的现金流量净额计算

项目	计算公式
吸收投资所收到的现金	（实收资本或股本期末数－实收资本或股本期初数）＋（应付债券期末数－应付债券期初数）
借款收到的现金	（短期借款期末数－短期借款期初数）＋（长期借款期末数－长期借款期初数）
收到的其他与融资活动有关的现金	如投资人未按期缴纳股权的罚款现金收入等
偿还债务所支付的现金	（短期借款期初数－短期借款期末数）＋（长期借款期初数－长期借款期末数）（剔除利息）＋（应付债券期初数－应付债券期末数）（剔除利息）
分配股利、利润或偿付利息所支付的现金	应付股利借方发生额＋利息支出＋长期借款利息＋在建工程利息＋应付债券利息－票据贴现利息支出
支付的其他与融资活动有关的现金	如发生融资费用所支付的现金、融资租赁所支付的现金、减少注册资本所支付的现金（收购本公司股票，退还联营单位的联营投资等）、企业以分期付款方式购建固定资产，除首期付款支付的现金以外的其他各期所支付的现金等

（1）“吸收投资收到的现金”项目，反映企业以发行股票、债券等方式筹集资金实际收到的款项净额（发行收入减去支付的佣金等发行费用后的净额）。

本项目可以根据“实收资本（或股本）”“资本公积”“库存现金”“银行存款”等科目的记录分析填列。

（2）借款收到的现金。

“取得借款收到的现金”项目，反映企业举借各种短期、长期借款而收到的现金。

本项目可以根据“短期借款”“长期借款”“交易性金融资产”“应付债券”“库存现金”“银行存款”等科目的记录分析填列。

【例 16-13】本期借入长期借款 1 580 000 元，短期借款 320 000 元。

借款收到的现金 1 900 000

(3)“收到的其他与筹资活动有关的现金”项目，反映企业除上述各项目外，收到的其他与筹资活动有关的现金流入，如接受现金捐赠等。其他与筹资活动有关的现金，如果价值较大的，应单列项目反映。本项目可以根据有关科目的记录分析填列。

(4)“偿还债务所支付的现金”项目，反映企业以现金偿还债务的本金。

本项目可以根据“短期借款”“长期借款”“交易性金融资产”“应付债券”“库存现金”“银行存款”等科目的记录分析填列。

【例 16-14】本期偿还短期借款 350 000 元，长期借款 1 280 000 元。

偿还债务所支付的现金 1 630 000

(5)“分配股利、利润或偿付利息所支付的现金”项目，反映企业实际支付的现金股利，支付给其他投资单位的利润或用现金支付的借款利息，债券利息。

本项目可根据“应付股利”“应付利息”“利润分配”“财务费用”“在建工程”“研发支出”“库存现金”“银行存款”等科目的记录分析填列。

【例 16-15】本月向投资者支付利润 689 000，支付利息 210 000 元，

本期分配股利、利润或偿付利息所支付的现金计算如下：

支付投资者利润	689 000
加：支付贷款利息	210 000
分配股利、利润或偿付利息所支付的现金	899 000

4. 汇率变动对现金及现金等价物的影响

企业外币现金流量折算成记账本位币时，所采用的是现金流量发生日的汇率或即期汇率的近似汇率，而现金流量表“现金及现金等价物净增加额”项目中外币现金净增加额是按资产负债表日的即期汇率折算。这两者的差额即为汇率变动对现金的影响。

【例 16-16】根据上述资料，编制大华饭店 2018 年 12 月现金流量表。见表 16-17。

表 16-17 现金流量表

编制单位：大华饭店 2018 年 12 月 单位：元

项　　目	本期金额	上期金额
一、经营活动产生的现金流量		
销售商品、提供劳务收到的现金	6 089 000	
收到的税费返还	1 703 822.5	
收到其他与经营活动有关的现金	53 400	
经营活动现金流入小计	7 846 222.5	
购买商品、接受劳务支付的现金	1 149 000	
支付给职工以及为职工支付的现金	888 000	
支付的各项税费	499 400	
支付其他与经营活动有关的现金		
经营活动现金流出小计	2 536 400	
经营活动产生的现金流量净额	5 309 822.5	
二、投资活动产生的现金流量		
收回投资收到的现金	126 800	
取得投资收益收到的现金		
处置固定资产、无形资产和其他长期资产收回的现金净额		
处置子公司及其他营业单位收到的现金净额		
收到其他与投资活动有关的现金		
投资活动现金流入小计	126 800	
购建固定资产、无形资产和其他长期资产支付的现金	2 003 400	
投资支付的现金		
取得子公司及其他营业单位支付的现金净额		
支付其他与投资活动有关的现金		
投资活动现金流出小计	2 003 400	
投资活动产生的现金流量净额	－1 876 600	

续上表

项　　目	本期金额	上期金额
三、筹资活动产生的现金流量		
吸收投资收到的现金		
取得借款收到的现金	1 900 000	
收到其他与筹资活动有关的现金		
筹资活动现金流入小计	1 900 000	
偿还债务支付的现金	1 630 000	
分配股利、利润或偿付利息支付的现金	899 000	
支付其他与筹资活动有关的现金		
筹资活动现金流出小计	2 529 000	
筹资活动产生的现金流量净额	－629 000	
四、汇率变动对现金及现金等价物的影响		
五、现金及现金等价物净增加额	2 804 222.50	
加：期初现金及现金等价物余额		
六、期末现金及现金等价物余额	2 804 222.50	

16.4　所有者权益变动表

16.4.1　所有者权益变动表含义及结构

1. 所有者权益变动表的含义

所有者权益变动表是指反映构成所有者权益各组成部分当期增减变动情况的报表。

通过所有者权益变动表，既可以为报表使用者提供所有者权益总量增减变动的信息，也能为其提供所有者权益增减变动的结构性信息，特别是能够让报表使用者理解所有者权益增减变动的根源。

所有者权益变动表在一定程度上体现企业的综合收益。

综合收益＝净利润＋直接计入当期所有者权益的利得和损失

净利润＝收入－费用＋直接计入当期损益的利得和损失

2. 所有者权益变动表的结构

在所有者权益变动表上，企业至少应当单独列示反映下列信息的项目：①综合收益总额；②会计政策变更和差错更正的累积影响金额；③所有者投入资本和向所有者分配利润等；④提取的盈余公积；⑤实收资本或资本公积、盈余公积、未分配利润的期初和期末余额及其调节情况。

所有者权益变动表以矩阵的形式列示：一方面，列示导致所有者权益变动的交易或事项，即所有者权益变动的来源对一定时期所有者权益的变动情况进行全面反映；另一方面，按照所有者权益各组成部分（即实收资本、资本公积、盈余公积、未分配利润和库存股）列示交易或事项对所有者权益各部分的影响。

我国企业所有者权益变动表的格式，见表 16-18。

表 16-18 **所有者权益变动表**

编制单位： 年度 单位：元

项目	本年金额								上年金额							
	实收资本（或股本）	其他权益工具	资本公积	减：库存股	其他综合收益	盈余公积	未分配利润	所有者权益合计	实收资本（或股本）	资本公积	其他权益工具	减：库存股	其他综合收益	盈余公积	未分配利润	所有者权益合计
一、上年年末余额																
加：会计政策变更																
前期差错更正																
二、本年年初余额																
三、本年增减变动金额（减少以“－”号填列）																
（一）综合收益总额																
（二）所有者投入和减少资本																
1. 所有者投入的普通股																

续上表

项目	本年金额								上年金额							
	实收资本(或股本)	其他权益工具	资本公积	减：库存股	其他综合收益	盈余公积	未分配利润	所有者权益合计	实收资本(或股本)	资本公积	其他权益工具	减：库存股	其他综合收益	盈余公积	未分配利润	所有者权益合计
2. 其他权益工具持有者投入资本																
3. 股份支付计入所有者权益的金额																
4. 其他																
（三）利润分配																
1. 提取盈余公积																
2. 对所有者（或股东）的分配																
3. 其他																
（四）所有者权益内部结转																
1. 资本公积转增资本（或股本）																
2. 盈余公积转增资本（或股本）																
3. 盈余公积弥补亏损																
4. 其他																
四、本年年末余额																

16.4.2 所有者权益变动表的编制方法

所有者权益变动表各项目均需填列“本年金额”和“上年金额”两栏。

所有者权益变动表各项目的列报说明

1. “上年年末余额”项目

“上年年末余额”反映企业上年资产负债表中实收资本（或股本）、资本公积、盈余公积、未分配利润的年末余额。

2. “会计政策变更”和“前期差错更正”项目

分别反映企业采用追溯调整法处理会计政策重要的累计影响金额和采用追溯重述法处理会计差错更正的累积影响金额。

3. “本年增减变动额”项目

（1）“综合收益总额”项目，反映净利润和其他综合收益扣除所得税影响后的净额相加后的金额。

（2）“所有者投入和减少资本”项目，反映企业接受投资者投入形成的实收资本（或股本）和资本溢价（或股本溢价）。

（3）“利润分配”项目，反映企业当年的利润分配金额。

（4）“所有者权益内部结转”下各项目，反映企业构成所有者权益各组成部分之间的增减变动情况。

其中：①“资本公积转增资本（或股本）”项目，反映企业以资本公积转增资本或股本的金额。

②盈余公积转增资本（或股本）”项目，反映企业以盈余公积转增资本或股本的金额。

③盈余公积弥补亏损”项目，反映企业以盈余公积弥补亏损的金额。

【例 16-17】大华饭店 2018 年有关所有者权益账户年初余额及本年增减变动情况及原因见表 16-19。据此编制所有者权益（股东权益）变动表见表 16-20（上年金额略）。

表 16-19　　有关所有者权益账户 2017 年内变动情况

单位：元

账户	年初余额	本年增加及原因	本年减少及原因	年末余额
实收资本	78 450 000	盈余公积转入 380 000		78 830 000
资本公积	789 400	接受捐赠 160 320		949 720
盈余公积	840 000	从净利润中提取 276 000	转增资本 380 000	736 000

续上表

账户	年初余额	本年增加及原因	本年减少及原因	年末余额
未分配利润	360 000	实现净利润 6 293 500	提取盈余公积 276 000，分派股利 4 442 600	1 934 900
合计	80 439 400	7 109 820	5 098 600	82 450 620

表 16-20

所有者权益变动表

编制单位：大华饭店　　　　年度：2018　　　　单位：元

项目	行次	本年金额					
		实收资本（或股本）	资本公积	盈余公积	未分配利润	库存股（减项）	所有者权益合计
一、上年年末余额		78 450 000	789 400	840 000	360 000		80 439 400
1. 会计政策变更							
2. 前期差错更正							
二、本年年初余额		78 450 000	789 400	840 000	360 000		80 439 400
三、本年增减变动金额（减少以“—”号填列）							
（一）综合收益总额					6 293 500		6 293 500
（二）所有者投入和减少资本							
1. 所有者投入资本							
2. 股份支付计入所有者权益的余额							
3. 其他			160 320				160 320
（三）本年利润分配							
1. 对所有者的分配					（—）4 442 600		（—）4 442 600
2. 提取盈余公积				276 000	（—）276 000		0
（四）所有者权益内部结转							

续上表

项目	行次	本年金额					
		实收资本（或股本）	资本公积	盈余公积	未分配利润	库存股（减项）	所有者权益合计
1. 资本公积转增资本							
2. 盈余公积转增资本		380 000		（—）380 000			0
3. 盈余公积弥补亏损							
四、本年年末余额		78 830 000	949 720	736 000	1 934 900		82 450 620

参 考 文 献

[1] 腾晋．酒店·餐饮服务业会计从入门到精通．北京：化学工业出版社，2016. 8.
[2] 李玉环．合并财务报表（第二版）．北京：经济科学出版社，2016. 8.
[3] 中国注册会计师协会．会计．北京：中国财政经济出版社，2016. 3.
[4] 赖金木．即学即会：会计全流程做账实操．北京：中华工商联合出版社，2014. 6.
[5] 路玉麟，郑利霞，钟英．会计 出纳 做账 纳税岗位实战宝典．北京：清华大学出版社，2014. 12.
[6] 周国强．行业会计实账模拟系列——餐饮企业会计实账模拟．北京：北京理工大学出版社，2019. 9.
[7] 杨俊，罗峥．合法节税——新经理人税务筹划手册．北京：中国纺织出版社，2003. 2.
[8] 杜晓光．会计报表分析．北京：高等教育出版社，2008. 3.
[9] 朱为绎，胡萍．会计核算和纳税处理实用手册．北京：机械工业出版社，2011. 10.
[10] 曲喜和，严鸿雁，徐鲲．会计学，2 版．北京：北京邮电大学出版社，2011. 8.
[11] 陈菊花，陈良华．会计学，3 版．北京：科学出版社，2012. 1.
[12] 陈登文．会计知识入门．北京：知识产权出版社，2011. 6.
[13] 葛长银．节税筹划案例与实操指南．北京：机械工业出版社，2010. 3.
[14] 梁文涛．纳税筹划实务．北京：清华大学出版社，北京交通大学出版社，2012. 3.
[15] 管友桥．纳税筹划与核算．北京：中国广播电视出版社，2008. 6.
[16] 李莎，金迪．纳税会计．北京：清华大学出版社，2010. 10.
[17] 邢铭强．纳税实战技能即学即用纳税实务 300 个关键点．合肥：黄山书社，2011. 6.
[18] 曹鸿轩．农村税收法律知识．北京：中国法制出版社，2002. 1.
[19] 陈文昌．企业财务报表分析．北京：中国人民大学出版社，2011. 6.
[20] 牛霞．企业会计学．北京：中国农业出版社，2004. 7.